薄荷实验

Think As The Natives

THE MUSHROOM
AT THE END
OF THE WORLD

末日松茸

资本主义废墟上的生活可能

ON THE POSSIBILITY OF LIFE IN CAPITALIST RUINS

罗安清 —— 著　张晓佳 —— 译

华东师范大学出版社

·上海·

图书在版编目（CIP）数据

末日松茸：资本主义废墟上的生活可能 /（日）罗安清著；
张晓佳译．—上海：华东师范大学出版社，2020
ISBN 978-7-5760-0420-5

Ⅰ.①末… Ⅱ.①罗… ②张…Ⅲ.①食用菌—供应链管理—
研究—世界 Ⅳ.① F416.82

中国版本图书馆 CIP 数据核字（2020）第 074767 号

末日松茸：资本主义废墟上的生活可能

著　　者	罗安清	
译　　者	张晓佳	
责任编辑	顾晓清	
责任校对	王丽平	
封面设计	周伟伟	

出版发行　华东师范大学出版社
社　　址　上海市中山北路 3663 号　邮编　200062
网　　址　www.ecnupress.com.cn
邮购电话　021－62869887
网　　店　http://hdsdcbs.tmall.com/

印 刷 者　苏州工业园区美柯乐制版印务有限公司
开　　本　890×1240　32 开
印　　张　13.5
字　　数　260 千字
版　　次　2020 年 7 月第 1 版
印　　次　2024 年 11 月第 9 次
书　　号　ISBN 978-7-5760-0420-5
定　　价　79.80 元

出 版 人　王　焰

（如发现本版图书有印订质量问题，请寄回本社市场部调换或电话 021-62865537 联系）

目 录 |

致　谢

允许缠绕

自启蒙运动以来，西方哲学家向我们展示了一种既宏大而普世，又被动而机械的"自然"（Nature）。"自然"是人类（Man）道德意向性的背景和资源，同时，道德意向性亦可驯服与教化"自然"。只有那些寓言家，那些非西方与非文明社会的说故事的人，会提醒我们所有存在（beings）（人类和非人类）都有生命活动。

然而一些事件的发生危害了这种分工。首先，所有的驯服和教化已造成一种混乱，地球上的生命能否延续下去尚不明确。其次，曾经看似只属于寓言的物种交缠，如今成了生物学家和生态学家之间严肃讨论的材料。他们向我们展示，生命是如此需要多种生物的相互作用。践踏其他物种，人类无法生存。第三，世上的男女都为了获得（男）人（Man）曾有的地位而高声呼喊。我们嚣张的存在，损害了（男）人的基督教阳刚气质所具有的道德意向性，而正是这阳刚气质，造成了人与自然的分离。

现在，是时候采用新的方式来讲述超出文明自证原理的真实故事了。没有人与自然的分离，所有生物都能够回归生命本原，无论男女都能够摆脱狭隘的想象理性的束缚来表达自我。这样的故事不再沦为暗夜私语，它可以既真实又美妙。否则，我们还能如何解释在我们所造成的混乱中活生生的存在？

从松茸开始，本书呈现了这些真实的故事。不像大多数学术著作，本书由一系列短篇章节构成。我希望它们像雨后绽放的簇簇松茸一般：丰富多彩、引人入胜、不可枚举。所有章节均为开放的集合体，而不是逻辑机器；它们以多样的姿态呈现在那里。彼此缠绕、相互干扰——正如我正在试图描述的这个世界的零乱。各章节之间的图片则提供了另一条线索，但并不直接用来解释。使用图片是为了呈现我论点里的精神，而非讨论的场景。

想象一下，"第一自然"代表生态关系（包括人类在内），"第二自然"代表遭到资本主义改造的环境。这种用法——与流行的版本不同——源自威廉·克罗农（William Cronon）的《自然的大都会》。[1] 本书还提出"第三自然"（third nature），即尽管受资本主义掌控，却仍可维系的生活方式。甚至，要注意到第三自然，我们就必须回避未来只能往单一方向前进的假设。比如量子场中的虚拟粒子，多重未来的出现和消失都是可能的；第三自然就在这种时间的复调中浮现。然而，进步的故事已经蒙蔽了我们。为了想象没有进步故事的别样世界，本书描绘了各种繁杂而纠结、开放式的生活方式，而且这些组合能在不同的时间节奏中相互调和。我的实验形式和论点也会相辅相成。

本书基于 2004 年至 2011 年之间，我在美国、日本、加拿大、中国和芬兰的松茸季进行的田野调查工作，包括对当地科学家、林务员和松茸贸易商的访谈，以及与来自丹麦、瑞典和土耳其的贸易商的互动。或许我的松茸之旅还未结束：远在摩洛哥、韩国和不丹等地的松茸仍在召唤我。希望读者可以在接下来的章节中与我一起体验这种"蘑菇热"。

早在蘑菇生成之前，真菌的身体在森林地表下就已经以网状结构和束状结构伸展开来，与植物根部和矿物土壤结合在一起。所有书籍背后也藏有类似的隐性协作关系。一张列满的致谢名单是不够的，我希望能从让这本书得以面世的合作团队提起。不同于近期的民族志，本书的研究是基于合作实验进行的。此外，我认为有价值的问题都是从激烈的讨论中浮现出来的，而我只是众多参与者中的一员。

本书得以成书，受益于"松茸世界研究小组"（Matsutake Worlds Research Group）的工作：提摩西·乔伊（Timothy Choy）、列巴·法耶尔（Lieba Faier）、伊莲·甘（Elaine Gan）、迈克尔·海瑟微（Michael Hathaway）、井上美弥子（Miyako Inoue）、佐塚志保（Shiho Satsuka）及我本人。在人类学的大部分历史中，民族志一直唱着独角戏；而我们小组的工作致力于探索一种永远在过程中合作的新型人类学。民族志的重点在于学习如何同受访人一起思考情境；研究范畴不能预先假设，而是**随着**研究展开而浮现的。研究者与其他人合作时，每个人自身都有一定的地方性知识，要如何使用这一方法呢？相比大科学范畴中需要提前预设研究对象，我们坚持从合作中发现研究目的。我们通过尝试各种形式的研究、分析和写作来迎接这个挑战。

本书开启了有关"松茸世界"的系列研究；迈克尔·海瑟微和佐塚志保将为我们呈现后续研究。可以把它看作探险故事，情节从这本书延续到下一本书。我们对于松茸世界的好奇无法在一卷书或一种声音的表述中得到满足；我们驻足一旁，看看接下来会发生什么。此外，我们的书也融合了其他文类，包括随笔和论文。[2] 通过团队工作，外加电影制作者莎拉·多萨（Sara Dosa）、伊莲·甘和我，共同为跨越几个大洲的采摘者、科学家、贸易商和森林管理人设计了一个网站：www.matsutakeworlds. org。伊莲·甘兼容艺术与科学的实践已启发了进一步的合作。[3] 莎拉·多萨拍摄的影片《最后一季》，也加入到这些对话中。[4]

松茸研究不仅跨越学科知识，更要进入多元的语言、历史、生态和文化传统所形塑的多种世界。研究日本的学者有法耶尔、井上和佐塚，研究中国的学者有乔伊和海瑟微。而我是东南亚研究小组的成员，同美国太平洋西北部来自老挝和柬埔寨的采摘者一起合作。然而事实证明，我需要帮助。同约雷弗·琼森（Hjorleifur Jonsson）的合作，以及王路（Lue Vang）、大卫·彭（David Pheng）的协助对我在美国的东南亚研究至关重要。[5] 文化与生态研究中心（Institute for Culture and Ecology）的埃里

克·琼斯（Eric Jones）、凯瑟琳·林奇（Kathryn Lynch）和丽
贝卡·麦克连（Rebecca McLain）带领我进入松茸的世界，我
至今与这些优秀的同事保持着友谊。与贝弗利·布朗（Beverly
Brown）的会面令我深受启发。艾米·彼得森（Amy Peterson）
介绍我进入日裔美国人的松茸社区并向我讲解了很多知识。
苏·希尔顿（Sue Hilton）和我一起研究松树。在云南，罗文宏
成为我们的一员。在京都，石川登（Noboru Ishikawa）是非常
出色的向导和同事。在芬兰，埃拉－迈亚·萨沃宁（Eira-Maija
Savonen）安排好了一切事情。每次旅程都使我意识到这些合作
的重要性。

　　完成一本书还需要许多其他类型的合作。这里尤其借鉴了
两种思想发展，一方面是地方性的，另一方面是世界性的。我
曾经在加利福尼亚大学圣克鲁兹分校进修女性主义科学，有机
会与唐娜·哈拉维（Donna Haraway）一同教学。在那里，我
观察到学术是如何超越自然科学与文化研究的分界，不只是
通过批判，还需要能够建构世界的知识。多元物种的故事讲
述就是我们研究的成果之一。圣克鲁兹分校的女性主义科学研
究社群使我的工作得以持续深入。在那里，我认识了后来的合
作伙伴。安德鲁·马修（Andrew Mathews）好心地多次向我
介绍森林的知识。海瑟·斯旺森（Heather Swanson）帮助我
学会如何通过比照进行思考，了解日本。克里斯汀·卢德斯塔
姆（Kirsten Rudestam）与我一起讨论俄勒冈州的研究。我从与
杰里米·坎贝尔（Jeremy Campbell）、扎克里·克普（Zachary
Caple）、罗丝安·科恩（Roseann Cohen）、罗萨·菲采克

（Rosa Ficek）、柯林·霍格（Colin Hoag）、凯蒂·奥弗斯特里特（Katy Overstreet）、贝蒂娜·斯特策（Bettina Stoetzer）以及其他人的交谈中学到很多。

同时，圣克鲁兹及其他地区的女性主义研究对资本主义的批判性力量，激发了我不从物化这一个压倒性意义上了解资本主义的兴趣。如果我顺利理解马克思主义范畴的理论——尽管它们有时因描写冗长而略显沉重，那是有赖于女性主义同事们对此充满洞见，包括丽莎·罗费尔（Lisa Rofel）和西尔维亚·亚纳基萨科（Sylvia Yanagisako）。加州大学圣克鲁兹分校的"女性主义高级研究中心"（Institute for Advanced Feminist Research）使我首次尝试从结构上描述全球供应链，将之视为转译机器，这与多伦多大学［应塔尼亚·李（Tania Li）之邀］和明尼苏达州大学（应何柔宛之邀）的研究小组的方向也一致。我有幸曾在朱莉·格雷厄姆（Julie Graham）去世前得到她的鼓励。她同凯瑟琳·吉布森（Kathryn Gibson）提出的"经济多样性"观点不仅使我获益良多，还影响了很多学者。有关权力和差异的问题，我要感谢在圣克鲁兹分校受到詹姆斯·克利福德（James Clifford）、罗萨·菲采克、苏珊·哈丁（Susan Harding）、盖尔·贺肖（Gail Hershatter）、梅根·穆迪（Megan Moodie）和布莱耶·范·埃克伦（Bregje van Eekelen）等人的指教。

特此感谢一些科研经费资助和学院工作安排，使我的工作得以完成。加利福利亚大学泛太平洋研究计划的种子资助项目资助了我第一阶段的研究。丰田基金资助了松茸世界研究小组在中国和日本的合作项目。加州大学圣克鲁兹分校允许我请假去完成调研。尼尔斯·卜邦德（Nils Bubandt）和奥胡斯大学为我提供了一个平静又富有灵感的环境，让我开始构思并撰写此书。约翰·西蒙·古根海姆纪念基金会在 2010—2011 年提供的奖金也为此书的完成提供了保障。本书的最后一部分恰好与丹麦国家研究基金赞助的奥胡斯大学的人类纪计划（Anthropocene project）的开始部分有一定重叠。我非常感激可以获得这些机会。

我在此鸣谢各位在本书的推进过程中的参与，无论是阅读草稿、讨论问题还是其他贡献。这包括：娜塔丽亚·布里切特（Nathalia Brichet）、扎克里·克普（Zachary Caple）、艾伦·克里斯蒂（Alan Christy）、葆拉·艾伯伦（Paulla Ebron）、苏珊·弗里德曼（Susan Friedman）、伊莲·甘、斯科特·吉尔伯特（Scott Gilbert）、唐娜·哈拉维、苏珊·哈丁、弗里达·哈斯特拉普（Frida Hastrup）、迈克尔·海瑟微、盖尔·贺肖、克里格·赫瑟林顿（Kregg Hetherington）、鲁斯汀·霍格内斯（Rusten Hogness）、安德鲁·马修、詹姆斯·斯科特（James Scott）、海瑟·斯旺森，以及苏珊·怀特（Susan Wright）好心地倾听、阅读和评论，井上美弥子对诗文的重译。凯西·切特科维奇（Kathy Chetkovich）对我的写作与思考给予了重要指导。

本书所采用的图片来自伊莲·甘与他人合作后的慷慨提供。所有照片都是在我的研究过程中拍摄的，我也使用了与助手吕旺一起工作时由他拍摄的几张照片（放在第 9、10、14 章之前和插曲《跟踪》一节的底部）。我还拍了一些其他照片。伊莲·甘在劳拉·怀特（Laura Wright）的协助下令这些照片得以呈现。伊莲·甘还画了一些插图来标记区分各章节。图案有真菌孢子、雨、菌根和蘑菇。我把这些都呈现给读者欣赏。

　　我还要衷心地向在研究现场和我合作讨论的各位致谢：在采摘过程中停止了劳动的采摘者，暂停了研究的科学家，从生意上抽出了时间的企业家。为此我深表谢意。但是，为了保护隐私，本书中出现的很多人名都采用化名。但一些公众人物，包括科学家和在公共场合表达过意见的人士，出于尊重并未隐去他们的名字。出于同样考虑，我只列出了城市的名字，因为本书主要并非乡村研究，所以对一些村落的名字也采取了保护以避免曝光当地隐私。因为本书来源如此驳杂，所以我把引用与注释放在一起，而非另外整理成统一的参考文献。

　　本书中的一些章节曾在其他研讨会上出现过，重复部分值得一提。第 3 章是我发表在《常识》（*Common Knowledge* 18，no. 3（2012）：于《号》（*Hau* 3，no. 1（2013）：21–43）的一篇长篇论文的修改。第 16 章内容包含了《经济植物学》（*Economic Botany* 62，no. 3，2008：244–256）一篇文章中的材料；虽然这只是这一章的一部分，但我必须指出，这篇文章是与佐塚志保一同完成的。第三部分的插曲内容节选自发表在《哲学，行动主义，自然》（*Philosophy, Activism, Nature* 10（2013）：6–14）的一篇文章中。

难以捕捉的生命，俄勒冈州。

在一个荒废的

工业人工林中

出现了松茸。

序 言

秋之芳香

高松岭狭茸伞立，林间满盛秋之香。

——奈良时代的日本诗歌选集《万叶集》

当你的世界开始分崩离析时，你会做什么？我会去散步，若是幸运，我会发现蘑菇。蘑菇会将我拉回自己的感觉中，不只是因它们像花朵一般具有纷繁的色彩和香气，还因为它们会出人意料地映入眼帘，提醒我恰巧在那里逗留是多么幸运的一件事。于是我了然于心，尽管置身于不确定性带来的恐惧里，仍有乐趣可寻。

恐惧当然存在，而且不止之于我。世界的气候日渐失控，工业进步对地球生命的影响，比一个世纪前人们所想象的还要严峻。经济发展不再是发展或乐观的源泉；我们的任何工作都可能随着下一次经济危机而消失。我担心的不仅仅是新灾难的爆发，更发现自己因为缺少故事架构，无从辨认我们正往哪里走，又为何而去。不稳定曾经似乎是不幸之人的命运；现在看来，我们所有人的生活都岌岌可危——即使此时此刻，我们的钱袋还算充盈。不同于 20 世纪中期，那时北半球的诗人和哲学家因过度安稳感到禁锢，而现在的我们，不论南北半球，统统面临着无穷无尽的困境。

本书讲述我跟随松茸一起去探索不确定性及不稳定状况的旅程，也就是缺乏稳定前景的生活。我读到文献中记述 1991 年苏联解体时，成千上万的西伯利亚人突然失去了国家的保障，于是跑到森林中采集蘑菇。[1] 那些虽然不是我所追踪的蘑菇，却验证了我的观点：松茸自由自在的生活是一种礼物——一种指南——当我们以为自己在被掌控的世界中失败的时候。

虽然我不能给你们提供松茸，但希望你们可以随我一起享受序言诗中的"秋之芳香"。这是松茸的气味，来自香气四溢、在日本备受重视的野生蘑菇。人们喜爱它，赋予了松茸标记秋天的意义。它的香气唤醒了人们对夏季安逸富庶业已消失的悲伤，但也唤起了对秋天敏锐而强烈的感知。在全球即将告别进步的富庶夏季时，这样的敏感性十分必要：秋季的芬芳即将带领我进入缺乏安全感的日常生活中。本书并非要评判为 20 世纪提供了稳定图景的现代性和进步之梦，在我之前已有很多分析人士剖析了这些梦想。相反，我希望解决一种想象的生活挑战：曾经的框架让人类自认为知道将何去何从，但如果框架不再，人类该如何生活？如果我们愿意敞开心扉去了解真菌世界，松茸会激发我们的好奇心，在我看来，这正是在不稳定的时代里合作生存的首要条件。

这里有一份内容激进却教我们如何应对挑战的手册：

人们试图无视的幽灵却是一个简单的现实——世界不再是能被"拯救的"……如果我们不相信全球会有革命性的未来，我们必须生活在当下（正如我们过去一直不得不如此）。[2]

当1945年广岛被原子弹摧毁时，据说最先从一片废墟中出现的生物就是松茸。[3]

掌握原子是人类梦想控制自然的巅峰，亦是这一梦想破灭的开始。投放在广岛的原子弹改变了一切事物。突然，我们开始意识到人类有能力摧毁地球的宜居性——不论是有意为之或出于意外。这一意识随着我们逐渐了解污染、大规模灭绝和气候变化而加深。现在发生的不稳定性中有一半正是地球的命运：我们能够忍受什么程度的人为干扰？尽管一直在谈论可持续性发展，但我们有多少机会可以将一个宜居的环境移交给包含了多元物种的后世？

广岛的原子弹也点燃了不稳定性的另一扇大门：战后发展中出现意外的矛盾。二战后，现代性的前景在美国原子弹的支持下，看起来一片光明。每个人都是受益者，未来的方向众所周知。但是现在呢？一方面，世界每一处均无法避免卷入战后发展机制建立起的全球政治经济秩序。另一方面，即使发展的希望犹在，我们似乎也无所适从。现代化应该让共产主义和资本主义世界充满就业机会，且不仅仅是随便将就的工作，而是有稳定工资和福利的"标准就业"（standard employment）。这种工作现在已很稀有，大部分人更多依赖不规律的生计。属于我们这个时代的讽刺，是每一个人都仰赖资本主义的鼻息，但几乎没有人从事我们过去所称的"稳定工作"。

与不稳定共存需要的不是只怪罪那些将我们置于如此境地的人（虽然貌似有用，而且我也不反对）。我们或许需要环顾四周，观察这个陌生的新世界，发挥我们的想象力，以便把握它的轮廓。这里就需要松茸的帮助。在受轰炸的地表上伸展的松茸，有助于我们去探索已成为我们共同家园的废墟。

松茸是一种生长在受人类干扰的森林中的野生菌菇。它们就像老鼠、浣熊、蟑螂一样，能够忍受人类制造的一切环境失调。但松茸并非害虫，而是价值不菲的珍馐美味——至少在日本，高昂的价格有时使松茸成为世界上最珍贵的菌菇。松茸具有滋养树木的能力，能帮助险恶环境里的林木生长。跟随松茸，我们能够找到在环境失调时共存的契机。这并非进一步破坏环境的借口，但松茸确实为我们展示出一种协作共存的可能。

松茸同样也揭示了全球政治经济的裂缝。过去三十年里，松茸已成为全球性商品，从森林里采摘出来后横跨北半球，保鲜直运日本。很多松茸采摘者都是流离失所并被剥夺了权利的少数群体。比如，在美国太平洋西北部地区，大多数从事商业松茸采摘的，是来自老挝和柬埔寨的难民。由于松茸定价高，因此无论采自何处，都可以给采摘人带来可观的生计收入，甚至能振兴文化。

然而，松茸贸易很难延续20世纪的发展之梦。我采访过的大多数松茸采摘者都讲述过背井离乡和损失惨重的伤感故事。对于那些没有其他谋生方式的人来说，商业采摘比寻常工作要好得多。但这到底是什么样的经济呢？采摘者为自己打工；没有公司雇用他们，既没工资，也没福利，只能出售他们私自采摘的菌菇。有些年景若蘑菇欠收，采摘者就入不敷出。野生蘑菇的商业采摘是生计不稳、安全感匮乏的真实写照。

本书通过追踪与松茸有关的商业贸易与生态，讲述了不稳定的生计与环境的故事。无论在哪种情况下，我都发现自己被一种零散的区块所包围，即一种缠绕的生活方式由开放式组合所构成的拼嵌，每一种进一步又都成为时间节奏与空间轨迹的拼嵌。我认为，只有认识到眼前的不稳定是一种全球现象，才能理解当今世界的处境。如果当局继续以增长为前提做分析，那么就算时空的异质性在普通参与者和观察者眼中都显而易见，专家们也依然置若罔闻。然而，异质性的理论仍处于初级阶段。为了理解与我们当前状况有关、零碎的不可预测性，我们需要重新开启想象。这本书的重点，便是要借蘑菇之力一起探索这个过程。

关于商业贸易：当代商业贸易在资本主义的框架和可能性中得以运作。但是，20世纪的学者们在资本主义教导下，跟随马克思的脚步，内化了这种进程，只看到一股强大的潮流，而忽略了其余的部分。这本书想告诉大家，如何通过密切关注不确定的世界，并思考财富的累积方式，继而能在研究资本主义的同时，避免采纳它逐渐崩坏的假设。不强调发展进步的资本主义究竟是什么模样？它看起来可能是东拼西凑的：**财富之所以能集中，是因为计划外的区块所产生的价值皆被资本据为己有。**

关于生态：对人文主义者而言，人类统治的进步假设强化了将自然视为反现代性浪漫空间的观点。[4] 尽管对于 20 世纪科学家来说，进步也在无意中框定了景观学研究领域。关于扩张的假设已经逐渐被纳入种群生物学的构想中。如今，生态学的新发展通过引入物种间相互作用和干扰历史，使人们可以从不同的角度思考问题。在这个期望值降低的时代，**我想寻找一种以变动为本的生态学，多元物种能既不和谐又无需争夺地一起生活。**

虽然我不愿简化经济学或生态学与其他的关联，但预先说明经济和环境之间有一种联系似乎很重要：人类财富集中的历史是通过使人类和非人类成为可投资的资源实现的。这段历史启发了投资者如何让人们和万物都逐渐被异化，即，使之具备独立存在的能力，仿佛其他生命的缠绕无关紧要一般。[5] 通过异化，人与物成为流动资产；可以在不计距离的运输条件下从自己的生存世界中被转移出来，与来自别处生存世界的其他资产交换。[6] 这与仅仅将他者转化为生存世界的一部分是完全不同的，例如食用和被食用的关系。在那种情况下，多元物种的生存空间仍然存在，但异化消除了生存空间的相互缠绕牵连。异化的梦想促成了景观的改造，只凸显某种资产的独一无二；其他的一切皆可沦为杂草或废物。在这里，关注生存空间的缠绕似乎是低效的，也或许是过时的。当空间里的单一资产不能再生产时，这个空间可能会被抛弃。木材已被砍伐殆尽，石油已被开采枯竭，种植园的土壤不再适合农作物生长。对资产的搜刮又将在别处开始。因此，对异化的简化会产生废墟，以及为资产生产而遭荒废的空间。

这种废墟如今遍布全球，然而，尽管已经被宣布了死亡，但这些地方还是有生命力的；废弃的资产领地中有时会产生新的多元物种和多元文化生命。在全球不稳定的状态下，除了在废墟中寻找生机之外，我们别无选择。

我们的第一步是找回好奇心。不受简化了的进步叙事的阻碍，碎片化区块中的缠绕和律动就在那里等待我们去探索。松茸是一个起点：不管我学到多少东西，它们总能带给我惊喜。

这不是一本关于日本的书，但是读者需要了解一些日本松茸的情况。[7]日本第一次出现有关松茸的文字记录是在奈良时代的诗歌中，正如本篇序言开头引用的那首。那时，松茸已因特有的芳香而被视为对秋天的礼赞。这种蘑菇在奈良和京都一带很常见，因为那里的人们开山采木以供建造寺庙，并为锻造钢铁提供燃料。事实上，松茸（Tricholoma matsutake）出现在日本，正是人为干扰造成的。因为它最常见的宿主是赤松（Pinus densiflora），而赤松喜欢生长在阳光下，以及因人类砍伐而形成的矿质土壤中。当日本的森林不再受人为干扰而重新生长后，阔叶林木遮蔽了赤松，阻止它们进一步抽芽。

随着日本各地的采伐，赤松林不断蔓延，松茸成为了一件珍贵的礼物，人们把它漂漂亮亮地放在一盒蕨叶中精心包装。贵族以获得它为荣。在江户时代（1603—1868 年），像城市商人这样富裕的平民，同样喜爱松茸。蘑菇作为秋天的标记，加入了四季的庆祝活动，在秋天出游采摘松茸的活动相当于春天的赏樱大会。松茸成为诗歌咏诵的热门题材。

雪松闻暮鼓，小径萦秋香。

——橘曙览（Akemi Tachibana）（1812–1868）[8]

如其他日本自然诗歌一样，季节性参照物有助于营造一种情绪。松茸成为秋季的象征，好比鹿鸣与丰收月等意象。即将到来的惨淡冬季，给深秋带来隐隐的孤独，怀旧一触即发，上述这首诗便抒发了这样一种情绪。松茸是一种精英式的享受，一种特权的象征，也就是能生活在自然的匠心独造中，追求精致的品味。[9]因此，农民为贵族们的出游准备时，会特意"种植"一些松茸（将松茸巧妙地插在地间，因为自然生长的松茸不会轻易出现，这没人会反对）。松茸已成为一种理想的季节性元素，不仅在诗歌中，而且在茶道至戏剧等所有的艺术中广受尊崇。

流云渐渐淡去，我闻到一丝蘑菇的芬芳。

——永田耕衣（Koi Nagata）（1900–1997）[10]

江户时代的结束迎来了明治维新和日本的快速现代化。森林采伐速度加快，给予了松木与松茸生长的机会。在京都，松茸成为"蘑菇"的通用术语。20 世纪初期，松茸非常普遍。但在五十年代中期，情况发生了改变。农民的林地被砍伐，改为木材种植园，为郊区发展铺路，或被迁往城市的农民所荒弃。化石燃料取代了木柴和木炭；农民不再使用剩下的林地，于是这些林地生长成茂密的阔叶林。曾经被松茸覆盖的山坡现在过于幽暗已经不太适合松树的生态了。林荫遮蔽下的松树也被入侵的线虫杀死。到 20 世纪 70 年代中期，松茸在日本已经很少见了。

然而，彼时正是日本经济快速发展的时期，松茸作为一种非常昂贵的礼物、奖赏及贿赂品，需求量巨大。松茸的价格涨势迅猛。有关松茸能够在世界其他地方生长的知识突然变得有意义起来。日本的海外游客和侨民开始将松茸运回日本；随着进口商纷纷涌入国际松茸贸易，非日本的采摘者蜂拥而入。一开始，大量不同颜色和种类的蘑菇被认为可能是松茸，因为它们有同样的气味。随着北半球森林中松茸的声名鹊起，学名的种类也随之激增。过去二十年里，名称被不断地进行统一整理。在欧亚大陆，大多数松茸现在都被称为"松口蘑"（Tricholoma matsutake）。[11] 在北美，松口蘑松茸似乎只在东部和墨西哥的山区间出现。在北美西部，当地的松茸则被认为是另一种物种，美洲松茸（T. magnivelis）。[12] 然而，一些科学家认为，通用术语"松茸"（matsutake）是用来指这些芳香的蘑菇的最佳办法，因为物种形成的动态还未研究清楚。[13] 本书除非在讨论分类问题，也遵循这一做法。

日本人已经找到了为世界各地松茸排名的方法，而且级别也反映在价格上。我还是第一次看到这样的排名，当一个日本进口商进行解释时，我有种大开眼界的感觉："松茸就像人一样。美国蘑菇是白色的，因为那里的人是白人。中国蘑菇是黑色的，因为那里的人皮肤颜色深。日本的人和蘑菇介于两者之间恰到好处。"并不是所有蘑菇都有相同的排名，但这个鲜明的例子可以代表多种分类和全球贸易价值评估的多种形式。

与此同时，日本人担心失去这些林地，这些林地给他们带来春花烂漫与秋叶瑟瑟的季节之美。因此从 20 世纪 70 年代开始，志愿组织动员起来，试图复育这些林地。这些团队寻找合适的方法，希望自己工作的意义不只是被动的美学式的诉求，更能对人类生计有所裨益。松茸因高价而成为林地复育的理想成果。

这里便带我回到了不稳定状态与人类制造的混乱中。生活似乎变得越来越拥挤，不仅是因为日本的美学和生态史，还因为国际关系和资本主义交易实践。这就是本书接下来要讨论的故事。此刻，了解蘑菇似乎是很重要的事。

慢寻松茸，心之雀跃。

——山口素堂（Yamaguchi Sodo）（1642–1716）[14]

召唤时间，云南。

观察老板赌博。

I　　　　　　　第一部分 ｜ 留下什么？

那是一个晴朗的傍晚，我意识到自己在一个陌生的森林里迷路了，且两手空无一物。这是我第一次在俄勒冈州的喀斯科特山脉寻找松茸，以及松茸采摘者。那天下午早些时候，我发现了林务局为采摘者设立的"大营地"，但所有人都已经出发进入森林了。等不及他们返回，我决定自己去找蘑菇。

我想象不出有哪个森林会比这里更加渺无希望。地面干枯、布满岩石，除了扭叶松细长的枝干，其他一无所有。地面几乎寸草不生，我摸了摸泥土，立刻被锋利的浮石碎片划破了手指。临近黄昏，我只找到了一两个"铜顶"——一种脏兮兮的蘑菇，上面有一抹橙色和一种干燥粉质的气味，[1] 其他别无所获。更糟糕的是，我迷失了方向，每一次转身，森林看起来都一样。我不知道我的车停在哪里，本以为只会在附近短暂停留，所以什么也没带。我意识到自己很快就会渴，饥寒交迫。

我跌跌撞撞地绕着绕着终于发现一条泥土小路，但我该去哪儿？我步履艰难地向前走，日头越来越低了。走了不到一英里后，总算有辆小货车在旁边停了下来。一个看起来很聪明的年轻人和一个干瘦的老人坐在里面，他们给我搭了个便车。年轻人自我介绍叫高（Kao）。和他的叔叔一样，他说，他是来自老挝山区的一名瑶族人，1980 年从泰国的一个难民营来到美国。他们住在加州萨克拉门托附近，是邻居，一起来这里采摘蘑菇。他们把我带到他们的营地。年轻人先去取水，将他的塑料壶丢进一个类似储水的容器中。老人不懂英文，但后来发现他和我一样懂一点普通话。在我们笨拙地交谈了几句短语后，他拿出一个由 PVC 制成的烟管，点燃了烟草。

高带着水回来时，天色已暗，但他示意我和他一起去采摘：这附近有很多蘑菇。在暮色中，我们爬上了离他营地不远的一个岩石山坡。除了泥土和一些瘦骨嶙峋的松树，我什么都没看到。但是，高用他的桶和棍子，戳进某处空无一物的地面，然后拉起一个肉乎乎的蘑菇。这怎么可能？这里明明什么都没有——然后它就这样出现了。

高递给我蘑菇。那是我第一次体验它的气味。那并不是一种平常的味道，不像鲜花或令人垂涎的食物，甚至令人作呕，很多人不会愿意尝试去喜欢它。真的很难描述。有些人把它比作腐烂的东西，有些人把它视为秋天芬芳般的清丽；我第一次闻到的感觉，只是……震惊。

我惊讶的不仅仅因为气味，还是瑶族部落的人、日本的珍馐蘑菇，以及我本人究竟在一个被废弃的俄勒冈工业人工林里做什么？我在美国生活了很长一段时间，却从来没有听说过这些事情。瑶族营地把我的思绪拉回到我早期在东南亚的田野调查中，松茸则使我对日本美学和烹饪产生了兴趣。相比之下，残破的森林似乎像一场科幻小说中的噩梦。以我的错觉看来，我们似乎奇迹般地脱离了时间和空间——就像突然跳入童话故事中一般。我感到震惊又好奇，无法停止探索。写作本书的目的，正是我试图把你拉进我发现的这个迷宫。

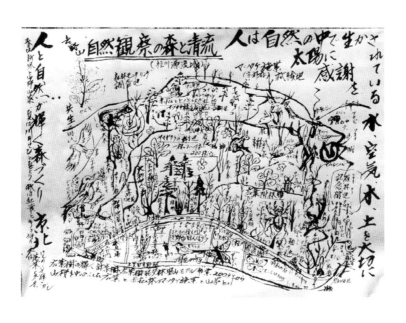

召唤时间，京都地域。井本先生的复兴之图

这是他的松茸之山：

多重季节、历史与希望的

时间机。

1

关注的艺术

我不是要提倡重返石器时代。我的动机没有反动成分，甚至没有保守主义成分，而是意在颠覆。就像资本主义或工业主义或人口那样，乌托邦想象看起来一直困在一个只包含成长的单程未来里。我的一切努力都是要想通怎样把一头猪放回正轨。

——厄休拉·K.勒古恩

在1908年和1909年，两名铁路企业家相互竞争，在俄勒冈州的德舒特河上修建铁路。[1]双方的目标都是成为第一个在东部喀斯科特山脉高耸的西黄松林地和波特兰贮木场之间建立起工业链的人。1910 年，激烈的竞争转化成一项合作服务协议。从该地区涌出的松树原木，被运往远方的市场。木材场带来了新的定居者；当工人们成倍增加时，城镇就出现了。到 20 世纪 30 年代，俄勒冈州已经成为美国最大的木材生产地。

这是一个我们所熟知的故事。一个关于先驱者、进步，以及将"空无的"空间转型为工业资源领地的故事。

1989 年，一个塑料斑点猫头鹰玩偶被残忍地悬挂在俄勒冈州的一辆伐木卡车上。[2] 环保主义者已经证明，不具备可持续性的伐木正在破坏太平洋西北的森林。"斑点猫头鹰就像矿道里的金丝雀①，"一位倡议者解释说，"它……象征着一个濒临崩溃的生态系统。"[3] 当一名联邦法官为了拯救猫头鹰的栖息地而明令禁止原始林伐木时，伐木工非常愤怒，但是还有多少伐木工呢？随着木材公司的机械化和主要木材的消失，伐木业的工作已经逐渐减少。到 1989 年，许多工厂已经关闭，伐木公司迁往其他地区。[4] 东部喀斯科特山脉的林地曾经是木材财富的中心，现在却被砍伐殆尽，以前的工业小镇如今杂草丛生。

这是我们需要了解的故事。工业化转型的前景被证明是一个泡沫，随之而来的是丧失的生计和残破的景观。然而，只有

---

① 曾经矿工下矿会带一笼金丝雀，如果危险气体如一氧化碳浓度过高，金丝雀会被毒死，警示危险。

这些记录是不够的。如果我们以衰退来定论这个故事，我们就放弃了所有的希望——或者只是将我们的注意力转移到其他可以寄予希望又终将毁灭的地方。

在一片残破的景观中，除了工业化的希望与破灭之外，还出现了什么？到 1989 年，俄勒冈州被采伐光了的森林已经开始发展其他产业：野生蘑菇贸易。起初，它就与世界灾难有关：1986 年的切尔诺贝利核灾污染了欧洲的蘑菇，商人们不得不来到太平洋西北地区寻找供应品。当日本开始以高价进口松茸时——同时失业的东南亚难民正在定居加州——野生蘑菇贸易也变得疯狂起来。成千上万的人涌向太平洋西北地区的森林寻找新的"白色黄金"。这是一场发生在森林中的"工作 vs 环保"之间的战争，但双方都没关注过蘑菇采摘者。拥护工作的人只设想了提供给健康白人男性的工资合同；而采摘者——由残疾的白人退伍军人、亚洲难民、印第安人以及拉丁美洲无证移民组成的采摘者队伍则都是无形的私闯者。生态环保主义者正努力阻止人类干扰森林，因此这成千上万的人一旦涌入森林会颇受瞩目，很难受到欢迎。但是蘑菇采摘者多半极为低调，最多就是亚洲人的身影引发当地人对入侵的恐惧，记者们担心会有暴力事件发生。[5]

进入新世纪的头几年，在工作机会和环境保护之间的取舍似乎没那么困难了。无论保护自然与否，美国国内的工作机会远比 20 世纪时少；此外，无论有无工作，环境灾难看来极有可能让人类全数灭绝。不管是经济还是生态遭到破坏，我们都面临着生存的问题；无论是进步的故事还是毁灭的故事，都没有告诉我们如何去思考在合作中生存。是时候关注松茸采摘了。这并不能保证拯救我们，但它可能会打开我们的想象力。

　　地质学家开始将我们的时代称为"人类纪"（Anthropocene），即人类的干扰超越其他地质力量的新纪元。在我写作本书时，这个术语仍然很新——并且仍然充满了希望的矛盾。因此，尽管一些解读者认为这个名称暗示着人类的胜利，但反向解读似乎更为准确：人类已经把我们的星球弄得一片狼藉，尽管无此计划和意图。[6]并且，尽管前缀代表了"人类"（anthropo-），但这片混乱并不是我们这一物种造成的结果。人类纪时代最令人信服的时间线，并非始于人类的出现，而是现代资本主义的出现，它已经造成了对景观和生态的长期破坏。然而，这条时间线让"人类"这一前缀变得更有问题。资本主义的崛起，使人类的想象陷入进步的迷思，加之异化技术的传播，将人类和其他物种皆转化为资源。这种技术将人类隔离开来，并对身份进行监管，遮蔽了协作共存的需要。"人类纪"的概念既唤起了我们的渴望——人们称之为现代人类的自负，也让我们产生了可以侥幸摆脱这种自负的希望。我们能生活在这个人类的体制中并超越它吗？

　　这是我在描述蘑菇和蘑菇采摘者之前的困惑。现代人的自负使这一描述只是成为一个装饰性的脚注。"人类"的概念让我们不再关注零碎的景观、多重的时间性、人类与非人类之间不断变化的组合，即协作共存的关键。为了把松茸的故事叙述得更有意义，我必须首先绘制出"人类"的作品，并探索它所拒绝认知的领域。

想想我们还剩下什么吧。考虑到国家和资本主义对自然景观的破坏威力，我们可能会问，为什么他们计划外的事物如今都还能存活。为了解决这个问题，我们需要观察那些不规整的边缘。是什么将瑶族和松茸一起聚在俄勒冈州？这些看似微不足道的问题可能会扭转情势，将不可预知的遭遇置于事物的中心。

我们在每天的新闻中读出不稳定性。人们为失业或因从未拥有工作机会而变得愤怒，大猩猩和河豚濒临灭绝，上升的海平面淹没了整个太平洋岛屿。但大多数时候，我们认为这种不稳定性是世界运转过程中的一个例外，这是从系统中"漏出"的部分。如果，正如我所说的，不稳定性**是**我们这个时代的特性——或者，换言之，如果我们的时代已经成熟到可以感知不稳定性呢？如果不稳定性、不确定性，以及我们所想象的微不足道的东西是我们所寻求的系统性的核心呢？

不稳定性是易受伤害的状态。不可预测的遭遇改变了我们；我们无法控制一切，哪怕是我们自己。由于无法再依靠一个稳定的社群结构，我们被投入到不断变化的集合体中，将我们和他者一样进行重塑。我们不能依赖现状；一切都是变化的，包括我们生存的能力在内。思考不稳定性还会改变社会分析。一个不稳定的世界是一个没有目的论的世界。时间的不确定性和不受规划的本质是令人恐惧的，但思考不稳定性，显然也让生命获得了更多可能。

所有这些听起来奇怪的唯一原因是，我们大多数人都是在现代化和进步的框架中长大的。这些框架整理出了可能通向未来的部分当下，其余都微不足道：它们已经"退出"了历史舞台。我猜你会追问："进步？那是 19 世纪的理念。""进步"的术语，已经很少用来指涉一种普遍状态了；即使是"20 世纪的现代化"这一术语也开始让人觉得过时了，但它们的分类和关于进步的假设仍然无处不在。我们每天都在想象它们的目标：民主、增长、科学、希望。为什么我们期望经济增长、科技进步？即使没有明确提及发展，我们的历史理论也涉及这些范畴。同样，我们的个人梦想也是如此。我承认对我来说很难相信：我们可能不会有一个集体式的幸福结局。如果是这样，为什么还要早起奔波呢？

在普遍接受的关于人类意义的假设中，进步也被嵌入其中，即使它有时被伪装成其他术语，诸如"能动性"、"意识"和"意向"，我们还是一再形成这样的认知：人类之所以与世上其他生命不同，因为我们一直在向前展望未来，而其他物种每天只图过完这一天，因此依赖我们生存。只要我们认为人类是通过进步而"生成"为人类的，非人类也会随之被困于这个想象的框架中。

进步是一支向前的行军队伍，将其他类型的时间也拉入自己的节奏中。如果没有这种节拍的操纵，我们可能会注意到其他的时间模式。每一种生物都通过季节性的生长律动、生命繁

殖模式和地域扩张来重塑世界。在某些特定的物种内也有其多
元时间制造计划，就像有机体彼此参与进程，协作创造出各种
景观。（在荒芜的喀斯科特山脉和广岛辐射后出现的景观再生现
象分别向我们展示了多元物种的时间制造能力。）我所提倡的好
奇心，正是遵循了这样多重的时间线，使描述和想象焕发活力。
这并不是世界发明了其自身类别的简单的经验主义。相反，既
然我们会去向何方并不可知，那么，我们可以去寻找那些因不
符合进步的时间线而被忽略的事物。

　　再来回顾一下本章开头俄勒冈州历史的片段。首先，铁路
代表了通向未来的进步发展，重塑了我们的命运。其次，是中
断，这段森林被毁的历史影响至关重要。然而，它与第一点的
共同之处，是都假设进步能够让我们了解这个无论成功还是失
败的世界。关于衰退的故事没有留下任何多余的情节，一切都
逃不过进步。即使是在毁灭的故事中，进化仍然操控着我们。

　　然而，现代人的自负并非创造世界的唯一方案：我们被众
多人类或非人类的世界创造计划所包围。[7]这些计划来自于创造
生命的实践活动，并改变着我们的星球。从"人类纪"的"人
类"影子中观察它们，需要重新调整我们的关注点。从采摘到
偷窃，许多工业化前的谋生方式今天仍然存在；但新的方式（包
括蘑菇的商业化采摘）出现时，我们却因为它们不属于进步的
一部分而忽视它们。其实，这些谋生方式同样参与了创造世界，
它们也提醒着我们如何环顾四周，而不只是瞻望前方。

　　不只是人类才可以创造世界。我们知道，海狸在建造水坝、
运河和巢屋时也重塑了河流；事实上，所有的有机体都可以建造

生态环境，改变土壤、空气和水。如果没有能力创造宜居的生存条件，物种就会灭绝。在这个过程中，每种有机体都在改变着我们的世界。细菌制造了氧气环境，植物负责维持。植物能长在陆地上，是因为真菌分解岩石为土壤。这些案例证明，世界创造计划可以彼此重叠，为多元物种提供生存空间。人类也是如此，常常被卷入多元物种创造的世界中。火是早期人类的一种工具，不仅仅用于烹饪，还包括焚烧大地，让土里长出球茎以及野草，吸引动物前来，然后加以猎捕。当人类的维生方式为其他生物腾出空间时，人类就会塑造出多元物种的世界。这不仅仅是有关农作物、牲畜和宠物的问题。松树和它们的真菌伴侣经常在被人类烧毁的环境里苦壮成长，一起利用明亮的开阔空间和裸露的矿质土壤。人类、松树和真菌同时为自身和其他物种安排好了生存方式：这是个多元物种共存的世界。

　　20 世纪的学术研究，助长了现代人类的自负，妨碍我们去注意世界构造是充满分歧的、充满层级的，也是相互联合的。学者们着迷于某种生活方式的扩张，而对其他的问题视而不见。然而，随着进步的传说失去吸引力，我们有可能以不同的方式看待这个问题。

　　"集合体"（Assemblage）的概念很有意义。生态学家们转向集合体概念，以避开生态学"群落"（community）概念中固定而有边界的内涵。一组物种集合体中的不同物种如何相互影响——如果有的话，这个问题根本没有定论：有些彼此对抗（或吃掉对方）；其他共同努力协作得以生存；它们还有一些发现自己原来待在同一个地方。集合体是结局开放式的聚集

（gatherings），允许我们在没有假设的情况下探询公共群落的效应，向我们展示创造计划里潜在的历史。然而，就我的目的而言，我需要的是有机体以外的东西作为聚集元素。我需要看到各种生存方式——包括非生命的生存方式——汇聚在一起。非人类的存在方式，与人类一样，经历过历史性的变化。对于生物来说，物种同一性只是一个开始，仅有它们是不够的：存在的方式是相遇时激发的紧急效应。思考一下人类的情况就会更为明白。采摘蘑菇是一种生活方式，但并非人类共同的特征。对于其他物种来说，这个问题是一样的。松树可以找蘑菇帮忙一起利用人类开拓的空间。集合体并非只是聚集起各种生存方式；它们还参与塑造了这些生存方式。思考集合体，促使我们提问：聚集是如何有时变成"突发的事件"（happenings），并使之大过所有部分的总和？ 如果不谈进步的历史是不确定的、多重方向的，或许集合体会向我们展示新的可能性？

　　无意向协调（unintentional coordination）的模式在集合体中得到发展。若注意到这些模式，就意味着要观察在不同生存方式中聚集的时间节奏和范围之间的相互作用。令人惊讶的是，这是一种可能重振政治经济和环境研究的方法。集合体能将政治经济纳入其中，而不仅针对人类。种植园作物的生命，与它们在野外自由生长的同胞们不同；马车的马和猎人的马属于同一物种，却有着不同的生存方式。集合体不能从资本和政权中隐匿，它们是观察政治经济如何运作的现场。如果资本主义没有目的论，我们需要看到是什么聚集在一起——不仅仅是通过预构（prefabrication），还有并置（juxtaposition）。

其他作者使用"集合体"概念时可能意指其他含义。[8]修饰语"复调的"（polyphonic）可能有助于解释我的指涉。复调是一种多条独立的旋律交织在一起的音乐。西方音乐中，牧歌和赋格是复调的代表。对于许多现代的听众来说，这些形式似乎是古老而陌生的，因为它们被一种用统一的节奏和旋律组合起来的音乐所取代。巴洛克之后的古典音乐，其目标是一致性；这就是我一直在讨论的"进步"的意义：时间节拍的统一协调。在20世纪的摇滚乐中，这种一致性表现为一种强烈的节奏形式，令听众的心脏难以承受；我们习惯于从单一的角度来倾听音乐。当我第一次了解复调时，那是一种对倾听的启示；我被迫挑选出独立的、同时出现的旋律，并聆听它们共同创造的和谐与不和谐的时刻。欣赏集合体中多重时间节奏和轨迹正需要如此。

对于那些没有音乐喜好的人来说，将复调式的集合体往农业方向想象，可能会有帮助。自种植园时代以来，商业化农业的目标是将各个单一作物隔离，使其同时成熟、协调并取得收获。但其他形式的农业有着多重节奏。我在印尼婆罗洲研究过的轮耕种植中发现，许多作物一同生长在同一块土地上，它们的周期各不相同。大米、香蕉、芋头、红薯、甘蔗、棕榈树和果树混合生长在一起；农夫需要关注每一种作物的成熟时间。这些节奏是它们与人类收获之间的关系；如果我们加入其他的关系，例如，传粉者或其他植物，节奏会倍增。复调集合体就是这些节奏的聚集，它们来自人类和非人类的世界创造计划的结果。

这种复调集合体也把我们带入了现代政治经济的未知领域。

工厂劳动是进度协调的典范，虽然供应链中充满复调的节奏。想想奈丽·朱（Nellie Chu）研究的中国小制衣厂；像它的许多竞争对手一样，它服务于多条供应线，游刃有余地在本地精品品牌、山寨国际品牌、从事后期仿制品牌生产的订单中切换。[9]每一方的订单都有不同的标准、材料及劳动力。工厂的任务是将工业协调与复杂供应链的节奏相匹配。当我们走出工厂，去寻找一种踪迹不明的野生松茸时，节奏会更加复杂。我们越靠近资本主义生产的边缘，复调集合体与工业化进度之间的协调越成为获利的关键。

正如最后的例子所表明的那样，放弃进步的节奏来看复调的集合体并不是一种多么高尚的事。进步让人感觉良好，前方总会有更好的未来。在我自己的成长过程中，进步曾带给大家"向前走"的政治动因。我几乎不知道如何在没有进步的情况下考虑正义。问题在于，进步不再有意义。越来越多人抬头一看，却发现皇帝并没有新装。这种两难的困境，使得新的观察方法越发显得重要。[10]事实上，地球上的生命已经岌岌可危。在第 2 章中我们将讨论协作共存的困境。

召唤时间，云南。

松茸绣在彝族集市上

行人的马甲上

寓意着财富与幸福。

这件衣服将族裔（彝）

与物种（真菌）编码在一起，

让这些元素在变迁的历史遭遇中

发生片刻的互动。

2

交染即合作

我希望有人能告诉我事情会变好，但并没有。

——马玫能《通往湄公河的路》

（*Along the Way to the Mekong*）

一个聚集过程如何能成为"突发事件"（happening），并使之大过所有部分的总和？答案是交染（contamination）。我们被自己的遭遇所交染；当我们为他者让出空间时，它们也改变了我们。随着交染改变世界创造计划，共同世界和新的方向可能会出现。[1] 每个人都带着被交染的历史；纯粹并不可能存在。牢记不稳定性的一个价值：它提醒我们，随着环境而变化是生存之本。

但什么是生存？在流行的美国梦里，生存是通过战胜别人来拯救自己。"生存"是美国电视节目或外星人故事的主题，意味着征服和扩张。我不会采用这种意思。我们不妨放开一点，看看另一种理解方式。本书认为，每一个物种若要生存下去就需要相互协作。协作意味着克服差异，从而导致彼此被交染。没有合作，我们都会灭亡。

上述流行的幻想并不是问题的全部，学者们同样认同这种与一切为敌的生存方式。学者们始终把生存视为个体利益的提升，无论这个"个体"是物种、种群、有机体还是人类或其他物种的基因。想想新古典经济学和人口遗传学这两个 20 世纪主流的孪生学科。在 20 世纪早期，这些主流学科以大胆的构想重新定义现代知识。人口遗传学刺激了生物学的"现代演化综论"（modern synthesis），将进化论和遗传学结合起来。新古典主义经济学重塑了经济政策，创造了现代经济的想象力。虽然这两个学科领域彼此之间几乎没有什么交集，但它们却建立了相似的框架。每个学科的核心都是自足的个体行动者，目的是最大化个体利益，无论是为了繁衍后代还是累积财富。理查德·道金斯的"自私基因"理论传达出的理念，在许多生命层面上都适用：正是基因（或有机体，或种群）寻找自身利益的能力推动了进化。[2] 同样，"经济人"（Homo economicus）的生命，是一系列符合自身最佳利益的选择。

关于自足性的假设促使了新知识的爆发。通过思考自足性，使个体（无论规模大小）的利己主义忽略交染的可能，就是说，忽略通过遭遇发生的转化。自足的个体不会因遭遇而改变。为了最大化他们的利益，他们会利用遭遇，同时却避免受到影响。没有必要去**关注**这些一成不变的个体。"标准"个体可以代表所有群体作为一个分析单位，这样就可以仅通过逻辑来组织知识。如果没有变革性的遭遇，数学就可以取代自然历史和民族志。正是这种简化的生产力使这对孪生学科变得如此强大，而最初明显错误的假设也渐渐被遗忘。[3] 因此，经济学与生态学就都成为"进步等于扩张"这条公式的实践场。

不稳定的生存问题帮我们看到错误所在。不稳定性是一种体认到我们可能会因他人而脆弱的状态。为了生存，我们需要帮助，这永远需要来自他者的服务，无论是否有意图。当我扭伤脚踝时，一根结实的棍子能帮我走路，于是我寻求棍子的辅助。现在，我成了一起进行中的偶遇，即"女人与棍子"。很难想象在不依靠他者帮助的情况下，我会如何面对任何可能的挑战，不管这种帮助来自人类或是非人类。正是一种不自查的特权，让我们可以违反事实地幻想——我们每个人都能独自生存。

如果生存总是与他者有关，那么它也必然受制于自我和他者之间转换的不确定性。我们通过在物种内部和跨物种的合作而改变。地球上重要的生命物质就发生在这些转换中，而不是在自足个体的决策体系中，我们必须寻找通过交换而发展的历史，而不是仅仅看到那些无情个体的扩张征服策略。那么，一个聚集过程如何能成为"突发事件"呢？

协作是克服差异，但这不是自足的演化轨迹上单纯的多样性。我们自身的演化已经被遭遇的历史（histories of encounter）交染；在我们开始任何新的合作之前，我们都和其他人混合在一起。更糟糕的是，我们参与了那些对我们造成最大伤害的计划。允许我们产生合作的多样性来自于生物灭绝、帝国主义，以及所有其他的历史。交染创造了多样性。

这改变了我们对研究名称的想象，包括种族和物种。如果分类是不稳定的，我们就必须在遭遇时观察它们。使用分类名称应该致力于追踪这些暂时所属的集合体。[4] 只有从这里，我才能回到喀斯科特山脉森林，与瑶族人和松茸重逢。作为"瑶族"与作为"森林"的意义什么？这些身份认同从废墟的变革历史进入我们的视野中，尽管如今新的合作已经改变了它们。

俄勒冈州的国家森林由美国林务局管理，该机构旨在保护作为国家资源的森林。然而，这片景观的保护状况已经深受百年来伐木和救火史的扰乱。交染创造了森林，并在这个过程中转化了它们。因此，要正确地了解这片景观，不仅要统计，还要观察关注。

俄勒冈州的森林在20世纪早期美国林务局成立时的工作中发挥了关键作用，在此期间，林务人员致力于找出能获得木材巨鳄们支持的保育措施。[5] 伐木工和林务人员都认为抑制火灾最重要。同时，伐木工们急切地想要开采那些令东部喀斯科特山脉的白人拓荒者印象深刻的西黄松。20世纪80年代，西黄松被大量砍伐。事实证明，如果林务局阻止了周期性火灾，它们就无法繁殖。但是，冷杉和纤细的扭叶松却随着火情排除而繁荣起来——如果繁荣意味着在更浓密、更易燃，不论是死是活或濒死的丛林中扩张蔓延的话。[6]几十年来，林务局管理的意义是，一方面，试图恢复西黄松植被；另一方面，试图通过疏伐、砍伐措施控制易燃的冷杉和扭叶松灌木丛生长。西黄松、冷杉和扭叶松，都是通过人类的干扰而生长，现在却变成了受交染的具有多样性的物种。

令人惊讶的是，在这个被毁掉的工业景观中，新的价值出现了：松茸。特别是在成熟的扭叶松下，松茸长势甚好；而成熟的扭叶松由于火灾的排除，在东部喀斯科特山脉中有着惊人的数量。随着西黄松的砍伐和防火工作，扭叶松已经蔓延开来，尽管具有可燃性，但在排除火灾的情况下，它们拥有足够时间来生长。因此，俄勒冈州的松茸只在树龄为四五十年间且没有经过火灾的扭叶松下生长。[7]松茸的丰收是最近的历史产物：交染的多样性。

而东南亚山区的人在俄勒冈州做什么？有一次我意识到，森林里几乎所有人都有着明确的"族群"原因，解读这些蕴含的族裔性意义变得很重要。我需要了解是什么创造了包括松茸采集在内的公共议题，因而追访了他们为我提供的一些族群。采摘者，像森林一样，必须在形成过程中被理解而不仅仅是被统计。然而，几乎所有美国关于东南亚难民的研究都忽略了东南亚的族群形成。为了弥补这处遗漏，请允许我讲一个延伸的故事。尽管瑶族人有其特殊性，但在这里却能代表所有的采摘者和我们其他人。人类社会正是通过协作而转型的，不论这过程是否令人难堪。

　　年轻人高的遥远的瑶族祖先，被认为始终处于矛盾与逃亡的境况之中。他们在中国南方的群山中躲避帝国的势力，也收藏着能免除他们赋税与劳役的帝国文件。一百多年前，一些人搬到了更远的地方，进入了现在的老挝、泰国和越南的北部山区。他们带着一本独特的手稿，上面的文字以汉字为基础，是写给神灵的。[8] 作为对天朝的既拒绝又接受，这本手稿是受交染的多样性的一种简洁表达：瑶族人既是天朝人，又不是天朝人。后来他们学习如何做老挝人／泰国人，但又不是老挝人／泰国人；接着是美国人，又不是美国人。

　　瑶族人以不尊重边界而闻名；社群不断地往返于边境，尤其是在受到军队威胁的时候。（高的叔叔在跨境移动中学习会了中文和老挝语。）但是，尽管具有流动性，瑶族并不是一个不受国家控制的独立的部落。约雷弗·琼森指出瑶族的生活方式随着国家变动而反复变化。例如，20 世纪上半叶，在泰国，瑶族人围绕着鸦片贸易组建社区。只有由位高权重的年长男性掌权的一夫多妻制的大家族才能管理鸦片合同。有些家族多达一百名成员。泰国政府并不许可这种家庭组织的形式出现；它产生于瑶族与鸦片的接触中。在 20 世纪晚期，几乎并无计划的，出现了相似的过程：瑶族因其独特的风俗在泰国被标识为一个“族群”；泰国的少数民族政策使这种身份认同成为可能。同时，沿着老挝／泰国边界，瑶族人反复往返，在被两边的国家政策影响的同时也在躲避着这些影响。[9]

　　横跨边境的亚洲山脉迎来了很多人。在与这些不断变化的群体接触的过程中，瑶族人的态度变得敏感起来，因为这些人都参与过帝国统治和叛乱、合法和非法贸易，以及在千年流动中的妥协。要理解瑶族人是如何成为松茸采摘者的，需要考虑到他们与现在俄勒冈州森林里的另一个群体的关系，即苗族。苗族和瑶族在很多地方都很相像。他们同样逃向南方，越过边境，占领了适合商业鸦片种植的高海拔地区；他们都重视自己独特的方言和传统。20 世纪中期，一场由一个不识字的农民发起的千年运动，创造了一种完全原创的苗族文字。此时正值越战爆发，苗族人也卷入其中。语言学家威廉·斯莫利（William Smalley）指出，在该地区被丢弃的军事武器可能让这个聪明的农民有机会接触到英语、俄语和汉语的书写文字，他可能也见过老挝人和泰国人。[10] 从战争的废墟中浮现出来的、独特的、多重衍生的苗族文字，像瑶族一样，是受交染的多样性的一个很好的标识（icon）。

苗族人为他们的父系氏族组织感到骄傲，根据民族志学者威廉·格迪斯（William Geddes）的观点，宗族是在男人之间建立远距离联系的关键。[11] 宗族关系允许军事领导人在他们面对面的网络之外招募新兵。有个例子可以证明，即 1954 年法国被越南民族主义者击败后，美国接管了帝国的监督职责，并获得了曾被法国人训练有素的苗族战士的忠诚。其中一个士兵就是后来的王宝（Vang Pao）将军，他在老挝动员苗族人为美国而战，因此成为 20 世纪 70 年代中央情报局局长威廉·科尔比所称的"越战中最大的英雄"。[12] 王宝将军不只招募个人，还号召村民与宗亲加入作战。尽管他声称自己代表正宗苗族人，且掩盖了自己曾为抗法共产组织巴特寮（Pathet Lao）作战的过去，但王宝实则将自己的事业变成了苗族，同时也是美国的地下作业。通过他对鸦片运输、轰炸目标和中央情报局的空降物资的控制及其个人魅力，王宝创造了一种巨大的民族忠诚，并巩固了一支"苗族"。[13]很难想象出有比这更好的代表受交换的多样性的例子。

一些瑶族人也加入王宝的部队中作战。还有一些人跟随苗族人来到泰国的班维乃难民营（Ban Vinai），那是王宝在1975年随美国撤军逃离老挝后帮助建造的。但这场战争并未给瑶族人带来苗族人拥有过的民族政治统一感。有些瑶族人为其他政治领袖作战，包括瑶族将军赵拉（Chao La）。在老挝共产党取得胜利前，一些人离开老挝逃往泰国。琼森在美国关于瑶族的口述史中指出，通常被认为单纯以区域划分的老挝瑶族——北部瑶族或南部瑶族——实则是由王宝和赵拉分别强迫安置移民的不同历史。[14]他认为，战争创造了族群认同。[15]战争迫使人们迁移，但也巩固了他们与重新想象的祖先文化的联系。苗族人促进了这种混合，而瑶族也参与其中。

在20世纪80年代，从老挝到泰国的瑶族人加入了美国的计划，即将异见分子从东南亚带到美国，并使他们通过难民身份成为美国公民。难民们到美国后，正值福利削减时期；他们几乎得不到生计资源或被同化的机会。这些来自老挝和柬埔寨的人，大多数既没有钱也没有西方教育背景；他们搬到像采摘松茸之处这样与世隔绝的地方工作。在俄勒冈州的森林里，他们发挥着在越战中磨练出来的技能。那些经历过丛林战斗的人很少会迷路，因为他们知道如何在陌生的森林中找到方向。然而，森林并没有激发出他们属于东南亚大陆地区或美国的身份认同。他们模仿泰国难民营的结构，瑶族、苗族、老挝人和高棉人有各自分开的处所。然而，俄勒冈州的白人有时称他们为"柬埔寨人"，甚至乱称为"香港人"。经过各种形式的偏见和剥削的不断协调，受交染的多样性也在不断扩散。

我希望此刻你会说："这不是新闻！我可以从四周的景观和人群中发现很多类似的案例。"我同意，受交染的多样性处处存在。既然这些故事广泛流传、人人皆知，那么问题就变成了，为什么我们不用这些故事来了解世界？原因之一在于，受交染的多样性是复杂的、丑陋的、卑微的。受交染的多样性意味着那些在贪婪、暴力和环境破坏的历史下的幸存者。从协作伐木中生长起来的错综复杂的风景，提醒我们这里曾经出现过不可替代的优雅巨型树木。战争的幸存者提醒我们，他们曾越过或射杀过无数的生命才通向我们。我们不知道对这些幸存者应该心存爱意还是恨意。我们无法做出简单的道德审判。

更糟的是，受交染的多样性是拒绝被"总结"的，而"总结"已经成为现代知识的特点。受交染的多样性不仅是特殊的、基于历史的、变化的，而且是相互关联的。它没有自足独立的单位，它的单位是基于遭遇的协作；而如果没有自足独立的单位，就不可能计算出任何"个体"的成本、收益或功能。没有任何独立的个人或群体，可以确保他们的私利能够不受这些遭遇的影响。如果没有基于自足独立性的算法，学者和政策制定者可能不得不学习一些有关文化和自然历史风险的知识。这需要时间，也许对于那些期望以一个等式囊括整体的人来说，时间太长了。但是谁让他们主导这一切呢？如果一堆令人不安的故事是了解受交染的多样性的最好方法，那么是时候让这些故事成为我们知识实践的一部分了。也许，我们就像战争幸存者们一样，需要不断讲述，直到所有关于死亡、濒危和无谓的生命故事与我们一起面对当前的挑战。倾听那些问题故事里的杂音，我们才可能与不稳定生存中的最大希望相逢。

　　本书就讲述了这样一些故事，它们不只是将我带到喀斯科特山脉，还有东京的拍卖场、芬兰的拉普兰地区和一位科学家的餐厅——在那里我曾兴奋到不小心打翻了我的茶。一次性倾听这些故事是一件很有挑战的事——但一旦你掌握了它的窍门，就会非常简单——就像吟唱牧歌一般，每个声部的旋律都能同其他节奏呼应。这种相互交织在一起的节奏，仍然是替代我们长期遵守的统一进步时间观的另一种充满生命力的选择。

召唤时间，东京。

筑地批发市场

进行着松茸拍卖。

将蘑菇转化为库存

需要一定的工作：

只有当早期的联系被

切断时

商品

才会加速流通到市场。

3

规模问题

不不，你没有在思考；你只是在试图符合逻辑。

——物理学家尼尔斯·玻尔为量子缠绕
"幽灵般的超距作用"辩护

倾听和讲述很多故事，是一种**方法**。为什么不能就此提出有力的主张，将之称为科学和知识的补充？研究对象是受交染的多样性，分析单位是不确定的遭遇。要学习任何东西，我们必须复兴关注的艺术，并纳入民族志和自然史。但是我们在**规模**（scale）上存在一些问题。很多故事无法被清晰地总结出来。它的规模边界不清晰；它们干扰地理位置和节奏以吸引注意力。这些干扰引出更多的故事。这就是故事作为科学的力量。然而，正是这些干扰走出了大多数现代科学的界限，因为现代科学需要的是在不改变研究框架的前提下，不断扩张的可能性。所以，关注的艺术被认为是过时的，因为它们无法以这种方式扩大规模。在不改变研究问题的前提下，使一个研究框架适用于更大规模的能力已经成为现代知识的特质。如果希望和松茸一起思考，我们必须跳出这种期望。秉持这一精神，我以"反种植园"的方式对蘑菇森林进行了研究。

扩大规模的期望并不局限于科学界。进步本身经常被定义为在不改变框架的情况下使项目扩展的能力。这种特质便是可规模化（scalability），这个术语有点含糊，我们可以这样理解它，"可用规模的概念来讨论"。当然了，无论是可否规模化的项目，都可以用规模的概念来讨论。当费尔南·布罗代尔解释历史的"长时段"，或尼尔斯·玻尔向我们介绍量子原子时，他们指的都不是可规模化的事，尽管它们都彻底变革了以往人们对规模的认知。相比之下，可规模化是指计划在不改变框架的情况下平稳地改变规模的能力。例如，一个规模化的业务在扩展时不会改变它的组织。只有当商业关系不会转变，即加入的业务不会改变商业并产生新的关系时，才有可能实现。类似地，一个规模化的研究计划只认可那些已经符合研究框架的数据，要求忽略遭遇中的不确定性因素，使计划能够平稳扩张。因此，规模化也会排斥有意义的多样性，也就是那种足以促成事物改变的多样性。

规模化并非自然界的一种寻常特质，扩展项目很费功夫；即便成功了，在可规模化和不可规模化的计划组成间，仍会有交互影响。然而，尽管有布罗代尔和玻尔等思想家做出的贡献，但扩大规模与人类进步之间的联系依然强大，以至于可规模化的元素赢得了庞大的关注，而不可规模化的那些却变成一种累赘。现在是时候把注意力转向不可规模化的元素上了，不只是把它当成描述的目标，也是为了刺激理论。

不可规模化的理论可能源自创建规模时所采用的手段，以及创建过程中所制造的混乱。历史上有个影响深远的标志，或许是观察该手段的一个例证，即欧洲殖民种植园。在16到17世纪巴西的甘蔗种植园，来自宗主国葡萄牙的种植园园主偶然发现了一个平稳扩张的模式。他们精心设计了自足的、可互换的计划构成元素：消灭当地的人和植被，准备好闲置的无人认领的土地，并引进外来、孤立的劳工和农作物进行生产。这种可规模化的景观模式成为后来工业化和现代化的灵感来源。本书的主角松茸森林与种植园模式所形成的强烈对比，很适合用以讨论与规模化保持必要距离的问题。[1]

想想在葡萄牙殖民巴西时期的甘蔗种植园的元素。首先，甘蔗正如葡萄牙人所知道的那样：种甘蔗就是在地上插入一根甘蔗藤，等它发芽。所有的植物都是无性繁殖的，欧洲人也不知道如何培育这种新几内亚的栽培植物。欧洲甘蔗的特点是定植苗具有互换性，且不受繁殖的影响。被带到新大陆后，它几乎没有同其他物种产生关系。这种作物的生长相对来说是独立的，无需顾及周遭境遇。

第二，种植甘蔗的劳动力。葡萄牙凭借新获得的权力开展甘蔗种植业，从非洲奴役人口。从种植者的角度来看，被奴役的非洲人作为新大陆的甘蔗工人有很大的优势：他们没有当地的社会关系，因此也没有现成的逃生途径；就像甘蔗本身一样，在新大陆中没有任何同伴物种或疾病关系的历史，是孤立的。他们处于自我封闭的过程中，可以作为抽象的劳工被标准化。为了方便控制，种植园的设计更加异化。一旦开启中央控制流程，所有操作都必须遵循工厂的时间框架运行。工人们不得不尽可能快地砍伐甘蔗，为了避免受伤而全神贯注。在这种情况下，工人们的确变成了封闭性的、可互换的单位。这些被认为是商品的人，被迫接受了可互换的工作，即在甘蔗生产中被设计成规律的、时间上可协调的工作。

在这些历史实验中，人类工作和农作物商品在计划框架中出现了互换性。这是一个成功的案例：欧洲获得了巨大的利润，而大多数欧洲人却因距离遥远而无法看到其影响。这个计划是规模化的首次成功，或者更准确地说，看起来成功了。[2]甘蔗种植园范围扩大，横跨世界上所有温暖的地区。它们的组成因素——复制定植苗、强迫劳动、开疆辟土，这一切都显示出异化、互换性和扩张所能带来的前所未有的利润。这个等式塑造了我们称之为进步和现代化的梦想。正如人类学家西敏司所言，甘蔗种植园是工业化过程中的工厂模式，工厂纷纷将种植园模式的异化植入自己的计划。[3]规模化的扩张成功，实现了资本主义现代化。投资者们从种植园的视角想象出越来越多的世界，设计各种各样的新商品。最终，他们认为地球上的一切——甚至地球之外，都是可规模化的，因此可以按市场价值进行交换。**这就是功利主义**，它最终凝结为现代经济学，并促进了更大程度的规模化，至少表面如此。

对照一下松茸森林：与甘蔗的复制不同，松茸清楚地显示出若不能与其他物种产生转换关系，它们就无法生存。松茸是一种与某些树木关联的地下真菌的子实体。这种真菌从与宿主树根部的共生关系中获得碳水化合物，也对它们进行供养。松茸使宿主树木能够在腐殖质匮乏的贫瘠土壤中生存。反过来，它们也受树木滋养。这种转化性的互利共生是人类无法人工种植松茸的原因。日本的研究机构已经投入了数以百万计的日元来进行松茸种植实验，但目前为止还未成功。松茸抗拒种植园环境，它们需要同森林中充满活力的多元物种的多样性保持交染关系。[4]

此外，松茸采摘者不同于甘蔗园中那些纪律严明、可被替换的劳工。没有严格的异化，森林里就不会有规模化的企业。在美国太平洋西北部的采摘者，是跟着"松茸热"涌向森林的。他们自食其力，在没有正式工作的情况下为自己找寻生路。

然而，将松茸贸易视为一种原始的生存方式是错误的。这是对进步障眼法的误解。松茸贸易在规模化之前并不存在。它随着规模化而生，而且是生于规模化造就的废墟中。俄勒冈州的许多采摘者都是被工业经济淘汰出来的，而森林本身就是规模化作用后的剩余之地。松茸的贸易和生态都依赖于规模化和它埋下的祸根之间的相互作用。

美国太平洋西北地区是 20 世纪美国木材政策制定和实践的

严酷试验场。该地区吸引了曾摧毁中西部森林的木材工业，与此同时，科学林业成为美国国家治理中的一股力量。私人和公众（以及后来的环保主义者）在太平洋西北部彼此相争；最后在多方妥协下，达成微弱的共识，此地为科学 – 工业林地。尽管如此，在这里森林还是像过去一样被视为可规模化的种植园。在 20 世纪六七十年代的公私工业人工林业联营的鼎盛时期，这意味着单一作物的同龄木材为当时主流趋势。[5] 如此单一化的经营非常费功夫。不被需要的树种，事实上也就是其他所有物种，都被喷洒了毒药除去。绝对不能放火。异化了的工作人员会种下"上等"的树木。疏伐是残忍的、有规律的，而且是必要的；适当的间隔保障了树木最大的生长速度，允许机械采伐。用材树是一种新型的甘蔗：在没有多元物种干扰的情况下，匀质地生长，由机器和无名工人进行疏伐和收割。

尽管技术力量雄厚，但把森林变成木材种植园的项目最多只能算得上是参差不齐。早先，木材公司通过采伐最昂贵的树木来赚取利润；当二战后国家森林被开放用于伐木时，他们继续采用"高等级"标准选择树木，这种标准认为成熟的树木最好被生长迅速的幼树取代。皆伐（Clear-cutting），或者说"匀龄管理"（even-aged management）是为了摆脱这种"挑挑拣拣"采伐的低效率。但是，科学 – 工业化管理下的再生树并不是那么受欢迎，利润并不高。以前，美洲印第安人定期的焚烧措施一直维持着优秀木材物种的生存，现在很难再繁殖出"正确"的物种。先是在曾经占据主导地位的西黄松的地盘长出了冷杉和扭叶松，然后西北太平洋地区的木材价格暴跌。由于没有容易采伐的木材，木材公司开始在其他地方寻找更便宜的树木。没有了大木材公司的政治影响力和资金支持，地方林务局就会失去资金来源，维持类似于人工林的森林变得成本高昂。环保主义者诉诸法庭，要求实行更严格的保护措施。他们被认为是导致木材经济崩溃的罪魁祸首，然而木材公司和大部分的大型树木已经不复存在了。[6]

当我在 2004 年漫步于东部喀斯科特山脉的时候，冷杉和扭叶松在曾经几乎全是西黄松生长的地方长势喜人。尽管高速公路沿途的标志仍然写着"工业用木材"，但此处已看不出有什么工业的迹象。这片土地上覆盖着茂密的扭叶松和冷杉：对于大多数木材使用者来说这些树都太小了，也没有形成足够的景观供消遣。但这个区域经济中出现了一些其他的东西——松茸。20世纪 90 年代的林业研究人员发现，松茸的年均商业价值至少可以与木材的价值一样可观。[7]在这片规模化又工业化的林业废墟中，松茸振兴了无法规模化的森林经济。

思考不稳定性是一种挑战，它需要去理解规模化的计划改变景观和社会的途径，同时也要看到规模化的失败，以及不可规模化的生态和经济关系会从哪里爆发。其中一个关键是要注意规模化和不可规模化各自的轨迹。但是，预设规模化不好而不可规模化是好的，会是一个巨大的错误。不可规模化的计划可能与规模化的计划造成的影响一样糟糕。不受管制的伐木者破坏森林的速度比科学林务工作者要快。规模化和不可规模化的计划之间主要的区别不是道德行为，而是后者更加多元繁杂，因为它们不是为了扩张而准备的。不可规模化的计划可能是糟糕的，也可能是良性的，差别在于程度不同。

新的不可规模化的爆发并不意味着规模化已经消失。在一个新自由主义重构的时代，规模化正日益沦为技术问题，而不是一个公民、政府和企业应该共同努力的全民动员。正如第4章将探讨的，规模化的计算方法和不可规模化的工作关系之间的衔接，正逐渐被认为是资本主义积累的典范。只要精英们能够将他们的账本规范化，生产就不必规模化。我们能否在探究不稳定的形式和策略的同时，仍可注意到规模化计划持续的霸权？

本书的第二部分将追溯规模化和不可规模化在资本主义中的相互作用，其中，规模化的计算里包括了不可规模化的劳动力和自然资源管理。在这种"攫取资本主义"（salvage capitalism）中，供应链建立起一个转译过程；在这个过程中，各种各样的工作形式和自然条件都变得与资本相称。第三部分回到代表反种植园的松茸森林，在那里，变革性的相遇创造了生命的可能性。生态关系中的交染多样性是重点关心的议题。

但首先，我想先谈谈不确定性：这是我所关注的集合体的核心特征。到目前为止，我对集合体的定义是与它们的负面特征相关的：它们的元素因受交染而不稳定；它们无法平稳地扩大规模。然而，集合体也是由它们聚集且总是可能会消散的力量定义的。它们在创造历史。这种难以言说的、颇具存在感的特性在鲜明的气味中尤为明显：那是松茸的另一样天赋。

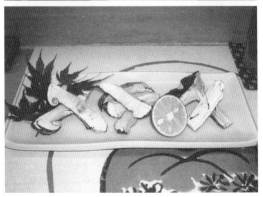

变幻莫测的生活，东京。

主厨在拣选、嗅闻

准备松茸，

加以炙烤后和一片酸橙

一同呈上。气味

是我们自身的另一种存在。

难以形容，

但很生动，

气味带来了遭遇

和不确定性。

插　曲

嗅　觉

"何叶？何菇？"（"What leaf? What mushroom?"）

——约翰·凯奇对诗人松尾芭蕉的俳句的翻译

气味的故事是什么？它应该不是一部关于嗅觉的民族志，而是对气味本身的描述，是一股飘入人类与动物口鼻中，甚至留下植物根部与土壤细菌菌膜的气息吧？气味把我们拉入记忆与可能性的缠绕线索里。

松茸不只引导了我，还有众生。受气味牵引的人与动物，为了寻找它，勇敢地跨越了北半球的荒野之地。鹿会在众多蘑菇中选择松茸。熊翻着原木，挖开沟渠寻找它。几个俄勒冈州的蘑菇采摘者告诉我，麋鹿用血迹斑斑的鼻口从尖锐的浮石土中连根刨起松茸。他们说，这种气味会吸引麋鹿从一个地方寻到另一个地方。这种气味究竟是何种特殊形式的化学刺激？有种解释认为，树木也会被松茸的气味触动而任其扎根。此外，和松露一样，人们在地下松茸藏身的地方看到了飞虫盘旋。相反，蛞蝓、其他真菌和许多种类的土壤细菌，却因为这种气味而避走，被迫离开生存地盘。

气味是捉摸不透的，它的影响力时常使我们惊讶。即使我们的反应强烈且笃定，也不知道如何将气味变成文字。人类在呼吸空气的同时闻到气味，描述气味几乎和描述空气一样困难。但是气味不只是空气，气味还是另一人或物的存在标志；它一出现，我们就会有所反应。反应总是把我们带到新的地方；我们不再是自己——至少不再是曾经的自己，而是与其他人或物遭遇时的自己。遭遇，就其性质而言，是不确定的；我们是不可预知的转变。气味，这种难以理解又确定存在的混合物，可能成为遭遇的不确定性的有用指南吗？

不确定性为懂得欣赏蘑菇的人带来了丰富的馈赠。美国作曲家约翰·凯奇写过一组简短的音乐作品，就叫作《不确定》（Indeterminacy），其中有许多小节赞美着人与蘑菇的因缘际会。[1] 对凯奇来说，寻找野生蘑菇，需要一种特别的关注力：关注此地此刻的交汇，捕捉所有的偶然和惊喜。凯奇的创作总是和此时此地的"变幻莫测"有关，意在与古典作品中恒久的"一致性"主题形成反差；他的作品是让观众就像聆听作曲一样聆听四周环境的声音。在他的著名作品《4分33秒》中,没有任何音乐,观众被迫就这样听下去。凯奇把聆听当成一起偶发事件的想法,这使得他开始欣赏事物的不确定性。本章开头的引文,是凯奇对17世纪日本诗人松尾芭蕉俳句的翻译,"松茸や知らぬ木の葉のへばり付く",我见过有人译成:"松茸覆盖着/一片未名的树叶。"[2]凯奇认为,这些译文没有清楚地表达不确定遭遇的模糊、无状。最初,他修改为"未知使蘑菇和树叶相遇",这很好地表达了遭遇的不确定性,但他又觉得过于冗长,后译成"何叶?何菇?"。这更能将我们带入凯奇研究蘑菇时所重视的开放性中。[3]

不确定性在科学家对蘑菇的研究中同样重要。真菌学家艾伦·雷纳(Alan Rayner)认为,生长过程中的不确定性是真菌最令人兴奋的发现。[4]人体构造在我们的生命早期就形成了一种确定的形式,除非受伤,否则我们永远不会像青少年时那样在形体上发生很大的改变。我们不能长出多余的肢体,每个人也只有自己的一颗脑袋。相反,真菌终其一生都在不断生长和改变。真菌以能随环境及遭遇变形而闻名。许多真菌都有"永生的潜能",意味着它们会死于疾病、受伤或资源匮乏,却不会因年老而殒。即使是这个小小的事实也能提醒我们,我们对于知识和存在的思考,有多少只是基于明确的生命形式和长久年龄的假设。我们很少想象不受这些限制的生命会如何,一旦这么做时,我们会以为误入了魔法世界。然而,雷纳激励我们用蘑菇去思考和质疑。他指出,我们人生中很多方面同真菌的不确定性很相似。我们的日常习惯不断在重复,但又因回应着机会与遭遇而呈现开放性。如果人类不确定的生命形态并非体现于身体样貌上，而是体现在随时间推移而产生的行动变化上呢？这种不确定性扩展了我们的人生观，向我们展示了我们是如何因遭遇而改变。人类和真菌通过相遇而共享着这种当下的转变。有时他们彼此遭遇。正如另一首17世纪的俳句所描写的那样，"松茸／谁采之／于吾前。"[5] 何人？何菇？

松茸的气味实实在在地改变了我。我第一次烹饪它们时，毁了另外一道可爱的菜。它的气味浓烈逼人，我无法下咽，甚至挑不出一块没有被熏到的蔬菜，只好扔掉了整只锅，以白饭果腹。从那以后，我变得十分小心，只采集不食用。终于有一天，我把所有采来的松茸都交给了一个日本同事。对方非常开心，说她从没见过这么多松茸。当然她准备了一些用来做晚饭。首先，她给我示范如何在不用刀具的情况下撕开松茸。她说，刀具的金属质地会改变味道；而且她的母亲也告诉过她，松茸的精魄不喜欢那样。然后，她用一只没有放油的热平底锅炙烤松茸。油会改变味道，她解释说，黄油更糟，因为味道过重。松茸必须干烤或放入汤中；菜油或黄油会破坏它的美味。她在炙烤的松茸上滴了一些酸橙汁。那简直太棒了，松茸的气味开始给我带来愉悦。

接下来的几周时间，我的感觉变了。那是松茸丰收的一年，遍地盛放。现在的我，只要闻到一丝幽微的松茸气味就满心欢喜。我在婆罗洲生活的几年里，对榴莲这种非常臭的热带水果也有类似体验。第一次尝试榴莲时，我几乎要吐出来。但那年恰逢榴莲丰收，气味四处弥漫。不久，我发现自己喜欢上了这种味道；根本想不起来为何起初会觉得恶心。松茸也同样：我再也记不清究竟是什么让我曾经那么烦恼，现在闻起来却是那么舒服。

我并非唯一有这种反应的人。在京都传统的集市上，植田幸嗣经营着一家精品蔬菜店。他解释说，在松茸季节，大多数人来这里并不是要购买（他的松茸价格昂贵），而是希望闻闻气味。他说，只是来光顾一下店铺就会让人开心。所以他要卖松茸，它会带给人纯粹的愉悦。

也许松茸气味带来的快乐因子，就是促使日本气味工程师制造人造松茸味的原因。现在你可以买到松茸口味的薯片和速食味噌汤。我已经尝试过了，在舌尖上感受到一种来自松茸的遥远记忆，但那与松茸的直接遭遇截然不同。不过，许多日本人只见过这种形式的松茸，或者是松茸饭、松茸比萨所使用的冷冻蘑菇。他们不解松茸有什么好大惊小怪的，对那些张口闭口都是松茸的人颇有微词。味道没那么神奇的啦。

日本的松茸爱好者们很了解这种奚落，更养成了一种辩护姿态。他们说松茸的气味让人追忆往昔，这对于完全不能理解的年轻人来说是一种损失。松茸的味道，他们说，是乡间生活的味道，是童年时探望祖父母、追逐蜻蜓的时光。它让人想起曾经开阔、如今却濒临消失的松林。许多琐碎的记忆裹挟在这种气味里。一位女士解释说，它让人想起村里室内障子门上糊着的纸张；她的祖母每逢新年时会用更换下来的障子纸包裹第二年的蘑菇。那是一个轻松的时代，大自然还未衰退，还未变得有害。

　　怀旧之情非常有用。这或许可以解释京都松茸学资深顾问小川真（Makoto Ogawa）的行为。我与他见面时，他刚办退休。更不巧的是，他已将办公室清理得一干二净，丢了许多书籍和科学论文。但他本人就是行走的松茸科学和历史研究的博物馆。退休使他能更轻松地表达对松茸的热情。他的松茸研究，他解释道，始终都在为人与自然代言。他曾梦想着，当城里人对乡村生活产生兴趣，而村民们也可以出售一些珍贵的特产时，向人们展示培育松茸森林的方法，就能让城市和乡村之间的联系重新焕发活力。同时，即使松茸研究可以通过经济刺激来资助，但它对基础科学也有很多好处，尤其是在了解生态环境变化中生物之间的关系方面。如果怀旧是这项计划中的一部分，情感的比重越多会越有益。这也是他的怀旧之情。他带着我的团队参观了一处隐藏于古老寺庙背后、松茸曾经蓬勃生长的森林。如今那座小山相对幽暗，针叶树在常绿阔叶林的遮蔽下密不透风，零星剩下几棵松树奄奄一息。我们找不到任何松茸。曾经，小川回忆道，松茸布满了这片山坡。好像普鲁斯特的玛德琳蛋糕，松茸就是他追忆的似水年华。

　　小川博士以浓厚的讽刺与笑声回味着自己的怀旧之情。我们站在雨中，身旁就是松茸踪迹不再的古寺森林，他向我们解释日本松茸的韩国起源。在你继续往下听这个故事之前，想想日本民族主义者和韩国人之间没有好感的事实。小川博士提醒我们，韩国贵族在日本进行的文明化，是与日本人的意愿背道而驰的。此外，在他的故事中，文明也并非总是好事。在他们来到日本中部之前，小川博士讲道，韩国人已经砍伐了他们自己的森林来建造寺庙和炼铁。他们早在自己的家乡开发出了开阔的、人为干扰的松林，因此松茸的生长远早于日本。当韩国人在公元 8 世纪往日本扩张时，砍伐了那里的森林；松树林同松茸一起在这样的采伐中迅速生长。韩国人闻到松茸的气味，想起了家乡。这是第一层怀旧，是与松茸的初恋。小川博士告诉我们，正是出于对韩国文明的向往，日本的新贵族才开始美化了现在著名的秋之芳香。他补充说，也难怪海外日本人对松茸充满迷恋。最后，他讲了一则趣闻：他在俄勒冈州遇到一个日裔美籍的松茸采摘者，对方混杂着日语和英语向小川博士的研究致敬，说道："我们日本人为松茸疯狂！"

小川博士故事中蕴藏的怀旧让我很受触动，同时它们也让我明白了另一个观点：松茸只能生长在深受干扰的森林里。松茸和赤松在日本的中部做伴，都只能生长在人类严重砍伐后的森林环境中。环顾世界各地，松茸的出现的确都与最受干扰的森林有关：那些冰川、火山、沙丘或因人类活动已经看不到其他树木甚至是有机土壤的地方。我在俄勒冈州中部行走过的浮石平原，在某种程度上就是松茸知道如何生长的典型环境；它的地面根本难以让大多数植物和其他真菌攀附。如此贫瘠的景观上，遭遇的不确定性隐约可见。是什么样的拓荒者在这里找到了自己的路，它是如何生存的？即使是最强壮的树苗也不太可能成功，除非它能找到一个同样坚强的真菌为伴，从岩石地面汲取营养。（何叶？何菇？）真菌生长的不确定性同样关键。它能遇到一棵可以接纳它的树根吗？如果基质或潜在营养改变了呢？通过不确定的生长过程，真菌也在学习适应这片土地。

也会与人类遭遇。人类会不会在砍柴、收集绿肥时不小心培育出真菌？还是会引进敌害种植，引进外来病菌，或为郊区发展而夷地铺路？人类对景观会产生非常重要的影响。而且人类（如真菌和树木般）带来了他们的历史，以应对相遇的挑战。这些历史，无论是人类还是非人类的，都不是自动化的程序，而是在不确定的此时此地的凝结；正如哲学家瓦尔特·本雅明所言，我们所掌握的过去，是一段"在危险时刻闪现"的记忆。[6]本雅明写道，我们制定的历史，如"一次虎跃扎入消逝的过去"。[7]科学家海伦·韦尔兰（Helen Verran）则提出另一幅图景：在澳大利亚的雍朗族（Yolngu）中，要将祖先们的梦想和回忆浓缩于现在，就要在仪式高潮，将一根长矛扔进故事讲述者环绕的圈子中心。长矛的投掷将此地此刻与过去融合在一起。[8]通过气味，我们所有人都认识了那飞矛与虎跃。我们所遭遇的过去被浓缩在气味中。童年时代拜访祖父母的时光所挥发出的气息，浓缩了很大一部分日本的历史，不仅仅是20世纪中期乡村生活的生命力，还有19世纪之前的森林采伐、景观破坏，以及后来的都市化和森林的荒废。

有些日本人在受他们干扰而生的森林中闻到一丝乡愁，但这当然不是置身野地时的唯一感受。再来考虑一下松茸的气味。事实上，大部分欧洲人都受不了这种气味。有个挪威人给这个欧亚物种起了第一个学名：令人作呕的松口蘑。（近年来，分类学家打破了通常的命名权优先原则，将这种蘑菇改名为"松口蘑松茸"，承认了日本人的口味。）欧洲血统的美国人对太平洋西北地区的美洲松茸的气味同样不太满意。我让白人采摘者描述这种气味，他们说，"霉菌"、"松脂"、"泥"。不止一人会把我们的对话转移到真菌腐烂的臭味上去。有些人会引用加州真菌学家大卫·阿罗拉（David Arora）对这种气味的描述，"就像'Red Hots 牌肉桂糖'与脏袜子之间刺激性的中和"。[9]那些都不会是你想要吃的东西。如果俄勒冈州的白人采摘者要吃蘑菇，他们会采用腌制或烟熏的方法。这种处理掩盖了气味，将松茸变得不足挂齿。

也因此，美国科学家研究的是松茸气味能否驱虫（如蛞蝓），而日本科学家好奇的却是它的吸引力（如对一些飞虫）时，这之间的差异就不奇怪了。[10]不过，大众对同一个遭遇事物却有如此迥异的感受，那还能算是"同一种"味道吗？这个问题是否能延伸到蛞蝓、蠓虫以及人类身上？按我的个人经验，如果嗅觉改变了呢？如果松茸也能通过遭遇发生改变呢？

俄勒冈州的松茸可以同许多宿主树产生联系。当地采摘者可以区分出哪些宿主树会生长出特定的松茸——部分是根据大小和形状，部分是通过气味。这个问题，是某天我在调查一些难闻的松茸的出售场景时冒出来的。采摘者解释说，他在白冷杉下发现了这些蘑菇，这是松茸的一种不常见宿主树。他说，伐木工把白冷杉的味道叫"小便杉"，因为砍伐这种树时，木头会发出难闻的气味。蘑菇和受伤的白冷杉一样难闻。对我来说，它们闻起来一点也不像松茸。但这种小便杉 – 松茸组合的味道，不正是在遭遇中产生的吗？

在这种不确定的情况下，存在一种耐人寻味的自然文化情结。气味的不同方式和不同特质被包裹在一起。描述松茸气味，似乎不可能不把所有文化和自然的历史浓缩在其中，一并道出。任何想彻底解开这个缠绕的尝试，也许像人造松茸味一样，很可能会失掉重点；气味是扎入过去的虎跃，是遭遇中的不确定性经验。不然，还能是什么呢？

松茸的气味交织着记忆和历史——不只是人类的。它将多种存在方式聚合成一个充满情感的纽结，有着强大的影响力。它从遭遇中浮现出来，向我们展现了正在形成的历史。闻一下吧。

资本主义的边缘效应，俄勒冈州。

一个买手在高速公路旁

搭起招牌。

松茸贸易将不规范的劳动力、资源和位于中心位置的库存地

连结在一起。

资本主义价值

就在转译中积累起来。

Ⅱ

第二部分｜进步之后：
攫取积累

　　我第一次听说松茸，是从真菌学家大卫·阿罗拉那里，他在 1993 年到 1998 年间的俄勒冈州的松茸营地进行研究。当时我在寻找一种文化上多姿多彩的全球性商品，而阿罗拉的松茸故事引起了我的兴趣。他告诉我，买手在高速公路旁搭起帐篷，等着入夜时采购松茸。"他们整天都无所事事，所以他们有足够的时间和你交谈。"他言之凿凿。

　　买手就在那里——但远不止如此！在大营地，我似乎已经踏入了东南亚的乡村。身着纱笼的瑶族人正在石头三脚架上用煤油罐烧水，把条状的鱼干和野味挂在炉子上风干。从北卡罗来纳州远道而来的苗族人正在贩售自制的竹笋罐头。老挝人开的面棚不仅卖河粉，还有我在美国吃过的最正宗的肉末沙拉——一种由动物血、辣椒和肠子制成的风味小吃。从电池供电的扬声器里播出老挝的卡拉 OK。我甚至还遇到一个来自占族的采摘者，但他并不说占族语，原本我以为可以因它与马来语的接近程度来应付一下。一个穿着邋遢的高棉少年嘲笑我语言能力不足，吹嘘他会说四种语言：高棉语、老挝语、英语和黑人英语。当地印第安人有时也会来售卖他们的蘑菇。这里也有白人和拉丁美洲人，虽然他们大多数会选择避开官方营地，独自待在树林里或者自成小群体。最后，还有游客：一名萨克拉门托的菲律宾人每年都会跟随他的瑶族朋友到此一游，但他说自己从来没有领会到这里的精髓。还有一个来自波特兰的韩国人说也想加入。

当然这些场景里也有一些不太世界主义的东西：这些采摘者和买手同日本的商铺和消费者之间有分歧。人人都知道这些蘑菇（除了销往日裔美国人市场的一小部分）会被销往日本。每个买手和散货船商（bulker）都希望可以直接将货物销往日本——但没人知道如何下手。对日本和其他供应点的松茸贸易的误解越来越多。白人采摘者信誓旦旦地说，松茸在日本的价值好像一剂催情剂。（虽然松茸在日本的确有阳具的暗示，但没有人会把它们当作药物来服用。）一些人抱怨中国人采摘后抑制了全球价格。（其实，就像俄勒冈州的一样，中国的采摘者也是独立行动。）有人在网上发现松茸在东京的高价，却没人理解这些价格是指"日本生产"的松茸。只有一个例外，一个日语流利的中国散货船商向我小声解释了这些误解——但他是一个局外人。除了此人外，俄勒冈州的采摘者、买手和散货船商对日本的贸易情况一无所知。他们编织了一幅有关日本的幻景，却不知如何评估。他们活在自己的松茸世界：作为松茸供应商，他们的手法和身份把他们聚在一起——但这对他们知晓如何打开松茸销售的后续渠道并无帮助。

美国和日本在商品链上的分歧为我的研究做出了指引。每个环节在制作和获取价值上都有不同的流程。鉴于这种多样性，究竟是什么使我们将这一部分的全球经济称之为资本主义？

资本主义的边缘效应，俄勒冈州。

采摘者在路边排起队将松茸出售给买手。

不稳定的生计

在资本主义治理的边缘暴露无遗。

不稳定性只寓于此地此刻

过去无法通向未来。

4

边缘运作

　　想用一种强调短暂聚集和多向历史的理论来解释资本主义，似乎有些奇怪。毕竟，全球经济一直是以进步为核心，即使是激进的批评家，也把资本主义不断向前的过程描述为"弥补世界"（filling up the world）。资本主义像一台巨型推土机，使地球变得扁平，但所有这一切只会增加人们关心当下其他问题的难度——不仅是某个受保护的飞地发生了什么，而是在所有地方发生了什么，无论是内部还是外部。

　　受19世纪工厂兴起的影响，马克思向我们展示了要将雇佣劳动和原材料合理化的资本主义形式。大多数分析人士都遵循这一先例，设想了一个由工厂驱动、具有连贯治理结构、与国家合作构建的体系。然而，和过去一样——今天的大部分经济发生在截然不同的场景中。供应链不仅跨越洲际而且跨越标准，来回流动，很难在整个供应链上确定一个单一的合理性。然而，资产却仍在为进一步的投资而积累。这是如何运作的？

供应链是一条特殊的商品链：一种由龙头企业管理的商品贸易。[1]在这部分，我将探讨连接俄勒冈州森林中的松茸采摘者和日本松茸食用者的供应链。这条供应链令人惊讶，而且充满文化多样性，在运转上缺少我们熟知的资本主义。但是，这条供应链却彰显出当今资本主义很重要的一部分：就算不需要对劳动力和原材料进行合理化，资本积累还是有可能实现的。不过，它需要在不同的社会和政治空间——借用生态学家的用法，我称之为“区块”（patch）——中进行转译（translation）。佐塚志保认为，转译是将一个世界创造计划变成另一个计划。[2]虽然这个术语会让人想到语言上的翻译，但它也可以指涉局部协调的其他形式。跨越不同场所的转译就**是**资本主义：它们使得投资者积累财富成为可能。

作为自由战利品的蘑菇是如何成为资本主义的资产，后来又如何成为日本的典范礼物？要回答这个问题，就需要关注供应链上的各个环节的意外组合，以及将这些环节连接在一起形成跨国回路的转译过程。

资本主义是一种集中财富的系统，它使新的投资成为可能，而新的投资又进一步集中了财富。这个过程就是积累。经典模式把我们带到工厂：工厂主通过向工人支付低于工人每天生产的商品价值的报酬来集中财富，业主们从这些额外的价值（剩余价值）中"积累"投资资产。

然而，即使在工厂里，也有其他的积累因素。在 19 世纪，当资本主义第一次成为探究的对象时，人们把原材料想象成大自然对人类的无限馈赠。现在，原材料不能再被视为理所当然。例如，在我们的食品采购体系中，资本家不仅通过改造生态系统来剥削生态系统，而且还利用生态系统的生产能力。即使在工业化农场里，农民们也要依赖于他们控制之外的生命过程，如光合作用和动物消化模式。在资本主义的农场里，在生态过程中制造的生物，都是为了财富的集中而被圈养。这就是我所说的"攫取"（salvage），也就是利用不受资本主义控制而产生的价值。许多资本主义的原材料（如煤炭和石油）早在资本主义出现之前就已经存在了。资本家也不能生产人的生命，而人的生命是劳动的前提。"攫取积累"（Salvage accumulation）是指龙头企业在不控制商品生产条件的情况下，通过这个过程积累资本。攫取不是一般资本主义进程中的点缀，而是资本主义运作的一个特征。[3]

攫取发生的地点同时存在于资本主义内部和外部，我称之为"边缘资本主义"（pericapitalist）。[4] 周边资本主义活动所产生的各种商品和服务，无论是人类的还是非人的，都是为资本主义积累打捞出来的。如果一个农民家庭生产的农作物进入资本主义食物链，资本积累就可以通过回收农民耕作中创造的价值来实现。现在，全球供应链已经成为世界资本主义的特征，我们看到这一过程无处不在。"供应链"是将价值转化为主导企业的利益的商品链；非资本主义价值体系与资本主义价值体系之间的转换，就是供应链的作用。

通过全球供应链进行攫取式的打捞积累并不新鲜，一些众所周知的早期案例可以说明它是如何运作的。回望19世纪象牙供应链将中非和欧洲联系在一起的历史，正如约瑟夫·康拉德的小说《黑暗之心》所描述的那样。[5] 故事叙述者原本崇拜一个欧洲商人，后来却发现他靠野蛮暴力来获取象牙。这种野蛮行径令人惊讶，因为每个人都希望在非洲的欧洲人能成为文明和进步的力量。相反，文明和进步结果却是通过暴力获取生产价值的幌子和转译机制：这便是典型的打捞。

为了更清楚地理解供应链的转译，请参考赫尔曼·梅尔维尔对19世纪美国投资者采购鲸油的描述。[6]《白鲸》讲述了一艘捕鲸船的故事，该船只成员们粗暴的世界主义观与我们对工厂纪律的刻板印象形成了鲜明对比；然而，他们从世界各地捕杀鲸鱼所获得的鲸油进入了一个以资本主义供应链为基础的美国市场。奇怪的是，所有在"裴廓德号"上的船员都是来自亚洲、非洲、美洲和太平洋未受同化的原住民。如果没有这些原住民的专业知识——而非美国工业训练，这艘船怕是无法杀死一头孤鲸。但是，这项工作的成果最终必须转译为资本主义价值形态；这艘船起航，只是因为资本主义的融资而起航。将土著知识转译为资本主义的回报，就是一种打捞积累。鲸鱼生命转译为投资也是如此。

　　在你认为打捞积累已经过时之前，让我举一个当代的例子。库存管理方面的技术进步为今天的全球供应链注入了活力；库存管理保障了龙头公司能够从各种经济安排、资本等来源获取产品。零售巨头沃尔玛便是一家帮助实现此类创新的公司。沃尔玛率先使用全球通用产品代码（UPCs），电脑可以通过黑白条码识别库存资产。[7] 反过来说，库存的可识别性意味着沃尔玛能够忽略其产品生产的劳动和环境条件：泛资本主义的手段，包括盗窃和暴力，都可以是生产过程的一部分。我们可以一边听着伍迪·格思里的歌打节拍，一边通过 UPC 条码的正反两面思考生产和计算之间的对比。[8] 标签的正面是黑色和白色的条形码，可以对产品进行详细跟踪和评估。标签的反面是空白的，显示出沃尔玛完全不关心产品如何制作，因为价值可以通过计算来转译。沃尔玛以迫使其供应商以更低廉的成本生产产品而闻名，从而鼓励了野蛮的劳动和破坏性的环境的做法。[9] 野蛮和攫取是一对双胞胎：攫取将暴力与污染转译成利益。

　　随着库存不断受到控制，对劳动力和原材料的控制需求便消退了；供应链从中获利，将各种环境下生产的价值转译为资本主义库存。理解这一过程的方法之一是借用规模化，即在不扭曲关系的情况下创造扩张的技术壮举。资产的易读性保障了沃尔玛进行规模化的零售业扩张，而不要求生产环节具备规模化的条件。于是，有着特殊梦想和计划的生产方，其不可规模化发展趋向更加不受约束的多样化。我们最清楚不过的就是"逐底竞争"（the race to the bottom）：全球供应链纵容强制性劳动、危机重重的血汗工厂、有毒的替代原料以及不负责任的环境欺诈和倾销。当龙头公司向供应商施压，要求他们提供更廉价的产品时，上述生产条件便是可预见的结果。正如《黑暗之心》中那样，不受监管的生产在商品链中被转译，甚至被重新想象为进步。这太可怕了。与此同时，正如 J.K. 吉布森－格雷厄姆（J.K.Gibson-Graham）对"后资本主义政治"持乐观态度时所说的那样，经济多样性是有希望的。[10] 边缘资本主义的经济形式，可以为我们反思生活中资本主义原本无可置疑的权威提供一席之地。至少，多样性为我们提供了一个机会，让我们有多种前进的道路，而不仅仅是一条。

地理学家苏珊·弗瑞博格（Susanne Freidberg）对西非与法国之间、东非和英国之间的法国扁豆供应链进行了对比，她提出，不同殖民地和民族历史背景下产生的供应链，可能会发展出完全不同的经济形式。[11] 法国的新殖民主义计划动员了农民合作社，英国的超市标准促使侨民进行欺诈操作。[12] 在这样的分歧内部及跨越分歧之间，我们有空间建立一种政治来对抗和驾驭攫取积累。但在我看来，追随吉布森－格雷厄姆将这种政治称为"后资本主义"似乎还为时过早。通过攫取积累，生命和产品在非资本主义和资本主义形式之间来回流动；这些形态相互影响，彼此渗透。"边缘资本主义"一词承认，我们这些被卷入这种转译的人，永远无法完全摆脱资本主义；边缘资本主义的空间不太可能成为一个安全防御和休养生息的平台。

同时，更突出的批判性替代方案——让人们无视经济的多样性——在这个时代似乎更加可笑。大多数资本主义的批评者坚持资本主义制度的统一性和同质性；许多人，比如迈克尔·哈特和安东尼奥·奈格里，都认为资本主义已经席卷天下。[13] 一切都被单一的资本主义逻辑所统治了。而对吉布森－格雷厄姆来说，持有这个观点就要试图建立一个批判的政治立场，即超越资本主义的可能性。那些强调团结资本主义以维系世界的批评家们，希望通过单一的团结来攻克一切。但这一希望何等盲目！为什么不能承认经济的多样性呢？

　　我提出吉布森－格雷厄姆、哈特和奈格里的观点并非要摒弃之。事实上，我认为他们可能是 20 世纪早期最尖锐的反资本主义批评家。甚至可说他们提供的强烈对立的目标，使我们得以在其间思考与发挥；他们为我们做出了巨大贡献。资本主义究竟是个单一的、支配一切的全包式系统，还是从众多经济形式中隔离出来的一种？[14] 我们在这两个位置之间，可能会看到资本主义和非资本主义形式是如何在边缘资本主义空间中相互作用的。我认为吉布森－格雷厄姆的建议十分正确，他们所谓的"非资本主义"形式，不仅仅存在于古老的穷乡僻壤，而且在资本主义世界中无处不在——但他们认为这些形式是资本主义的替代品。相反，我则倾向找出资本主义所依赖的那些非资本主义元素。因此，举例来说，当简·柯林斯的报告指出，墨西哥服装装配厂的工人被指望在开工前就知道如何缝纫，**"因为她们是女人"**，我们可以从中窥见非资本主义和资本主义经济形式的共同作用。[15] 妇女自幼在家里学习缝纫；而攫取式的打捞积累就是把这种技能带入工厂以利于工厂主的过程。要理解资本主义（而不仅仅是它的替代品），我们就不能停留在资本家的逻辑中；

我们需要一双民族志的眼睛，来观察完成资产积累的经济多样性。

让概念成为现实需要的是具体的历史。松茸采集不就是一个可供观察进步之后的场域吗？俄勒冈州和日本之间那条松茸供应链上的裂痕和纽带，都显示出通过经济多样性而实现的资本主义。在边缘资本主义的形式下被采集、贩售的松茸，送抵日本后的第二天，便成了资本主义的库存。这种转译是许多全球供应链的核心问题。且让我从供应链的第一环节说起。[16]

美国人并不喜欢中间商，认为这些人剥削了价值；但中间商是完美的转译者，他们的存在引导我们去思考攫取积累的问题。想想将松茸从俄勒冈州带到日本的供应链的北美一方吧（日本那一方有许多中间商将在稍后讨论）。独立的采摘者在国家森林中采松茸，然后卖给独立的买手，而这些买手反过来又出售给散货船商的现场代理，这些代理商再出售给其他散货船或出口商，最后一环是日本的进口商。为什么有这么多的中间商？最好的答案就在历史中。

日本松茸在 20 世纪 80 年代时的稀缺愈发明显，于是商人开始从海外进口松茸。日本当时盛行资本投资，而松茸是优质奢侈品，同样适合作为津贴、礼物或行贿之物。在东京，美国的松茸仍然是一种昂贵的新奇之物，各个餐馆争相购买。日本新兴的松茸商就像当时其他的贸易商一样，准备利用他们的资本来组织供应链。

松茸价格昂贵，所以供应商的酬金丰厚。北美的贸易商们还记得20世纪的90年代，那是一个价格异常、高风险投机的时代。如果一个供应商能够精准地打中日本市场，回报将是巨大的。但是，由于林产品不稳定、易受损，市场需求变化迅速，全部淘汰的可能性也很大。每个人都用赌场的比喻来谈论那些日子。一位日本商人将进口商比作一战后国际港口的黑手党：这不仅仅是因为进口商在赌博，而且他们还在促使这种赌博持续下去。

日本进口商需要当地的内行，他们开始与出口商结盟。在太平洋西北地区，第一批出口商是温哥华的亚裔加拿大人，由于他们先入场，大多数美国的松茸都继续由他们的公司出口。这些出口商并不只对松茸贸易感兴趣，他们还会把海鲜、樱桃或原木运到日本，松茸只是附带。一些日本移民告诉我，他们增加松茸的进货量，以促进与进口商的长期关系。他们愿意亏本把松茸运走来保持双方的良好关系。

出口商和进口商之间的联盟形成了跨太平洋贸易的基础。但是，在鱼产、水果或木材方面的出口商专家对如何获得松茸一无所知。在日本，松茸通过农业合作社或个体农民进入市场。在北美，松茸分布在偌大的国家（美国）或联邦（加拿大）森林中。这就是我称之为"散货船商"的小公司的用武之地了。散货船商们收集蘑菇出售给出口商，散货船商的现场代理人员从"买手"那里购买他们从采摘者手里收购的蘑菇。像买手一样，现场代理必须了解地形，认识能找到蘑菇的人。

在美国太平洋西北部松茸贸易的最早期，大多数的现场代理、买手和采摘者都是在山区寻求慰藉的白人男性，比如越战老兵、流离失所的伐木工，以及拒绝自由城市社会而居住于农村的"传统主义者"。1989 年以后，越来越多来自老挝和柬埔寨的难民开始加入采摘工作，现场代理不得不提高能力，加强他们与东南亚人的合作。东南亚人最终成为了买手，一些人也成为了现场代理。白人和东南亚人相互合作，在"自由"中找到了共同语言，这意味着对每一方都很珍视的一些事，即使它们是不同的。美洲原住民找到了共鸣，但拉丁美洲的采摘者并不使用这种自由的修辞。尽管存在这种差异，但自我放逐的白人和东南亚难民重叠的关切成为了贸易的核心力量。自由带来了松茸。

出于对自由的共同关注，美国太平洋西北部成为世界上最大的松茸出口地区之一。然而，这种生活方式却与这条产品链其他部分有所隔离。散货船商和买手渴望将松茸直接出口到日本，但没有成功；无论哪一方都无法克服与亚裔加拿大出口商之间本已困难的交流，因为英语通常不是对方的母语。他们抱怨这种做法不公平，但事实上，他们在建立库存所需的文化转译方面毫无用处。因为在俄勒冈州，将采摘者、采购商和散货船商以及日本商人隔离开的，不仅仅是语言，而是生产条件。俄勒冈州的松茸交换了"自由"这一文化实践的影响。

有个例外的故事可以佐证这一点。魏先生从中国来到日本学习音乐，当他发现自己无法靠此谋生时，便加入了日本蔬菜进口贸易行业。他的日语日渐流利，尽管仍然无法接受日本生活的一些特质。当公司想要派人去北美任职时，他主动提出了申请。他成为了一种特殊的组合，即集现场代理、散货船商和出口商为一体的集合体。他像其他的现场代理一样，会去松茸区观摩买卖，但他握有一条直达日本的线路。与其他现场代理商不同，他经常与日本商家直接通电，评估机会和价格。他还可以同日本裔的加拿大出口商协商，尽管他并没有通过这些出口商销售他的蘑菇；又因为他可以用日语和对方交谈，对方经常让他解释现场的情况，包括向他打探帮他们购买蘑菇的现场代理的行为。与此同时，其他的现场代理拒绝魏先生接近自己的业务范围，甚至密谋共同抵制他的买手。他们不欢迎他参加讨论，事实上，那些热爱自由的山林采摘者们也会避开他。

与其他的现场代理不同，魏先生支付给买手的是薪水，而不是佣金。他要求员工忠诚、有纪律，禁止他们像其他买手一样随心所欲地独立。他购买松茸是因为该产品具有特殊性，且用特定方式进行运输，而不是像其他人那样出于自由竞争的乐趣和实力。他在买手帐篷里就开始存货了。他的与众不同，显示出一个区块中自由集合体的独特性。

随着国际松茸贸易进入 21 世纪，日本进行了规范化。因为许多国家的松茸供应链逐渐发展起来，外国松茸排名稳定下来，同时日本的补贴资金减少，对松茸的需求变得更加专业化，日本的价格因此逐渐趋于稳定。日本进口的俄勒冈州松茸的价格变得相对稳定，当然，松茸仍然是一种无法常规供应的野生产品。然而，这种稳定性并没有对等反映到俄勒冈州，松茸在当地的价格虽然难返 20 世纪 90 年代的高点，但仍继续像坐上云霄飞车一般起伏。我和日本进口商谈论这种差异时，他们解释说这是美国人的"心理"问题。一位专营俄勒冈州松茸的进口商，非常高兴地向我展示了他的游历照片，回忆了他在俄勒冈州的西部野外经历。他解释说，白人和东南亚的采摘者及买手，如果没有他称之为"拍卖"带来的兴奋，就不会生产蘑菇；而且价格波动越厉害，购买力就越好。（相反，他说，俄勒冈州的墨西哥采摘者愿意接受一个固定的价格，但其他的人主导着交易。）他的工作是促进美国市场的独特诉求；他的公司有一个类似的中国松茸专家，其工作是适应中国市场的癖好。通过推动不同的文化经济，他的公司可以通过世界各地的松茸来打造自己的贸易。

正是这个人对文化转译必要性的期待，促使我第一次想到了攫取积累的问题。20 世纪 70 年代，美国人预计资本全球化意味着美国商业标准在全世界的传播。相比之下，日本贸易商已成为建立国际供应链的专家，并利用这些供应链作为翻译机制，在没有日本生产设施或雇佣标准的情况下将货物运入日本。只要这些货物在运往日本的途中成为易读的资产库存，日本贸易商就可以利用它们积累资本。到 20 世纪末，日本的经济实力已经下滑，日本企业创新也因新自由主义的改革而失色。但没有人关心松茸商品链的改革了；它太小了，太"日本"了。那么，这正是一个寻找曾经震撼世界的日本贸易策略的地方，其核心是不同经济体之间的转译，作为转译员的贸易商成为了攫取积累的大师。

然而，在讨论转译之前，我需要先探讨自由的集合体。

自由⋯⋯

社区日常，俄勒冈州。

一座瑶族采摘者营地。

在这里，瑶族人追忆乡村生活，

逃离加利福利亚城市的喧嚣。

5

保值票市场， 俄勒冈州

偏僻之地

——芬兰一个活跃的松茸小镇的官方标语

20世纪90年代末，一个寒冷的十月夜晚，三名苗族美国松茸采摘者在他们的帐篷里挤作一团。他们冻得一直在哆嗦，就把做饭用的煤气炉拿进帐篷取暖。沉沉睡去时，炉子还开着。后来，火熄灭了。第二天清晨，三人全部因烟雾窒息死亡。他们的死亡使露营地变得人心惶惶，被他们的鬼魂传说困扰。鬼魂会使你瘫痪，带走你移动或说话的能力。于是苗族采摘者都搬走了，其他人也很快相继离开。

美国林务局不知道鬼魂的事。他们想让采摘者的露营地合理化，让警察和急救服务更容易进入，让露营地的主人更加遵守规则并交付费用。九十年代早期，东南亚的采摘者随意在他们喜欢的地方露营，跟进入国家森林的游客没什么两样；但有白人抱怨东南亚人留下了太多的垃圾。林务局的回应是把采摘者分流到一条偏僻的小路上。那起死亡事件发生时，所有采摘者都是沿着这条路扎营。但不久之后，林务局建立了一个大型栅格，对露营空间进行编号，设置分散的可移动厕所；在许多人抱怨之后，在（相当遥远的）露营地入口处安装了一个大型水槽。

露营地没有便利设施，但从鬼魂传说那里逃出来的采摘者很快就把它们变成了自己的驻地。许多在泰国难民营度过十多年的人，模仿那里的结构，按照各自的民族进行自我区隔：一边，是瑶族和后来愿意留下来的苗族人；半英里之外，是老挝和高棉人；在一个偏僻山谷中迂回的道路旁住着少数白人。东南亚人用细长的松杆和防水布搭框架，再放进帐篷，有时还会架起柴炉。就像在东南亚的农村地区一样，物品都挂在椽子上，而一个围栏则为淋浴保障了隐私。在营地的中心，一个大帐篷售卖热腾腾的河粉。我在这里吃东西，听音乐，观察物质文化，一度以为自己身处东南亚的山丘上，而不是俄勒冈州的森林中。

林务局关于紧急通道的想法并没有如预期顺利。几年后，才有人为一名伤势严重的采摘者拨打急救电话。但按蘑菇采摘营规则要求，救护车必须等待警察的护送才能进入森林。救护车等了好几个小时。当警察终于出现时，那个人已经死亡。紧急通道措施的受阻并非受到地形的限制，而是因为歧视。

这个人也留下了一个危险的鬼魂。除了奥斯卡，没有人敢睡在他的露营地附近。奥斯卡是一个白人，也是少数几个会去寻找东南亚人的当地居民之一。他曾酒后大胆地试过一次，那次成功过夜让他敢尝试在附近的一座山上采摘蘑菇。那里对当地的印第安人来说是神圣的，但我认识的东南亚人却远离那座山，他们知道那里飘着鬼魂。

俄勒冈州的松茸商业中心在 21 世纪的头十年里，是一个在任何地图上都找不到的地方，所谓"偏僻之地"。每个人都知道它在哪里，但它不是一个城镇或疗养地；在官方看来它就是隐形的。买手们沿着高速公路建起一排帐篷；每个晚上，采摘者、买手和现场代理都聚集在那里，把它变成一个充满悬念和行动的剧场。因为这个地方是自觉地脱离地图的，所以我决定给它起一个假名来保护人们的隐私，为这个未来极有希望的松茸交易现场增加些特色。我的综合田野调查地点正是"俄勒冈州的保值票的市场"。

"保值票"（Open ticket）实际上是对"购买蘑菇"行为的称呼。傍晚从树林回来后，采摘者按磅出售蘑菇，根据蘑菇的大小和成熟度为"等级"标准，调整定价。大多数野生蘑菇的价格都很稳定，但松茸的价格却起伏不定。一夜之间，价格可能会轻易地出现每磅十美元或更大的浮动；一个季度内，价格的变化幅度更大。从 2004 年到 2008 年，顶级松茸价格从每磅两美元到六十美元不等——这一差价范围与早些年相比是微不足道的。"保值票"意味着，采摘者可以向买手要回当日所支付的原价和当日高价之间的差额。那些根据自己购买的总磅数而获得相应佣金的买手，会提供保值票给采摘者，以吸引他们在当晚早些时候卖出，而不是坐等看价格是否上涨。保值票证明了采摘者在协商交易条件时不言而喻的力量。这也反映出买手的策略，他们不断地试图把竞争对手排挤出去。保值票是一种为采摘者和买手双方共同创造，并保障自由的实践。对于一个自由展演的场所来说，这似乎是一个恰当的名称。

每晚在此交易的不只是蘑菇和金钱。采摘者、买手和现场代理都参与了一场戏剧性的自由活动。当他们各自意会进行交易，互相支持时，也获得了战利品：金钱和蘑菇。确实，有时候在我看来，真正重要的交易是自由，蘑菇和金钱是这场展演额外的奖赏或证明。毕竟，这种自由的感觉激发了"蘑菇热"，激励着买手们上演他们最好的表现，并促使采摘者在第二天黎明出发再次寻找蘑菇。

但是，采摘者口中的自由是什么呢？我问得越多，就越觉得陌生。这不是经济学家想象中的自由，他们用这个术语来讨论个体理性选择的规律，也不是政治自由主义。这种"蘑菇人"的自由是不规律的，也是不合理的；具有展演性、群体多样性和活跃性。这与此地喧闹的世界主义有关；自由来自于开放的文化互动，潜在的冲突和误解充满其中。我认为它只存在于与鬼魂的关系中。自由是在魅影幢幢的景观中与鬼魂进行的协商；它并不能驱除萦绕在心头的魅魂，而是为了生存，靠着才华进行协商。

保值票市场被许多鬼魂所萦绕：不仅是那些死于非命的采摘者的"绿幽灵"；不仅是被美国的法律和军队所消灭的美洲原住民社区；不仅是那些被鲁莽的伐木者砍倒的不可再生的大树树桩；不仅是似乎挥之不去的战争记忆；还有一种存在于日常采摘和交易实践中、披着鬼魅的外衣、被搁置的权力形式。某些权力好像在那里，但又不在那里；这个鬼魂飘荡的地方，正是开始理解多元文化层次的自由实践的起点。想想是哪些不在场的元素构成了保值票：保值票市场并不是权力的集中；这是城市的对立面，缺乏社会秩序。就如森——一个老挝人所描述的那样："佛陀不在这里。"他说，采摘者是自私贪婪的；他迫不及待地想要回到一切事物有章可循的寺庙里。但同时，达拉——一个高棉少女却说，这是她唯一可以远离帮派暴力的地方。通——一个（前？）老挝黑帮成员，我认为他是在逃避逮捕令。保值票是从城市飞来的大杂烩航班。越战老兵告诉我，他们想远离人群，因为那会引发战争记忆的闪现和无法控制的恐慌。苗族人和瑶族人告诉我他们对美国感到失望，美国曾向他们承诺过自由，但却让他们挤进狭小的城市公寓。只有在山区，他们才能找到曾在东南亚所拥有的自由。瑶族人特别希望能在松茸森林里重建一个记忆中的乡村生活。采摘松茸时，人们可以看到曾经失散的朋友，远离拥挤家庭的束缚。一位名叫奈通的瑶族祖母说她的女儿每天都给她打电话，请求她回家照顾孙辈。但她平静地重复回答，她至少要赚到办理采摘执照的钱，她还不能回去。在这些电话中没法说出口的一些关键信息是，逃离公寓生活，她拥有了山中的自由。金钱还是不如自由重要。

松茸采摘并不是城市的特色，尽管城市会受到它的困扰。采摘也不是劳动——甚至算不上是一份"工作"。一位老挝采摘者赛解释说，"工作"意味着服从你的老板，做他吩咐你的事情。相比之下，松茸采摘更像在"寻找"。它是在寻找你的财富，而不是做你的工作。一位白人露营地的老板同情采摘者，告诉我采摘者应该得到更多的东西，因为他们工作如此努力，在黎明起身，无论烈日风雪。她的观点让我困惑。我从来没有听过任何采摘者说过这样的话。我遇到的任何一个采摘者，都没有想过他们从松茸获得的钱是对他们劳动的回报，就连奈通照看孩子的活儿和蘑菇采摘比起来也更像是在工作。

汤姆——一位多年来一直担任采摘者的白人现场代理——态度鲜明地反对劳动。他曾是一家大型木材公司的雇员，但有一天，他把所有私人物件放在储物柜里，走出门外，再也没有回头。他举家迁往树林，并从土里获得了回报。他为种子公司收集球果，为皮货生意捕捉海狸。他采摘过各种各样的蘑菇，不是为了食用，而是为了售卖，他在交易中发挥了自己的专长。汤姆告诉我自由主义者是如何毁掉美国社会的，人们不知道如何为人；最好的答案是拒绝自由主义者所认为的"标准就业"。

汤姆不遗余力地向我解释，他所合作的买手并不是雇员，而是独立的商人。尽管他每天都给他们大量的现金去买蘑菇，但这些买手可以卖给任何一个现场代理——我知道他们的确是这样做的。他说，这都是现金交易，没有合同，所以如果一个买手决定卷走他的现金潜逃，他也对此无能为力。（令人惊讶的是，那些潜逃的买手通常会回来与另一名现场代理打交道。）但他指出，他借给买手的磅秤是他的财产；他可以打电话报警并提供关于秤的线索。他讲述了最近一个买手的故事，他带着数千美元潜逃了，但犯了一个错误，把秤带走了。汤姆沿着他认为买手会逃走的路往下追，果然，路边有一个被遗弃的秤。当然，现金已经不见了，但这就是独立生意的风险。

采摘者的各种文化遗产，让他们得以拒绝劳动。疯狂的吉姆选择松茸采摘，作为对自己的印第安祖先的纪念。他说，换过许多工作之后，他来到沿海地区做酒保。有天，一个印第安妇女带着一张百元大钞走进来；他很震惊，问她这笔钱从哪里得来的。"采蘑菇。"她回答。吉姆第二天就离开了那里。采摘学起来不容易：他爬过灌木丛，跟踪过动物。现在，他知道如何在沙丘上追寻那些深埋在沙子里的松茸，也知道在山中如何观察盘根错节的杜鹃花根。他再也没有回到工薪岗位中去。

老苏没去采摘松茸的时候，就在加州的沃尔玛仓库工作，每小时挣 11.5 美元。然而，为了得到这个工资，他不得不同意在没有医疗福利的情况下工作。当他在工作中背部受伤、无法举起货物时，老板给他放了一个长假做康复。虽然他希望公司能召回他，但他也承认自己从松茸中得到的钱比沃尔玛要多，尽管蘑菇采摘的季节只有两个月。此外，他和妻子期待每年的保值票时期都能加入充满活力的瑶族社区，他们把这当作一次度假。到了周末，他们的孩子和孙子们有时会过来和他们一起采摘。

松茸采摘并非"劳动"，却无法摆脱劳动的色彩。财产亦然。松茸采摘者的行为就好像森林是一个广阔的公有地。这方土地并非正式公有，它主要还是国家森林，以及一些邻近的私人土地，全部受到国家的保护；但采摘者尽其所能地忽略财产归属问题。白人采摘者尤其对联邦财产大为不满，在使用时花样百出地违反规定。东南亚的采摘者通常对政府更为友好，他们希望政府做得更多。不同于许多白人采摘者为没有采摘执照而自豪，大多数东南亚人会在林务局中登记以便获得合法许可。然而，事实上，执法部门还是倾向于在没有证据的情况下认定亚洲人会违反法律——就如一位高棉买手所言：西方人一贯认为"亚洲人天生是肇事者"（driving while being Asian）——如此一来，似乎严格遵纪守法也没什么必要了。很多人也是这么认为的。

我从自己的经历中发现，在没有边界标记的广袤土地上，只待在被批准的采选区作业会变得很难。有一次我满载而归，一个警长以为我没有采摘执照，把我拦了下来。即使作为一个热爱地图的人，我也无法判断这个地方是否在禁区范围。[1] 幸运的是，我就在边境，那里没有标记。有一回，我向一个老挝家族恳求了几日，希望他们能带我去采摘；最后他们同意了，条件是我来开车。我们在没有标记的土路上颠簸穿过森林，几个小时后到达了他们想要进行采摘的地方。我在路边停车时，他们问我为什么不把车藏起来。直到那一刻，我才意识到我们肯定是非法侵入。

这种罚金很高。在我的田野调查期间，在国家公园非法采摘的首次罚金是 2000 美元。但警力不足，道路繁杂，国家森林被废弃的伐木道路纵横交错；这使得采摘者有机会穿越广阔的林地。年轻人也愿意徒步跋涉数英里，在禁区——也可能是非禁区，碰碰运气，寻找最偏僻的蘑菇区。蘑菇到达买手手里时，没有人会问出处。[2]

但此处的"公共财产"是否是一个矛盾修辞？当然，林务局在这段时间里也遇到麻烦。法律要求在私人土地周围的一平方英里范围内，必须对公共森林进行疏伐，防止火灾；这就需要大量的公共资金来保护一些私人资产。[3]与此同时，进行疏伐的是私人木材公司，他们从公共森林中进一步获取利润。而且，虽然在后期演替保护区（Late Successional Reserves）中允许伐木，但采摘者是被禁止的，因为没有人为采摘的环境影响评估提供资金。采摘者很难分辨哪些地方是禁区；他们不是唯一受此困扰的人。这两种混淆之间的区分也很有启发。林务局的职责是维护"财产"，即使这意味着对"公共"的忽视。采摘者尽其所能地将财产归属权问题搁置起来，转而追求会让自己遭到驱隔困扰的公有地财产。

自由 / 萦绕：同一经历的两面。想象一个充满过去的未来，一个充满鬼魂的自由，这既是一种前进的方式，也是一种记忆的方法。在这股狂热中，采摘蘑菇避开了人与物在工业生产中被分离的窘境。蘑菇是尚未被异化的商品，它们是采摘者自由的结果。然而，这一幕的存在，只是因为某个奇特的商业活动容纳了这种双面性的体验。买家通过"自由市场竞争"的戏剧性表演，将自由战利品转译为交易。因此，市场自由进入一场自由的混战中，看似强而有效地把原本集中的权力、劳动、财产与异化搁置一旁。

　　是时候回来谈一下保值票市场的交易情况了。现在是傍晚，一些白人现场代理坐在那里开玩笑，彼此指责对方撒谎，互相称呼"秃鹫"或"威利狼"。说的都是实话。他们原本约定以每磅十美元的价格竞拍头号蘑菇，但几乎没有人这样做。帐篷一开，竞价就开始了。现场代理虽说同意十美元起跳，但会打电话给自己的买手，给出 12 美元甚至 15 美元的价格。是否需要汇报交易帐篷内的状况，完全由买手决定。采摘者也会来询问价格，但这个价格是保密的——除非你是一个常客，或者你已经亮出了自己的蘑菇。其他买手则让他们的朋友乔装成采摘者去查探价格，所以这不是什么可以随便告人的信息。然后，当一个买手想要提高价格打败竞争对手时，他或她会打电话给现场代理。如若不然，出现差价，买手将不得不扣取自己的佣金来补贴；但这是许多人愿意冒险一试的策略。很快，电话铃声在采摘者、买手和现场代理之间此起彼伏地响起，价格开始波动。"这很危险！"一个现场代理告诉我。他在购买区附近，观察着现场。交易进行时他不能和我说话；工作要求他全神贯注。他的手机铃声不断，每个人都试图保持领先，也想绊倒别人。同时，

现场代理给他们的散货船公司和出口商打电话，了解他们能出
多高的价。尽可能地把别人挤出生意，这是一件令人兴奋又艰
难的任务。

　　"想象一下没有手机的时代！"一个现场代理回忆道。所有
人都在两个公用电话亭前排队，试图在价格变化的时候打通电
话。即使是现在，每一个监视着购买区的现场代理都像在一个
老式战场上的将军，他的手机就是一个战地电台，不停地在他
耳边响起。他会派出间谍，必须快速反应。如果他在正确的时
间提高价格，他的买手就会得到最好的蘑菇。更厉害的是，他
可能会迫使竞争对手抬出天价，迫使对手买过量的蘑菇；如果一
切顺利的话，甚至逼对方停手几天。有各种各样的花招。如果
价格飙升，买手会让采摘者把蘑菇卖给其他买手：现金在握要比
存着蘑菇好。接下来几天就会流传放肆的嘲讽声，这将激发又
一轮指责别人是骗子的骂战——然而，尽管制造了这么多问题，
却没有人真正会退出交易。[4]这是一种竞争性的表演——不是商
业的必经之路。**重点**是戏剧性。

　　假设现在天色已暗，采摘者们聚在帐篷里进行交易。他们
之所以选择这个买手，不仅是因为他的价格，还因为他们知道
他是一个熟练的分拣工。分拣和基础定价一样重要，因为买手
会给每个蘑菇定一个级别，级别决定价格。分拣就是一种艺术！
分拣是一种引人注目的、火速的手臂舞蹈，只有双脚静止不动。
白人的分拣动作看着像杂技；作为另一方冠军买手的老挝妇女
则表现得像老挝的皇家舞蹈。一个好的分拣工仅仅通过触摸就
能知道很多关于蘑菇的事。长了虫子的松茸在抵达日本之前就

会造成一整箱松茸的变质，买手会因此拒绝收购，但是只有没有经验的买手会把蘑菇切开查看是否有小虫子。优秀的买手会通过感觉来判断。他们还能闻出来松茸的出处：它的宿主树是什么；来自哪个地区；大小和形状是否受到其他植物的影响，比如说杜鹃花。每个人都喜欢看一个有经验的买手进行分拣。这是一场技艺高超的公开表演。有时采摘者会拍摄分拣的场景；有时他们也会拍下自己最好的蘑菇或者赚到的钱，特别是百元大钞。这些都是追踪采摘的战利品。

买手试图组建"团队"，也就是忠诚的采摘者，但采摘者不觉得有义务只向某一位买手供货。因此，买手会用亲属关系、语言、族裔或特殊奖金来讨好采摘者。买手会提供给采摘者食物和咖啡，有时还会提供功效更强的饮料，比如含有草药和蝎子的补酒。采摘者坐在帐篷外吃饭喝酒；在那里，他们与买手分享着共同的战争经历，这种革命同志般的情谊可能会持续到深夜。但这种小集体是短暂的；只需要一个有关高价或一笔特殊交易的谣言，采摘者就会去另一个帐篷、另一个圈子。然而，价格并没有太大不同。或许这种表演也是关键的一部分？竞争和独立意味着所有人都可以获得自由。

有时采摘者会带着蘑菇坐在他们的小货车里等着，因为他们对每个人出的价格都不满意；但他们必须在晚上结束前卖掉蘑菇，不能滞留。等待也是一幕自由的表演；自由的表演还包括高兴去哪儿找就去哪儿——在一定范围内自由支配原则、劳工和财产；有自由将蘑菇出售给任何买手，而买手可以出售给任何现场代理；有自由将其他买手排挤出去；有自由发大财或失去一切。

　　有一次，我和一位经济学家讲述了这个交易场景。他很兴奋，告诉我这才是资本主义真实的基本形态，没有强大的利益和不平等的污染。他认为，这是真正的资本主义，竞争维持了本该有的公平环境。但是，保值票市场的采摘和交易是资本主义吗？问题是这里没有任何资本。有很多钱在转手，但稍纵即逝，从来没有形成投资。唯一的积累发生在下游的温哥华、东京和神户，那里的出口商和进口商利用松茸贸易来建立他们的公司。保值票市场的蘑菇在那里加入了资本的流动，但它们进入的方式在我看来并不是以资本主义的形式。

　　但这里显然存在着"市场机制"，或者不存在？根据经济学家的说法，竞争市场的全部意义在于降低价格，迫使供应商以更有效的方式采购商品。但保值票市场的购买竞争有一个明确的目标，即**提高**价格。人人都这样认为，包括：采摘者、买手、散货船商。操纵价格的目的是看价格能否提高，这样每个人都能享受到保值票市场带来的福利。许多人似乎认为，在日本，有一股不断涌现的资金流，而这个竞争舞台的目标是强行打开通道，让资金流向保值票市场。老一辈们都记得1993年，在采摘者的手中，松茸的保值票价格一度涨到每磅600美元。只要你找到一个胖蘑菇，就可以赚得300美元！[5]就算那波热钱退去，他们说，在九十年代，一名个体采摘者也可以在一天之内赚几千美元。如何才能再次打开获得这一资金流的通道？保值票市场的买手和散货船商把他们的赌注都压在抬高价格的竞争上。

　　在我看来，有两个背景允许这一套信念和实践蓬勃发展。首先，美国商人已经自然而然地认为，美国政府会助他们一臂之力：只要他们表现出"竞争"，政府就会出面，向外国商业竞争对手施压，以确保美国公司获得他们想要的价格和市场份额。[6] 但保值票市场的松茸贸易规模太小，不够引人注目，无法引起政府的重视。尽管如此，这种国民期望还是让采购方和散货船商都进行竞争性的表演，让日本人为他们提供最好的价格。他们相信，只要他们表现得很"美国化"，就有希望成功。

　　其次，日本商人愿意忍受这样的表演，就像我提到的进口商所说的"美式心理学"的反映。日本商人已经有了在这种奇怪的表演中运作的预期；如果这样可以带来货物，就应该鼓励。之后，出口商和进口商可以将美式自由生产的异国产品转译为日本的资产库存，并通过库存开始进行积累。

　　那什么是"美式心理学"？保值票市场涉及太多的人和历史，无法直接进入我们通常想象的"文化"的一致性中。集合体的概念——以一种开放的、缠绕的存在方式去看待这一现象——似乎更有帮助。在一个集合体中，不同的轨迹会相互吸引，但不确定性很重要。要了解一个集合体，先要解开它的缠绕。要理解保值票市场的自由表演，需要追寻俄勒冈州以外更远更广的历史；如此，方能显示出保值票所体现的缠绕是如何形成的。[7]

社区日常，俄勒冈州。

带着步枪采摘。

大多数采摘者

都有在战争中幸存的可怕经历。

蘑菇营地的自由浮现自创伤

和流离失所

的纷繁历史。

6

战争故事

在法国，有自由和共产主义。

在美国，只有自由。

——保值票市场的老挝买手，解释他为
何来到美国，而不去法国。

众多采摘者和买手所讲的自由，除了指涉当地以外，还指
涉遥远的事物。在保值票市场，大多数人解释他们对自由的认
知，是源于越战和随之而来的内战带来的可怕而悲惨的经历。
当采摘者谈论起是什么影响了他们的生活，包括促使他们加入

采摘蘑菇的队伍时，大多数人谈论的都同战争中的幸存有关。他们之所以能够直面危机四伏的松茸森林，是因为它可以延续他们从战争中幸存下来的生命，而那意味着一种萦绕着痛苦、与他们形影不离的自由。

然而，参战在文化、国家和种族意义上有其特殊性。采摘者建造的景观因其参战经历的差异也变得各不相同。一些采摘者甚至都没有经历过战争，就将自己代入战争故事中。一位老挝长者解释为何甚至年轻的老挝采摘者都会身披迷彩进行伪装时，语带嘲讽地说："他们不是军人；他们只是假装自己是军人。"当我问伪装造成的隐身效果遇到白人猎鹿人误伤的危险时，一个苗族采摘者的回答提供了另一种思路："我们伪装，是因为看到狩猎者的时候就可以藏起来。"他的言下之意是，如果被看到，那些猎人可能会猎杀他。采摘者之间的差异如同迷宫，但他们都全力在森林中寻找自由之路。正如他们所描述的那样，自由既是一个公共轴心，也是一个社群特定事务的分界点。尽管这些日常事务存在进一步的差异，松茸采摘的方式如此不同，但其实都是受到自由的激发而产生的。这一章通过采摘者和买手讲述的战争故事，扩展了我对自由的理解。

随着太平洋西北地区的群山与森林起伏的，是边疆浪漫主义精神。白人通常会在美化美洲原住民的同时，又认同那些曾经试图消灭他们的拓荒者。自给自足、顽强的个人主义，以及以白人男子气概的力量为美，是他们引以为傲的特质。许多白人采摘者都是美国扩张海外、有限政府和白人至上主义的拥护者。然而，西北部的农村地区也聚集了嬉皮士和反传统人士。参加过越战的美国白人老兵将自身的战争经历带入这种野蛮而独立的混合体中，同时还增加了混合着怨恨和爱国主义、创伤和威胁的特殊情绪。战争记忆在形成这一利基市场的过程中，令人不安又富有成效。他们告诉我们，战争具有破坏力，但它也造就了他们。在战争和反战中可以同时找到自由。

两位白人退伍军人分别表达了不同角度的自由。艾伦感到很幸运，因为童年的严重旧伤，他被从东南亚大陆地区遣送回家。随后六个月，他在美军基地担任司机。一天，他接到命令，要前往越南参战。他开着吉普车返回停车场，然后走出了基地，成了擅离职守的逃兵。后来的四年里，他一直躲在俄勒冈州的山区，从此找到人生新目标：住在森林中，不再付房租。后来松茸热出现，这个机会简直是为他量身定制的。艾伦自认是个温和的嬉皮士，反对其他老兵的战斗文化。有一次，他到了拉斯维加斯，在周围全是亚洲人的赌场里，因战争回忆闪现而引发恐慌。森林生活就是他远离心灵创伤的方法。

并非所有的战争经历都这般轻盈。第一次见到杰夫时，我非常高兴自己找到了一个对森林如此了解的人。他向我讲述自己童年在华盛顿东部的乐趣，以热情细致的眼光描绘乡村。然而，和蒂姆交谈后，我对和杰夫一起工作的热情发生了变化。蒂姆解释说，杰夫在越南经历了漫长而艰难的一段时间。有次执行跳伞任务，他们组不幸落入包围。许多人被杀，杰夫被射中了脖子，但奇迹般地幸存下来。杰夫返乡后，总是在夜里惊醒，无法待在家里，于是回到树林里；但他的战争岁月并未结束。蒂姆说，他们有一次在一个杰夫认定是自己专属的采摘点，发现一群柬埔寨的蘑菇采摘者。杰夫开了枪，那群柬埔寨人爬到灌木丛里逃走了。蒂姆和杰夫曾共用一间小木屋，杰夫整晚都在沉思和磨刀中度过。"你知道我杀了多少越南人吗？"他问蒂姆，"多到再杀一个也没什么差别。"

白人采摘者不仅把自己想象成暴力的老兵，还把自己想象成一个自给自足的山地人：孤独、坚韧、足智多谋。有一点可以将他们与不上战场的人关联起来，那就是狩猎。一位因年纪太大没能参加越战、却是美国战争的坚定支持者的白人买手解释说，狩猎就像战争一样，可以塑造人格。我们谈到了当时的副总统切尼，他在猎鸟时射伤了一个朋友；他说，正是通过这种偶然的事故，狩猎造就了人。通过狩猎，即使是非战斗人员也可以在森林景观中体验自由的生成。

柬埔寨难民不可能轻易地融入业已形成的太平洋西北的文化传统，他们不得不在美国建立属于自己的自由史。这样的历史前有美国轰炸及随后的红色高棉政权袭击和内战，后有他们进入美国的那一刻感受：美国在20世纪80年代取消了福利国家制度。再也没有人能给柬埔寨人提供有福利的、稳定的工作。像其他东南亚难民一样，他们必须靠自己，包括从过去的战争经验中创造的一切。欣欣向荣的松茸带动了森林采集业。让人有机会通过纯粹的勇气来谋生，这是一个很有吸引力的选择。

那么自由是什么？一个白人现场代理对战争带来的愉悦赞不绝口，建议我和一个叫文的柬埔寨人聊聊，他认为即使是亚洲人也喜爱美国的帝国战争。考虑到对文以这样的介绍作为开场，我对文认定美国自由就等同军事探索的观点并不感到惊讶。然而话锋一转，这场谈话转向了我认为现场代理始料未及的方向，但这个方向却引起了林中其他柬埔寨人的共鸣。首先，在柬埔寨内战的混乱中，人们从来都不清楚是哪一方在战斗。白人老兵在一个敌我分明的种族景观下想象自由，但在柬埔寨人的故事中，战争却总是在没有人清楚的情况下从一方燃烧到另一方。其次，白人退伍军人有时会远走山林，以期获得从战争创伤中解脱的自由；而柬埔寨人有一幅更为乐观的图景，把森林视为自己重获美式自由的地方。

文在 13 岁离开村庄，加入武装斗争，目标是击退越南侵略者。他说他当时根本不知道自己的组织隶属于国内哪一阵营，后来才发现这是一个红色高棉的附属机构。因为年纪小，指挥官对他很好。他也因为可以接近领导人获得安全。但后来，指挥官失去了权势，文也成为政治犯。他和一众政治犯都被流放到丛林中自生自灭。巧合的是，那里是文曾经战斗过的地方。在其他人眼里空无一物的丛林，他却知道哪里有隐藏的道路和森林资源。讲到这里，我希望他讲讲如何逃脱，特别是他为自己丰富的丛林知识感到自豪。但是没有，他带着其他人找到了一处隐蔽的泉水，如果没有那口泉他们就没有新鲜的水。即使在受困的情况下，也有一些东西证明了这种拘禁于森林的生活中富有力量之处。从这一火花中，他们重返森林，但是，他补充道，只是为了享有美式帝国主义自由的安全感。

其他柬埔寨人也谈到了寻找蘑菇成为疗愈战争创伤的方式。一名妇女描述她第一次来到美国时身子有多虚弱，她的腿虚弱到几乎不能走路。而寻找蘑菇使她重获健康。她的自由，她说，就是行动的自由。

恒告诉我他在柬埔寨民兵组织的经历。他是一个 30 人组织的头儿。不料有一天，他在巡逻时踩到了地雷，炸飞了一条腿。他请求同志们向他开枪，因为在柬埔寨，一个独腿人的生活超出了他的想象。然而，幸运的是，他被联合国的救援行动所救，并被送到泰国，之后去美国安装了假肢，很是合适。尽管如此，当他告诉亲戚们自己要在森林里采蘑菇时，他们嗤之以鼻。他们拒绝带他去，认为他永远也不能跟上别人的步伐。最后，一位阿姨把他送到山里的基地，告诉他要自寻出路。结果他发现了蘑菇！从那以后，松茸的丰收就是他行动能力的证明。他的一个伙伴失去了另一条腿，他开玩笑说，在山里，他们是"完整的"。

俄勒冈州的山脉既是治愈之地，也联系着旧的习惯和梦想。我是在问恒关于猎鹿人的事时，非常惊讶地意识到这一点的。那天下午，我一直在采摘，突然枪声在附近响起。我很害怕，不知该逃向何处。后来我问恒。"不要跑！"他说，"逃跑说明你害怕。我永远不会逃。所以我能成为这些人的头儿。"森林至今还充满硝烟，狩猎提醒着这一点。事实上，几乎所有的猎人都是白人，而且他们对亚洲人不屑一顾，这使得森林与战争的相似之处更加明显。苗族采摘者受此影响更大，他们与大多数柬埔寨人不同，认为自己不但是猎人，也是他人的猎物。

越战期间，苗族人成为美国入侵老挝的前锋。在王宝将军的招募下，整个村庄放弃了农业，依靠中央情报局的空投食物维生。这些人将他们的身体排成一线作为召集轰炸机的标识，这样美国人就可以从空中摧毁这个国家。[1] 并不奇怪，这一政策加剧了老挝受轰炸的目标与苗族之间的紧张关系。苗族难民在美国生活得相对较好，但战争记忆依然鲜明。战时的老挝景观对苗族难民来说仿佛就在眼前，而且形塑了他们在政治及日常活动上的自由。

以苗族猎人暨美国陆军神枪手王柴（Chai Soua Vang）为例。2004 年 11 月，王柴爬进了威斯康星州森林一处猎鹿禁地，但被正在巡视房产的白人领主发现。他们质问他，命令他马上离开。他们大概是用种族歧视的字眼辱骂了王柴，还有人朝他开了一枪。作为回应，他用半自动步枪射击了八个人，其中六人死亡。

这个故事登上新闻，其基调被定义为暴行。哥伦比亚广播公司（CBS）援引当地警长蒂姆·泽格尔的发言："王追逐那些业主并杀害了他们。他猎杀了他们。"[2] 苗族社区的发言人立刻与王柴划清界限，尽力挽救苗族人的声誉。尽管有年轻的苗族人在王柴被捕后的审判中竭力抗议种族主义，但没有人公开解释为什么王柴会以神枪手的姿态来消灭对手。

我在俄勒冈州交谈过的苗族人似乎都知道这件事，并对他报以同情。王柴的所作所为似乎完全是他们熟悉的事；他就像身边一个兄弟或父亲。尽管王柴当时还太年轻没能参加越战，但他的行为显示出他在那场战争的景观中是如何被社会化的。在那里，每一个不是战友的人都是敌人，而战争的意义就是杀人或被杀。苗族社区的老人仍然生活在这些战斗的世界里；在苗族的聚会上，特定战役的后勤、地形、时间和惊险等方面内容是男人们谈话的主题。我访谈过一个苗族老人的生活经历，他趁这个机会告诉我如何扔回手榴弹，还有如果你被击中，该怎么做。战时的生存经验就**是**他生命的主旨。

狩猎唤醒了美国苗族人对老挝的熟悉感。这位苗族老人讲述了他在老挝成长的经历：作为一个男孩，他学会了打猎，并在丛林战中使用狩猎技巧。现在来到美国，他教儿子们如何打猎。狩猎使苗族人进入了一个追踪、生存和成年人的世界。

受益于狩猎的传统，苗族蘑菇采摘者在森林里生活得很自在。苗族人很少迷路，因为他们从狩猎中获得了森林探路的技能。森林景观让老人们想起老挝：虽有很多不同，但这里有山野，还有随时需要保持的警惕。这样的熟悉感让老一辈的人每年都会回来采摘；就像狩猎一样，这是一个追忆森林景观的机会。老人告诉我，没有森林的声音和气味，一个人会变得萎靡不振。蘑菇采摘将老挝和俄勒冈州、战争和狩猎叠加在一起。饱受战争蹂躏的老挝景观弥漫到现在的经验中。这样不合理的叠加理论让我讶然：我明明问的是松茸，苗族采摘者的答案里却是老挝、狩猎和战争。

杜和他的儿子格，好心地多次带我和助手吕去采摘松茸。格是一位精力充沛的老师；杜是一个安静的长者，我很重视他所讲授的一切。一天下午，经过漫长而愉快的搜寻，杜发出一声叹息，倒在汽车的前座上。吕把他的苗语翻译给我听。原来杜讲到了他的家乡。"就像在老挝一样。"他的下一句评论我却没明白："但重要的是要有保险。"我花了半个小时才弄明白他的意思。他讲述了一个故事：一个亲戚回老挝探亲，深受故国山林吸引，以至于把自己的一个魂儿留了下来。这个亲戚返美之后不久就过世了。乡愁会夺人魂魄导致死亡，而拥有人寿保险是很重要的事，如此逝者的家人才有钱买牛，举办一场体面的葬礼。行山和寻找蘑菇的过程中，似是故乡的景观使杜体验到了一种乡愁。这也是狩猎和战争的景观。

作为佛教徒，老挝人反对打猎，因而大都成为蘑菇营中的商人。大多数东南亚的蘑菇买手都是老挝人。在营地里的帐篷里，老挝人做面摊、赌博、卡拉OK和烧烤店等各种生意。我遇到的许多老挝采摘者都来自城市，或是被迫搬到城市的移民。他们经常在森林里迷路，但他们享受着蘑菇采摘的惊险，并将其解释为一项创业运动。

当我和老挝的采摘者在一起时，我第一次开始考虑与战争有关的文化应用。穿戴迷彩伪装在老挝男子之间非常流行。大多数人还刺着一些保护性文身，有些是在军队中刺的，有些是帮派的，有些是学武术时留下的。老挝人嘈杂，因此林务局以此为正当理由，禁止在营地里开枪。与其他国家的采摘人相比，老挝人似乎没有受过战争真正的伤害，却更多地参与了森林里的模拟战争。但什么是创伤呢？美国在老挝的轰炸使 25% 的农村人口流离失所，迫使逃亡的难民逃入城市，并在可能的情况下，流亡到国外。[3] 如果在美国的老挝难民有一些营地追随者的特征，难道不正是这种创伤吗？

一些老挝采摘者在军人家庭中长大。山姆的父亲曾在老挝皇家军队服役；他打算追随父亲的步伐，加入美国军队。正式入伍前的秋天，他和一些朋友参加了最后一次采摘蘑菇的活动。因为赚了很多钱，他放弃了参军的计划，甚至把父母带来一起从事采摘。某个采摘季，他潜入国家公园，在一天之内赚了3000 美元之后，更是一整季都沉浸在非法采摘的乐趣中。

就像白人采摘者一样，老挝人也寻找禁区和隐蔽的松茸区块。（相比之下，柬埔寨人、苗族和瑶族采摘者更经常在众所周知的常见地点仔细寻找。）老挝的采摘者也像白人一样，喜欢吹嘘他们违法的尝试，以及他们摆脱困境的能力。（其他采摘者违法时则很低调。）作为商人，老挝人是调解员，享受调解的所有乐趣和危险。以我有限的经验，我觉得从创业角度理解备战状态是一套令人困惑的并置。然而，我可以告诉你，它在某种程度上是对高风险事业的鼓吹。

通——一个强壮而英俊的三十多岁男人——在我看来，是一个充满矛盾的人：他是一个斗士、一个优秀的舞者、一个具有反思性的思想家、一个批判家。由于他是一个强者，他选择在又高又险的地方采摘。通讲述了他与一名警察的遭遇：一天晚上，一名警察在距离蘑菇营地 40 英里的地方以超速行驶为由拦下了他。他告诉警察就扣押他的车吧，反正他在这个寒冷的夜里也能走上一晚。他说，后来警察让步，放走了他。当通说起蘑菇采摘者在森林里逃避搜查令时，我想他可能说的就是自己。而且他刚刚离婚，在离婚的过程中辞掉了一份高薪工作去采摘蘑菇——至少我认为他的目的是逃避儿童抚养的义务。矛盾倍增。他又竭尽全力蔑视那些放弃孩子、进入森林的采摘者，即使他与自己的孩子并没有任何联络。

米塔对于佛教思考甚多。米塔在寺庙度过两年；还俗后，他决心放弃物质追求。蘑菇采摘便是一种放弃的方式。他的财产大部分都在车里。钱来得容易去得也快。他没有让自己陷入物欲，但也并不意味着这就是西方意义上的禁欲。当他醉酒时，会温柔地高唱卡拉 OK。

只有在老挝采摘者中，我才见到他们的下一代在成年后也成为采摘者。宝拉的第一次采摘是和她的父母一起，后来二老搬到了阿拉斯加；但她维持着父母在俄勒冈州森林中的社交网络，从而在更多经验丰富的采摘者中间获得一席之地。宝拉很大胆。她和她的丈夫在美国林务局开放采摘季节的前十天抵达林地，并准备采摘。当警察在他们的卡车里发现蘑菇时，她的丈夫假装不会说英语，而宝拉则开始斥责警察。宝拉很可爱，看起来像个孩子；比起别人她能更轻易地逃脱惩罚。尽管如此，我还是对她所声称的肆无忌惮感到惊讶。她说她笃定警察不敢干涉她的活动。他们问她在哪里找到蘑菇的。"绿色的树林。"这些绿色的树在哪里？她坚持说，"所有的树都是绿色的。"然后她拿出手机，开始打电话求援。

什么是自由？美国的移民政策将"政治难民"与"经济难民"区分开来，只向前者提供庇护。这就要求移民们认可"自由"作为他们进入的条件。东南亚裔的美国人有机会在泰国的难民营里学到这些文书，许多人花了数年时间为美国移民做准备。正如本章开头引用的那位老挝买手的话，他解释为什么选择美国而不是法国时，说："在法国，有自由和共产主义。在美国，只有自由。"他接着说，他更喜欢采蘑菇，而不是一份收入不错的稳定工作——他之前一直是一名焊工——因为自由。

老挝的自由实践策略与另一个采摘团体的策略形成鲜明对比，该团体有着"最受法律骚扰"的头衔：拉丁美洲人。拉丁美洲的采摘者往往是无证移民，他们可以用一整年在户外寻找蘑菇。在蘑菇丰收的季节，许多人悄悄住在森林而不是合法的工业营地和汽车旅馆里，住在后者很可能会被要求检查身份和采摘许可。我认识的那些人有多个名字、地址和证件。被逮捕的话不仅会导致罚款，还会失去汽车（因为虚假证件）并被驱逐出境。比起挑战法律，拉丁裔采摘者试图避开法律约束；如果被抓住，那就用那些文件尽力对付过去。相比之下，大多数老挝采摘者，作为难民，也是公民，享受自由的同时，也渴望争取更多的空间。

这样的对比激发了我去理解战争的文化冲突，这些冲突塑造了白人退伍军人、柬埔寨人、苗族人和老挝难民的自由实践。退伍军人和难民通过为自由背书，并实践自由，对美国公民身份进行协商。在这种实践中，军国主义已经内化了；甚至渗透了到景观中；它激发出采摘和创业的策略。

在俄勒冈州的松茸采摘者中，自由是一个"跨界物体"（boundary object），也就是说，这是一种共同的关注，但有着多种含义，并会导致不同的方向。[4]采摘者每年都要来这里为日本出资的供应链寻找松茸，因为他们对森林的自由有着求同存异的信念。采摘者的战争经历促使他们年复一年地回到这里，拓展他们幸存生活的意义。白人退伍军人在这里回味创伤，高棉人治愈战争之伤，苗族人回忆战斗的景象，老挝人挑战界限。这些历史潮流中的每一瞬都使得松茸采摘的实践成为自由的实践。因此，在没有任何企业招聘、培训或规范的情况下，堆积如山的蘑菇被收集起来运往日本。

社区日常，俄勒冈州。

在一间以日裔美国人为主的寺庙里，

用松茸准备寿喜锅晚餐。

对日裔美国人来说，

松茸采摘是一项文化遗产，

一个建立代际社区纽带

的工具。

7

美国发生了什么？
两种亚裔美国人

"诗吟"友人身着单衫，山林相聚欢，
昏昏荒野满青松。
停车道旁，登高寻菇。
哨声悠扬，惊破林间寂寥。
奔走相告，欢呼雀跃。
秋日暖光，欣喜若狂，
仿若小儿时光。

　　　　　　——瓜生田三樱《在瑞尼尔山采集松茸》[1]

一切同"保值票"有关的事都使我感到惊奇，最特别的是俄勒冈州森林中的东南亚乡村生活感。当我发现另一群不同的松茸采摘者时，这种迷失感被放大了。他们是日裔美国人。尽管我的华裔美国人背景与他们有很多不同，但我对他们的感觉就像家人一样熟悉。然而，这种轻松感却重重打击了我，我像被浇了一头冰水。我意识到，在 20 世纪初和 20 世纪末的移民之间，美国公民身份发生了巨大而令人困惑的变化。一种狂野的新世界主义已经改变了作为一个美国人的意义：它成了来自世界各地未被同化的文化事物和政治因素的碎片，相互冲撞。因此，我的惊讶并不是文化差异的普通冲击。美国式的不稳定性——生活在废墟中——存在于这种无结构的多样性中，困惑混淆成一体。美国不再是一个大熔炉，我们与无法辨认的他者生活在一起。如果我讲述的这则故事来自亚裔美国人的世界，不要认为它的发生范围仅限于此。这种不和谐的声音是美国的白人和有色人种的不稳定生活的感受——并在全世界产生反响。然而最明显能看出这一现象的，是与它有关的替代方案，诸如同化。

在俄勒冈州，第一批为松茸疯狂的是日本人，他们利用 1882 年的排华法案和 1907 年阻止日本移民进入美国的《绅士协约》（*Gentlemen's Agreement*）之间的短暂空窗期来到了这个地区。[2] 一些最早的日本移民在森林做伐木工的时候发现了松茸。当他们适应了农耕生活以后，每个丰收季仍会返回森林进行采摘：春天的瓦拉米蕨菜，夏天的蜂斗菜嫩枝，秋天的松茸。

20世纪早期，伴随着寻找松茸的远足和野餐活动是当时流行的休闲娱乐，正如本章开头诗文中所歌咏的那样。

瓜生田的诗同时是愉悦和两难困境的标识。松茸采摘者把车开到山林中；他们现在是充满热情的美国人，但还保留着日本人的敏感。就像其他从日本明治时代冒险出来的人一样，这些移民一直在学习其他文化，是认真的转译者。当他们愉悦得忘乎所以时，他们都变成了孩子，同时是美国的，也是日本的孩子。后来世界变了：第二次世界大战爆发了。

自从抵达美国以来，日本人一直在为争取公民身份和土地所有权而斗争。尽管艰难，他们还是在务农权上取得了成功，尤其是在劳动密集型的水果和蔬菜种植方面，比如需要遮光的花菜、需要手工采摘的浆果。二战打破了这一轨道，他们被迫迁出了自己的农场。俄勒冈州的日裔美国人被送往"战争安置营"中。他们的公民身份困境由此彰显。

我第一次听到瓜田生的诗，是在2006年日裔美国人庆祝他们的松茸遗产的聚会上，用古风日语吟唱的。那个吟唱的老人第一次学习古典吟诵还是他在安置营的时候。事实上，许多"日式"的爱好是在那里得到兴盛发展的。但是，即使有可能追求这些日式爱好，这些营地也改变了在美国的日本人的意义。战争结束后，大部人失去了他们的财产和农场。[朱莉安娜·胡·佩格指出，日裔美国农民被送进营地的同一年，美国开启了"手臂计划"（Bracero program），引进了墨西哥农场工人。][3] 他们处处受猜疑。而他们的回应，却是竭尽全力要成为模范美国人。

就像一位男士回忆的那样："我们远离了有关日本的一切。如果你有一双（日本）木屐，你出门的时候就该把它们留在门口。"日本人的日常习惯不可以公开展示。年轻人不再学习日语。完全沉浸在美国文化中是意料之中的，没有二元文化的拓展空间，而孩子们也引领了这一趋势。日裔美国人成了"百分之两百的美国人"。[4]与此同时，日本艺术在营地里得到蓬勃发展，在战前衰落的传统诗歌和音乐恢复了生命，营地活动成为战后俱乐部的基础。这些都是私人休闲活动。包括采摘松茸在内的日本文化，变得越来越受欢迎，但它形成了对美式自我展演的一个隔离附加物。"日本特性"只能以美式的爱好而得以发展。

也许你能捕捉到我的一丝不安。日裔美国松茸采摘者与东南亚的难民有很大的不同，但我无法从"文化"，或在美国生活的"时间"来解释这种差异——这两者都是常规的移民差异的社会学故事。第二代东南亚裔美国人与第二代日裔美国人（Nisei）的公民身份展演完全不同。这种差异与历史事件有关——这就是不确定的遭遇——移民群体和公民身份诉求之间的联系在当中得到形塑。日裔美国人服从强制同化。营地教会他们，要成为一个美国人，需要认真地由内而外地改造自己。强制同化向我展示了这一对比：东南亚的难民在新自由主义多元文化时代成为了公民。对自由的热爱足以让他们加入美国人的行列。

我个人对这种对比颇有感触。我的母亲是在二战后从中国来到美国求学的，当时两国是盟友；战后美国政府没有让她回国。在 20 世纪的五十年代和六十年代早期，我们的家庭，像其他华裔美国人一样，被当作可能的敌对势力，生活在联邦调查局的监视下。因此，我的母亲也接受了强制同化。她学会做汉堡、肉卷和比萨。当她有了孩子时，她拒绝让我们学习中文，即使她自己还在努力学习英语。她相信，如果我们说汉语，我们的英语可能会有口音，这说明我们不是很像美国人。使用双语，用错误的方式行动，或者吃错误的食物都是不安全的。

小时候，我的家庭用"美国人"这个词汇表示白人，我们仔细观察美国人，作为模仿和警示的故事案例。在七十年代，我加入了亚裔美国学生会，这些学生来自中国、日本和菲律宾；即使是我们当中最激进的政治审视，也会理所当然地认为这些族群经历过强制同化。因此，我的背景使我对在俄勒冈州遇到的日本松茸采摘者很容易产生共鸣：我对他们表现出亚裔美国人的方式感同身受。这里有些老人是第二代移民，他们几乎不会说日语，也很可能会去买便宜的中国菜，准备日本传统料理。他们为自己的日本传统感到自豪，这从他们对松茸的热爱可见一斑；但这种骄傲是以一种刻意的美国方式表达的。就连我们一起烹饪的松茸菜都是世界主义的杂糅，违反了日本的烹饪原则。

相比之下，我对在松茸营地"保值票的市场"发现亚裔美国文化完全没有心理准备。瑶族营地带给我特别的冲击，因为他们不只是让我想起了我所了解的亚裔美国人，还有我母亲记忆中的中国，以及我在婆罗洲村庄做田野调查的印象这两种记忆的叠加。进入喀斯科特山脉的瑶族人，包括亲属和邻里，世世代代都抱着明确的目标，要在这儿过着休养生息的乡村生活。

他们坚持着老挝的一些重要风俗差异，例如老挝人就应该坐在地上，瑶族人就应该坐在矮凳上；我母亲也渴望保留一些类似的差异作为中国传统的象征。瑶族人拒绝食用生的蔬菜，但老挝人会吃，瑶族人像中国人一样用筷子，煲汤或炒菜。瑶族的蘑菇营地里没人做汉堡包和肉卷。因为很多东南亚人聚集在这里，来自加州私人花园的亚洲蔬菜一直都会运送过来。每天晚上，人们都会和邻居们分享烹饪好的菜肴，访客们会吸着水烟讨论问题到深夜。当我看到一个瑶族的女主人穿一件纱笼蹲在那里，剥熟透的长豇豆或磨着尖刀时，我感觉自己好像被送到了印度尼西亚的高地村庄，在那里我第一次了解到东南亚。这并不是我所熟悉的美国。

其他"保值票市场"的东南亚团体则不那么致力于重建乡村生活；他们有些来自城市，而不是村庄。尽管如此，他们和这些瑶族人仍有一个共同之处：他们对我成长过程中的美国同化现象并不熟悉或不感兴趣。他们是怎么避免的？一开始，我很佩服，也许有点嫉妒。后来，我意识到他们也被要求以一种不同的方式同化。这就是自由和不稳定性再次出现在故事中的地方：自由协调了美国公民身份的各种表达方式，它为不稳定的生活提供了唯一的官方指南。但这意味着，在日裔美国人抵达美国，而老挝、柬埔寨裔美国人尚未到来的一段时期里，这个国家和它的公民的关系发生了一些重要的变化。

从罗斯福新政到20世纪末，美国福利国家的文化政治影响了日裔美国人的普遍同化。国家有权力用吸引性政策和强制性命令去影响人们的生活。移民们被告诫要加入这个"大熔炉"，通过抹去他们的过去，成为完完全全的美国人。公立学校是制造美国人的集中营地。20 世纪六七十年代的"积极平权措施"（the affirmative action）不仅开办了学校，也使得接受教育的少数族裔有可能找到专业工作，尽管他们常因种族因素被排斥在有影响力的网络之外。日裔美国人被连哄带骗加威逼，被迫加入美国阵营。

正是这种国家福利制度的侵蚀，最能解释为什么保值票市场的东南亚裔美国人发展出了独特的美国公民身份认同。自八十年代中期以来，当他们作为难民抵达时，各种各样的国家计划都被取消了。"积极平权措施"被视为违法操作，公立学校的基金遭到削减，工会被废除，标准就业已成为任何人都不可能实现的理想，初级工数量就更少了。即使他们成功地成为了美国白人的完美复制品，也不会有什么回报，还必须面临谋生的直接挑战。

在八十年代，难民几乎没有任何资源，且需要公共援助。然而，严格意义上的福利正被大幅缩减。在许多保值票市场的东南亚人眼中的目的地——加利福尼亚州，18 个月的援助期限已经成为国家政策的上限。许多"保值票市场"的老挝裔和柬埔寨裔美国人接受了一些语言教育和职业培训，但这些培训很少能真正帮助他们找到工作。他们只能在美国社会中靠自己寻找出路。[5] 那些受过西方教育、会英语或懂经济的人才有选择机会。其余的人则处于艰难境地，因为他们所拥有的技能和资源不同，比如战争中幸存的能力，很难找到用武之地。他们在进入美国时所支持的自由必须被转译为生存技能。

他们的生存史塑造了谋生的技能。使用这种技能，是对他们过去谋生的致敬，但这也造成了难民之间的差异。看看这些差异吧。一个来自老挝首都万象家族企业的女买手解释说，她决定离开是因为利益受损。万象在湄公河上，对岸就是泰国，离开意味着要在一个夜晚游过这条河。她可能会被射杀，还带着一个年幼的女儿。尽管很危险，但过去的经历告诉她必须要寻找机会。促使她投向美国的自由，正是市场的自由。

相比之下，苗族采摘者坚持认为自由是民族自治。保值票市场的苗族老人曾在老挝为王宝将军的中央情报局打过仗。中年人则在共产党胜利后，于泰国的难民营和老挝的反抗军营之间来回往返。这两种生命的轨迹将丛林生存与民族政治忠诚结合在一起。这些技能在美国能够用于以亲属为基础的投资事业上，而这正是苗族美国人为人所熟知的。有时候，这样的忠诚承诺需要在野外生活中被唤醒。

我访谈过的每一个人在谈起梦想中的生存策略时，都有意识地和族群政治故事联系在一起。"保值票市场"里，没有人会认为移民意味着为了成为美国人而抹除一个人的过去。一个来自柬埔寨东北部的老挝人，梦想能在柬埔寨和老挝之间以开货车为生。另一名来自越南的高棉人，则因家人曾越过边境去保卫柬埔寨，因此认定自己继承了爱国精神，而那能让他成为优秀的军职候选人。这些梦想虽然许多不会实现，但他们告诉我一些关于做梦的事情：这些并不是我们仍然称之为"美国梦"的新开始。

你越是聚焦它，那种从头来过、成为一个美国人的想法看起来就越奇怪。那么这个美国梦是什么呢？显然，这不仅仅是经济政策的影响。或许是美国式的基督教导致的变化方式？罪人向上帝告解，决定驱除他以前的罪恶生活。美国梦需要放弃过去的自我，这或许是改变信仰的一种形式。

自美国独立战争以来，新教复兴一直是构成美国政体中"我们"的关键部分。[6]此外，新教指导了20世纪美国世俗化计划，旨在拒绝偏执的基督教，同时倡导无派别的自由主义形式。苏珊·哈丁指出，美国在20世纪中期的公共教育是如何被世俗化计划所塑造的。在这个计划中，一些版本的基督教被宣传为"宽容"的典范，而其他的基督教版本则被偏狭地认为是早期的外来遗留物。[7]在它的世俗形态中，世界主义超越了基督教；要成为一个美国人，你必须改变信仰，不是信仰基督教，而是信仰美国民主。

在20世纪中期，同化是美国新教世俗主义的一个计划。移民必须接受美国白人的各种身体实践和语言习性来"改变信仰"。语言尤其重要——这是表述"我们"的方式。这就是我的母亲不让我学习中文的原因。不妨这么说，从我的美国习惯来看，非英语是邪恶的象征。这就是击中了二战后日本裔美国人的信仰转变浪潮。

这并不一定意味着成为一名基督徒。和我一起工作的日裔美国人主要是佛教徒。佛教"教堂"（一些参与者这样称之）维系了社群。我访问的那间是一个奇怪的杂糅体。每周的礼拜大厅，前面有一个彩色的佛教祭坛，但房间的其余部分是一个美国新教教堂的精确式样。这里有成排的木制长凳，座位靠背后有挂篮放着经书和公告。地下室有空间供主日日课、筹款晚宴和烘焙品销售。核心会众是日裔美国人，但他们为有一位白人法师而自豪，他的佛教教义增强了大家的美国身份认同。会众的"美国版"皈依，加强了宗教识别性。

这与"保值票市场"的东南亚难民不同。经过世界主义政策的思考，他们亦被"转化"为美国民主的信仰者。他们每个人都在泰国的难民营里经历了一种转化仪式——允许他们进入美国的面试。在这次面试中，他们被要求支持"自由"，并展示他们的反共产主义的证据；否则他们就是敌对势力：美国阵营外的人。要进入这个国家，必须要有严格的自由主张。难民可能不懂英语，但他们需要知道一个词：自由。

此外，一些"保值票市场"的瑶族裔和苗族裔美国人已经改信了基督教。然而，正如托马斯·皮尔森在北卡罗来纳州所指出的越南高地族难民的情况——从美国新教的角度来看，他们有一种奇怪的基督教实践。[8]改信美国新教的关键在于表达："我曾经迷失了方向，但我现在找到了上帝。"相反，难民们说："敌人拿枪指着我，但上帝帮我隐身了。""战争让我和家人在丛林里失散，但上帝让我们团聚。"上帝的功能就像土神仙，可以抵御危险。我所遇到的改宗者不需要经历内在转化，而是通过支持**自由**来获得保护。

对比再次出现：一种向心的（内旋的）转化逻辑，把我的家人和我的日裔美国朋友吸引到一个包容的、广泛的美国同化中。一种离心的（外旋的）转化逻辑，由一个单一边界对象——自由，组合在一起，塑造了"保值票市场"的东南亚难民。这两种转化模式可以共存；然而，每一个模式都经历了一场独立的公民政策的历史浪潮洗礼。

那么，似乎可预见的是，这两种松茸采摘者不会混淆了。在日本进口热潮开始时，日裔美国人选择了商业采摘；但到了八十年代末，他们被白人和东南亚的采摘者所取代。现在他们为朋友和家人采摘而不是为了售卖。松茸是一种珍贵的礼物和食材，可以证明一个日本人的文化根基；并且松茸采摘是一种乐趣——对年长者来说可以显示他们渊博的知识，对孩子来说可以在森林里嬉戏，对每个人来说是在分享便当午餐的美好时刻。

这种休闲活动能存在，是因为我周围的日裔美国人已经进入了城市就业阶层。当他们在二战结束后从难民营返回家园时，正如之前解释的那样，他们已经失去了对农场的使用权。尽管如此，许多人还是重新定居在他们所熟悉的地方。一些人成为工厂工人并加入了新成立的工会，另一些人开了小餐馆或在旅店打工。对美国人来说，这是一个财富增长的时代。他们的子女进入公立学校，成为了牙医、药剂师、商场经理。一些人同美国白人结婚。然而人们彼此还会联系，社区依然团结。即使没人依靠松茸来养家糊口，它仍然有助于社区关系的维系。

这个社区最受欢迎的松茸森林之一是一处布满松树、长满苔藓的山谷，地表像日本寺庙的庭院一样光滑、整洁。日本人对他们小心翼翼地为人类和植物保护这个区域感到自豪。即使是已经消亡的采摘区也会被铭记和尊重。在九十年代中期，一个来自"保值票市场"的大胆的白人散货船买手，带着大量的商业采摘者进入这个地区。商业采摘者没有小心细致的工作习惯，他们需要踏遍大片的土地来完成一天的采摘任务。他们踩碎了青苔，留下一地狼藉。对抗随之而来。日裔美国人带来了林务局的人，告诉买手，禁止在国家森林内进行商业活动。买手指控该机构存在种族歧视。"为什么日本人有特权？"他仍忿忿地问我。最终，林务局关闭了该地区的商业采摘活动。买手回到"保值票市场"。但是，如果没有强制执行措施，商业采摘者仍会偷偷溜进去，而日裔美国人和东南亚美国人之间的敌意仍在不断地滋生。很明显他们是不同的亚裔美国人，就像一个日裔美国人采摘者自然地打趣说："这座森林曾经很好，直到亚洲人来了。"这里的亚洲人是指谁？

让我回到对东南亚采摘者的自由的讨论上。当然，自由包括在你可以侥幸逃脱惩罚的情况下偷偷溜进禁地。但自由不仅仅是个人的大胆，它还参与了新兴政治的形成。我相信，同样作为同化产物，当看到有人对 21 世纪的此项计划有强烈不满时——尤其对被遗忘和遗忘的人来说——我不是唯一会感到震惊的人。一些白人采摘者和买手称自己的立场是"传统主义"，他们反对融合；他们享受没有被他者污染的自我价值，他们也称之为"自由"，但这不是多元文化的表现。然而，讽刺的是，这却推了美国一把，因而实现了有史以来最具世界主义的文化建构。新传统主义者拒绝种族融合，也反对提供国家福利的伟大传统——因为福利国家通过强制同化使混合成为可能。当他们试图消除同化时，新事物也会生成。没有了中央的安排，移民和难民只能抓紧自己谋生的最佳机会：运用他们的战争经验、语言和文化。他们通过一个词——"自由"——就加入了美国的民主世界。他们确实是自由的，能继续进行跨国政治和贸易活动；他们甚至可能密谋起事，将自己的命运押在国际潮流上。与早期移民形成鲜明对比的是，他们不需要从内到外的学习就成为了美国人。受福利国家影响，且与其同时出现的自由议程——在不受约束的多样性中——抓住了时机。

还有全球供应链中最好的参与者！这里有随时愿意和准备创业的企业家，无论有无资本，都能够动员他们的种族和宗教成员来填补几乎任何一种经济领域的空缺。薪水和福利不是必须的，整个社群都可以因共同的理由动员起来。普世的福利标准似乎不再重要。这些都是自由的计划。但注意，资本家们此时正寻找着攫取式打捞积累。

转译价值，东京。

松茸，计算器，电话：

一个中间商货摊的静物写生。

8

美元和日元之间

　　我一直认为，商业蘑菇采摘具体呈现了不稳定性的一般状况，特别是没有"固定工作"的不稳定生计。但是我们是如何陷入这种困境的，即使是在世界上最富有的国家，有工资和福利的工作机会也会匮乏？更糟糕的是，我们是如何失去对这些工作的期望和兴趣的呢？这是最近出现的情况；许多白人采摘者从他们早期的生活中知道有这样的工作，或者至少曾有这样的期望。但一些事改变了。本章将大胆地断言，从一条被忽视的商品链，就可以说明这一惊人的全球性突变。

　　但是松茸在经济上不是可以忽略不计吗？难道对它的研究

论点，不是相当于一个井底之蛙的观点吗？恰恰相反，俄勒冈州到日本的松茸商品链的成功只是冰山一角，水下的冰山是被遗忘但牢牢扎根地球的故事。看起来微不足道的事情往往会掀起轩然大波。正是因为松茸商品链无足轻重，才没被21世纪的改革者忽略，从而保留了20世纪后期震撼世界的一段历史，正是日本和美国之间的接触史塑造了全球经济。我认为，美国和日本资本之间的转译关系促进了全球供应链的发展，并终结了对集体进步的期望。

全球供应链终结了对进步的期望，因为它们允许龙头企业放弃对劳动力的控制。标准化劳动力需要教育和正规工作，从而将利润和进步联系起来。相比之下，从众多布局中汇集的货物会为龙头公司带来利润；而公司对工作、教育和良好生活的承诺甚至不再是必要的修辞性。供应链需要特殊类型的攫取积累，涉及区块之间的转译。美日关系的近代史犹如对唱的对位效应，将这种做法散布到全球。

特定的历史构建了这个故事。在19世纪中期，美国船只以为美国商人打开日本经济为名，逼近威胁江户湾；这引发了一场日本革命，推翻了国家的政治经济，并将日本推向了国际贸易的潮流。日本以"黑船"指称间接颠覆日本的美国威胁势力。这个标志在150年后，也就是20世纪末，反过来，指代间接颠覆美国经济的日本商业威胁势力，并能帮助我们思考其间都发生了什么。由于受到日本投资成效的威慑，美国商业领袖们摧毁了作为社会机构的公司，并把美国经济推向了日式供应链的世界。有人可能会称之为"反黑船"行动。在九十年代的并购浪潮中，随着公司的重组，大众对美国企业领袖应该提供就业机会的预期消失了。相反，劳动力被外包到其他地方，处境变得越来越不稳定。连接俄勒冈州和日本的松茸商品链只是众多全球外包布局中的一种，这些布局的灵感有赖于六十年代至八十年代日本资本的成功注入。

这段历史很快就被掩盖了。九十年代，美国商人在世界经济中重新获得了卓越的地位，而日本经济则大幅下滑。到21世纪初，日本的经济实力已经被遗忘，而美国的独创性推动了经济的进步发展，这应该有赖于全球性的外包转移。就是在这里，一个不起眼的商品链能帮助我们解开困惑。是什么样的经济模式使它的组织形式得以展现？要回答这个问题，唯一的办法就是追溯20世纪日本的经济创新。它们不是孤立地创造出来的：它们是因太平洋地区的紧张局势和对话形成的。松茸商品链把我们牢牢地放置于美国与日本的经济互动中，从这里我们可以看清这段被遗忘的历史。在接下来的内容中，我让故事的线索远离松茸而展开。然而，在每一步中，我都需要供应链的提醒，来抵御当前被抹除的平静。这不仅仅是一个故事，也是一种方法：宏大的历史最好是通过微不足道、却反复出现的细节来讲述。

让我们从金钱开始展现这则故事。美元和日元都出现在一个由西班牙货币比索主导的世界里，这种货币的铸造始于16世纪对拉丁美洲银矿开采的剥削。美国和日本都不是早期的参与者，因为美国在18世纪才建立，而日本由保守的贵族统治，从17世纪到19世纪都严格控制对外贸易。美元和日元在诞生之初根本看不出远大前程。然而，到了19世纪中期，美元已经赢得了与其帝国炮艇一样威震天下的影响力。

美国商人对德川幕府严格管控对外贸易感到不满。[1] 1853年，美国海军准将马修·佩里带领一支武装舰队前往江户湾。由于受到武力威胁，幕府将军在 1854 年签署了《神奈川条约》，为美国的贸易打开了港口。[2] 在中国反对英国的鸦片"自由贸易"之后，日本精英们看到了中国遭受的镇压。为了避免战争，他们签署了协议，放弃自己的权利。但是国内危机随之而来，幕府倒台。一场短暂内战后，日本开启了"明治维新"的新时代。获胜的一方从西方的现代性中找到灵感。1871 年，明治政府确立了日元作为日本的国家货币，试图使它在欧洲和美国之间流通。因此，美元间接地促使了日元的诞生。

然而，明治时代的精英们不满于让外国人控制贸易。他们迅速学习西方的条例，并建立和国外企业类型相同的本国公司。政府引进外国专家，派年轻人到国外学习西方语言、法律和贸易实践。这些年轻人回到家乡建立了各种专行、工业、银行和贸易公司，推动了日本"现代化"的蓬勃发展。新资金嵌入新的合同法、政治形式和价值辩论中。

明治时期的日本充满了创业活力，国际贸易迅速成为经济的重要组成部分。[3] 日本缺乏实现工业化所需的自然资源，而原材料的进口被视为国家建设的一项基础服务。贸易是明治时期最成功的事业之一，它与新兴产业（如棉线生产和纺织业）的崛起联系在一起。明治时代的贸易商认为他们的工作是在日本和外国经济世界之间进行调解。贸易商们通过在国外积累的培训经验，获得了双重的文化灵活性，使他们能够在出现根本分歧时也能进行谈判协商。他们的工作体现出佐塚提出的"转译"理念，即学习另一种文化时，既能沟通又能保持差异。[4]新贸易商了解到商品在其他地方是如何交易后，利用这些知识为日本方面签订了有利合同。在经济学家使用的术语中，他们是"不完美市场"的专家，"不完美市场"是说，在市场中，所有买手和卖家都无法免费获得信息。明治时代的贸易商穿越着国家边界，协调市场；他们还跨越不可通约的价值体系工作。日本人一直在想象一个与所谓西方世界存在着动态差异的"日本"，因此将国际贸易理解为转译的做法持续至今，并形成了当代商业实践。贸易通过转译工作**创造**了资本主义价值。

明治时代的商人常与工业企业联系在一起。工业需要通过贸易获得原材料，贸易和工业共同繁荣。在20世纪早期，与一战相关的经济增长促使大型企业集团的形成，包括银行、矿业、工业和对外贸易。[5]与20世纪的美国商业巨头相比，这些企业集团，即"财阀"（zaibatsu），是由金融资本协调成整体的，而非生产：银行和贸易是他们的核心使命。从一开始，他们就参与了政府事务（例如，三井公司曾提供推翻幕府将军的资金）；[6]二战前，在日本民族主义者的压力下，财阀集团与帝国扩张越来越缠绕在一起。当日本战败，财阀成为美国攻占的首要目标。[7]于是，日元贬值，日本经济陷入一片混乱。

在攻占日本的初期，美国似乎倾向于小公司，甚至是促进劳动力的进步。然而，很快，美国占领者就安排了曾经声名狼藉的民族主义者复职并重建日本经济，作为抵御共产主义的堡垒。在这种环境下，由银行、工业企业和贸易专家组成的协会重新成立，尽管作为"经连会"（keiretsu）企业集团，形式不那么正式。[8]大多数企业集团的核心是一家普通贸易公司与银行合作的形式。[9]银行将资金转移到贸易公司，而该公司反过来又向联合企业提供小额贷款。银行不需要监管这些小额贷款，而贸易公司用这些贷款来促进供应链的形成。这种模式应用成功地跨越了国界。贸易公司向海外的供应链伙伴提供了贷款增额，或设备、技术建议，或特殊营销协议。贸易公司的工作是将不同文化和经济布局生产的商品转译为库存资产。在这种布局中，我们不难看出当前全球供应链霸权的根源，以及与它们相关的攫取积累形式。[10]

我对供应链的最初了解是在印度尼西亚研究伐木时，从那儿可以观察日本供应链模式如何运作。[11]在七十年代至八十年代日本的建筑热潮中，日本进口了印尼的原木来制作胶合板的建筑模型。但是没有日本人去砍伐印尼的树。日本的普通贸易公司向其他国家的公司提供贷款、技术援助和贸易协议，后者将原木按日本的规格标准进行切割。这种安排对日本的贸易商有诸多好处：第一，它避免了政治风险。日本商人意识到印尼华人的政治困境，他们对拿出自己的财富迎合印尼政府残忍的政策感到不满，而且他们常遭受周期性动乱骚扰。日本商人通过向印尼华人提供资金，让印尼华人与印尼军方达成协议，并承担风险，来解决这类难题。第二，这种布局促进了跨国流动。到达印尼前，日本商人已经把菲律宾和马来西亚婆罗洲大部分地区的树木都砍伐殆尽。相比适应一个新的国家，贸易商们可以仅仅在当地引进愿意与他们合作的代理人。事实上，由日本商人资助的菲律宾和马来西亚的伐木工已经准备好随时去印尼砍伐。第三，供应链布局促进了日本的贸易标准，却忽视了对环境产生的影响。寻找黑名单的环保主义者只能找到各种各样杂乱的公司，许多都是印尼人开设的；森林里没有日本公司。第四，供应链布局将非法采伐作为一层分包，以致能对受环境法规保护的树木进行开采。非法采木者将这些木材卖给更大的承包商，这些承包商再转卖到日本，整个环节没有人需要负责任。甚至在印尼以日本贸易的供应链等级为模板，开始建立自己的胶合板业务后，木材也是如此的便宜！成本计算可以完全不考虑伐木工、树木或森林居民的生计。

　　日本的贸易公司使其在东南亚开展伐木业成为可能。他们同样在世界的其他地方忙于其他商品的经营。[12]让我回到这些贸易布局出现时的二战后初期，观察这个系统是如何发展的。战后日本出现的首批供应链，有些是利用了日本与其前殖民地——韩国的关系。当时，美国是世界上最富有的国家，也是每个国家商品的最佳销售目的地，但它对从日本进口的商品实行了严格的配额限制。历史学家罗伯特·卡斯利讲述了日本是如何帮助建设韩国经济以避免美国进口配额限制的。[13]通过将轻工业转移到韩国，日本贸易商可以自由地向美国出口更多的产品。然而，日本的直接投资在韩国遭到反对。因此，日本采用了卡斯利所称的"外包"（putting out）的方法。"商人（或公司）向分包商提供贷款、信贷、机器和设备来生产或加工货物，这些货物将由商人在遥远的市场上出售。"[14]卡斯利指出了贸易商和银行家在这一战略中的权力："日本人同海外供应商签订长期合同，并经常放贷用于资源开发。"[15]他解释说，这种扩张形式是一种稳定日本政治与经济安全的形式。

这种"外包"系统将利润较低的制造部门和较老的技术转移到韩国，为日本企业的升级扫清了道路。根据这一模式，日本倡议方后来用"雁行"的形象来美化它，韩国企业在创新上将永远落后日本一个周期。[16]但所有人都将向前进，部分原因是韩国人也可以将自己过时的制造部门流向东南亚较贫穷的国家，让韩国人能够继承日本的新一代创新技术。韩国的精英们乐于从日本的资本中获益，其中一些被转移为战争赔款。由此产生的商业网络形成了日本资本跨国扩张的模式，包括受日本控制的亚洲开发银行的运作。

到七十年代，许多种类的供应链在日本进进出出。普通贸易公司为获取原材料，组织了跨大洲的供应链，成为了世界上最富有的一些公司。银行在亚洲各地赞助了与日本有联系的企业。与此同时，生产商们组织了自己的供应链，有时在英语中也被称为"垂直企业集团"（vertical keiretsu）。例如，汽车公司将零部件的开发和制造转包出去，节省了成本。家庭经营的小型供应商在家里制造工业部件。攫取积累和供应链分包一起发展。

合作后的结果是如此成功，以至于美国企业和他们的政府支持者都能感受到这一热度。日本汽车产业的成功对美国的专家来说尤为痛苦，因为他们已经习惯了美国经济与汽车休戚相关。日本汽车在美国的出现以及底特律汽车公司的相对衰落，引发了公众对日本不断增长的经济命运的认识。一些商界领袖立刻效仿日本的成功经验，表现出对"质量管控"和"企业文化"的兴趣。[17] 其他商界领袖则寻求美国对日本的报复。一股公众恐惧浪潮出现了。其中一个标志性事件，是 1982 年美国华裔陈果仁在底特律被失业的白人汽车工人误认为日本人而谋杀。[18]

日本的威胁引发了一场美国革命。虽然美国尽了力，"反黑船"运动还是颠覆了美国的秩序。由于公众对美国衰落感到恐惧，一小群原本意见不受重视的激进的股东和商学院的教授们受到许可，开始拆解美国的公司。[19] 八十年代"股东革命"的积极分子就对他们所认为的美国实力削弱现实做出了反应。为了恢复振兴，他们的目标是把公司收回给所有者即股东，而不是把他们交给职业经理人。他们开始收购公司，剥夺它们的资产并转卖。到九十年代，该运动已取得成功；"杠杆收购"的激进风格成为了企业"并购与重组"的主流投资策略。除了利润最丰厚的部门，企业摆脱了所有部门，将公司的大部分内部业务都签订给遥远的供应商承包。供应链以及随之而来的独特的攫取积累，以美国资本主义的主要形式起飞。这对投资者来说是非常有效的，到 21 世纪初，美国商界领袖们已经忘记了这种转变是当初地位斗争的一部分，并将其重塑成进步过程的前沿。他们忙着把世界塞进这个过程，并且确实在让日本执行美国版本方面取得了进展。[20]

要理解日本的威胁是如何消退的，就需要回过头来，让金钱成为故事的主角。在八九十年代，由于美元和日元之间的对抗，很多事情发生了变化。

1949 年，作为布雷顿森林协议的一部分，日元与美元进行了挂钩。随着日本经济的蓬勃发展，一部分也因为日本对美国的非互惠出口，美国与日本的国际收支平衡受到了不好的影响。[21] 从美国的角度来看，日元的价值"被低估"，使得日本的商品在美国很便宜，而美国出口到日本的商品却价格过高。美国对日元的担忧是导致 1971 年美国放弃金本位制的一小部分因素。1973 年，日元开始浮动。然后在 1979 年，美国提高了利率，吸引了对美元的投资，维持住它高价值货币的地位。由于日本经济持续向美国出口，日本政府买入并卖出美元，以让日元保持低价。在 20 世纪 80 年代的前五年，日本资金大幅流出日本本土，造成日元相对美元显得疲软。到 1985 年，美国商界领袖对这种情况感到恐慌。作为应对，美国策划了一项国际协议——《广场协议》（Plaza Accord）。美元贬值，日元升值。到 1988 年，日元相对于美元，价值翻了一番。日本消费者几乎可以在国外买到所有东西，包括松茸。日本的民族自豪感上升，这是"日本可以说不"的时刻。[22] 然而，这种情况使得日本公司很难出口他们的产品，因为这些商品的价格过高。

日本企业的回应是将更多的产品出口到国外。他们在韩国、中国台湾和东南亚的供应商也深受货币价值变化的影响，举步维艰。供应链四处游走。以下是两位美国社会学家对此现象的描述：

亚洲企业面对美元价值的突然增加，急于保持低价，从而维持与美国零售商的合约，他们迅速开始多样化经营。中国台湾地区的大部分轻工业……搬到……中国大陆和东南亚……日本出口导向型产业的很大一部分转移到了东南亚。此外，一些公司如丰田、本田和索尼，在北美建立了部分业务。韩国企业还将劳动密集型的业务转移到东南亚、拉丁美洲和中欧等其他发展中国家。在他们建立新业务的每个地方，低价供应商网络开始形成。[23]

日本国民经济接着受到冲击——先是房地产和股票价格在20世纪80年代末出现通货膨胀的"泡沫经济"，继而是九十年代经济衰退的"失落的十年"，接着是1997年的金融危机。[24]但供应链以前所未有的速度发展着：不仅仅是日本资助的供应链，还有所有日本供应商的供应链，这些供应商现都有自己的关系链。供应链资本主义出现在世界各地，只是日本已不再掌控它们。

有家公司的历史，鲜明地刻画出日本和美国在全球供应链领导地位的较量。那就是耐克——一个引领运动鞋趋势的品牌，其前身是一家日本运动鞋在美国的前哨分销商。（分销是许多日本供应链的一个要素。）在日本贸易体制的约束下，耐克学会了供应链模式，并慢慢地开始将它转变成美国风格。耐克利用美国在广告和品牌运营方面的优势，而不是通过贸易作为转译来创造价值。当耐克的创始人从他们的日本连锁店中独立出来的时候，他们以耐克（"嗖"的发射标志）和印有美国黑人体育明星的广告形式来体现品牌风格。然而，从日本经验中学习的他们，从来没有想过要制造鞋子。"我们完全不了解制造业。我们是营销人员和设计师。"一位耐克的副总裁如是说。[25] 于是，他们与亚洲日益增多的供应网络签订合约，充分利用了上面提到的 1985 年的"低价供应商网络"方法。到 21 世纪初，该公司与 900 多家工厂签订了合同，成为供应链资本主义令人兴奋和恐惧的象征。说到耐克，一方面会让人想起血汗工厂的恐怖；另一方面也有着设计师品牌的乐趣。耐克已经成功地让这种矛盾显得尤为美国化。但耐克从日本供应链中的崛起，也让我们想起了日本无处不在的遗产。

这一遗产在松茸供应链中是显而易见的，但它规模太小、太专业化，无法吸引美国大企业的干预。然而，这条供应链一直延伸到北美，让美国人成为供应商，而不是主管。这都是耐克造成的！但美国人是如何被说服接受如此卑微的角色的？正如我所解释过的，俄勒冈州没有人会认为他或者她自己会是一家日本企业的雇员。采摘者、买手和现场代理都是为了自由而在那里的。但是，要使自由能动员得了穷人，只能通过打破美国人对生计就是受雇于人的预期——这正是美国和日本的资本之间跨太平洋对话的结果。

在松茸商品链中，可以看出我一直在描述的历史：日本贸易商在寻找当地的合作伙伴；美国工人从常规工作的期望中解脱出来；转译与雄心壮志交汇，使美国式的自由汇集了日本式的库存。我一直主张是商品链的组织让我们注意到这段历史，否则它可能会被美国全球领导力的炒作所掩盖。如果允许不起眼的商品照亮大的历史背景，世界经济就会从历史的关键局面——遭遇的不确定性（the indeterminacies of encounter）中显现出来。

如果关键局面能创造历史，那么一切都取决于协调的时刻——转译使日本投资者从美国的采摘中获利，也让采摘者从日本的财富中获益。但是，为自由而采集的蘑菇是如何转化为资产库存的？我得回到"保值票市场"和它的商品链。

转译价值，俄勒冈州。

一个苗族丈夫拍摄下妻子手中

一天售卖蘑菇的收获。

在交易帐篷中，

蘑菇和它们带来的现金

是自由的奖励。

直到后来

分类把它们变成了

资本主义商品。

9

从礼物到商品——再回归礼物

现在是时候回到异化问题了。在资本主义的商品化逻辑中，事物从它们原有的生命世界被撕裂出来，成为交换的对象。我把这一过程称为"异化"，并用这个词指涉包含了非人类和人类的潜在属性。在俄勒冈州寻找松茸时，有一个令人惊讶的发现，就是采摘者和蘑菇之间的关系并没有异化。确实，蘑菇是从它们的真菌身体中被人撕裂下来的（尽管，作为果实，这是它们的目标），但它们没有成为随时能在金钱和资本之间转化的异化商品，即使在它们被出售的时候，也是作为狩猎的战利品。采摘者在炫耀他们的蘑菇时非常自豪，他们滔滔不绝地叙述寻找时的乐趣和危险。蘑菇变成了采摘者的一部分，就像他们吃掉了它们一样。这就意味着战利品必须以某种方式被转化为商品。如果蘑菇被作为自由的战利品而收集，并在这个过程中成为采摘者的一部分，那么它们是如何成为资本主义商品的呢？

我对这个问题的研究遵循了一种人类学的传统，即关注礼物的特质作为一种社会交换的形式。这种关注是由新几内亚东部的美拉尼西亚人所做的贝壳项链和臂环的交换所促成的，马林诺夫斯基将之描述为库拉圈。[1]对于几代社会分析家来说，库拉交换激发了人们对价值创造的多样形式的思考。这些装饰品的神奇之处在于它们并不是特别实用，也不是一般的交易代币，本身也不是很有独特趣味性；它们只有扮演库拉活动中的角色才变得有价值。作为礼物，它们能建立关系和声望；这就是它们的价值。这种价值颠覆了经济学的常识，这就是它值得在这里被借鉴的原因。

事实上，通过对库拉圈的思考，我们有可能将异化视为资本主义一个令人困惑却与众不同的特征。库拉圈提醒我们，资本主义中的人和事物都被异化了。就像在工厂里，工人们与他们所做的物品分离，物品在没有涉及制造者的情况下被出售，所以，物品与它的制造者和交换者都是分离的。物品变成了独立的对象，被使用或交换；它们与被制造和部署的个人网络都没有关系。[2]虽然这种情况对于我们这些在资本主义世界里的人来说似乎很平常，但在库拉圈里就显得很奇怪。在库拉圈中，物和人是在礼物交换中共同形成的，通过这些礼物交换，物是人的延伸，而人也是物的延伸。库拉的价值通过它们制造的个人关系而为人所知；反之，人们也通过他们的库拉礼物而被人关注。因此，事物不仅在使用和商品交换中具有价值；它们可以通过所属的社会关系和声誉来获得价值。[3]

库拉和资本主义在价值生产上的差异如此惊人，以至于一些分析家认为，我们可能应将世界划分为"礼物经济"和"商品经济"，每个经济体都有一个单独的创造价值的逻辑。[4]就像大多数二元论一样，礼物和商品的差别实际上很难厘清；大多数情况都会并置这些理论类型，而且混淆，甚至延伸其外。然而，即使它过于简化，也仍是一个有用的工具，因为它促使我们去寻找差异。我们不应轻轻松松地习惯经济常识，而是要对不同价值体系的差异保持警惕。探索资本主义是如何从非资本主义价值体系中汲取教训的，以及这些价值体系在资本主义内部的运作方式，是一个值得尝试的发现差异的工具。礼物与商品的区别可以代表异化的存在与否，异化是将物品转化为资本主义资产所必备的品质。

在思考松茸商品链、集中关注松茸销售的最终目的地时，这种工具的吸引力也增加了。在日本，松茸几乎都被作为礼物。最低等的松茸被销往超市或用作食品加工材料，但优质知名的品种，则是精品赠礼。几乎没有人购买一朵优质松茸只是为了自己食用。松茸可以建立人脉，作为礼物，它们与人际关系密不可分。松茸成为人的延伸，在礼物经济中带有明确的价值特征。

也许过去有些时候，在某些地方，礼物是直接从采摘者交到食用者手里的。例如，江户时代之前的日本农民会把松茸进献给他们的领主；松茸的采摘和呈上，显示出礼物本身能建立关系的力量。然而，如今大多数时候，礼物都是从资本主义的商品链中回收来的。送礼者会在精品商店买下松茸，或者把他们认为尊贵的客人带到高档餐厅去品尝；商店和餐厅都是从批发商那里进货，而批发商又从进口商或国内农业合作社获得松茸。所以说，商品是如何变成礼物的？反过来，这些商品可能是早于礼品从商品链中制造出来的吗？本章接下来会探讨这些谜题，由此进入转译的核心，并了解转译这种必要的方法是如何把资本主义与它的其他构成要素结合在一起的。

让我从海外松茸抵达日本开始说起。这些蘑菇，经过精心冷藏、包装、分类，是资本主义商品。它们是我们能接触到的被异化的、孤立的物品：上面只有出口国的标签，没有人能知道它们是在什么条件下被采摘或出售的。[5] 它们与早期欣赏并交换它们的人失去了联系。这些松茸是库存，是进口商用以建立公司的资产；但它们一抵达，就开始了从商品到礼物的转变。这就是转译的魔法。在日本终端商品链的每一个环节的批发商都是专家，值得我们去跟随他们。

进口商会把新鲜送达的松茸货柜直接转往政府许可的批发商那里，同时支付佣金，由批发商监督后续销售。批发商将进口松茸分为两条路销售：不是通过谈判，就是通过拍卖，卖给中间商。令我惊讶的是，不论哪种方式，批发商们都不认为自己的工作仅止于有效地把物品转移到商品链上而已。事实上，他们还扮演着积极的中介角色，工作内容还包括替那批松茸匹配到最好的买手。一名松茸中间商管理人说："在松茸的季节我几乎不能睡觉。"无论货什么时候进来，他都必须进行评估。一旦对该批次的质量和特点做出判断，他就开始联络合适的买手，即那些最适合使用这种松茸的人。他已经赋予了蘑菇制造关系的力量：品质带来的力量。

在几次访谈中，我们听到了类似的经历，我的合作者佐塚志保解释了批发商作为"媒人"角色的作用。他们的工作是为合适的买手寻求商品，通过匹配双方获得最好的价格。一个蔬菜批发商谈到他如何去拜访农民以了解他们种植作物的情况，想知道这些农产品会吸引哪些买手。从商品到礼物的转译在匹配过程中就已经发生了。批发商会在他的商品中寻找关系特性，这反过来帮助它们与特定的买手形成一种天然的匹配。从一开始，松茸的销售就与建立和维持个人关系紧密联系在一起。松茸具有关系特性；它们被赋予了建立私人关系的力量。

在拍卖会上购买松茸的中间商更热衷"做媒"；不像批发商在销售上赚取佣金，中间商如果匹配不到合适的买手，他们就什么利润也没有。因此，当他们出手时，通常心中已有特定客户。他们也具备评估质量的技能，因为这是建立关系的基础。拍卖会上的例外就是与超市合作的代理商，他们更关心的是数量和可靠性，而不是质量；超市买入的是品级较低的松茸。但优质松茸是小型零售商从中间商处购买的专利，正是他们之间的关系使得整个贸易别具风味。正确评估蘑菇的能力就是形成这一风味的必要成分；如此，卖家才能向买手提供个人建议，毕竟松茸并非普通商品。这些专业建议就是伴随蘑菇而来的礼物，它超越了使用或交换的价值。

最优质的松茸被售往精品专供店和高级餐厅，他们以对客户的精准定位而自豪。一位精品商认为非常了解自己的贵客；他很清楚什么场合适合使用松茸，比如即将举行的婚礼。当他从中间商那里进货时，他也已经在考虑特定的客户了。他会联系这些客户维持关系，但这不仅仅是为了销售产品，这也是伴随松茸而来的礼物，即便在它还没有脱离商品范畴的时候。

买松茸的人几乎总是在考虑建立关系。[6] 一位同事告诉我，他曾经和一群焦虑的人共同前往一场庆祝活动，这个活动意在修补大家庭的旧裂痕。"他们会带松茸吗？"他的朋友不停地问。如果裂痕修补顺利，场面上就会出现松茸（后来的确呈上了松茸）。因此，松茸也是一种理想的礼物，送给某个你需要维系长期关系的对象。供应商会向那些给他们提供生意的公司赠送松茸。一位杂货商评论说，宗教皈依者已经开始购买松茸，送给他们的精神导师。松茸代表了一种严肃贵重的承诺。

杂货商还告诉我，这是"日本式"生活的关键。"你可以不通过松露来了解法国，但不能不通过松茸来了解日本。"他风趣地说。他指的是蘑菇中的关系特质。不仅仅是气味和味道，松茸建立个人联系的能力也使得它强大。这也是他这个媒人派上用场的地方；在松茸被吃掉之前，他必须利用它们建立好长期的关系。

正是松茸建立关系的能力唤起了它的对立面：一种用松茸不停填满自己口腹之欲的疯狂幻想。有几个人恶作剧地告诉我类似的幻想，尽管明知道这不可能出现在现实生活中。那不仅仅是因为松茸的价格，还因这样会打破松茸最重要的作用：建立关系。靠松茸狼吞虎咽地吃个饱，实在是太暴殄天物了。

　　所以说，松茸的价值不仅来自使用和商业交换，还会在赠予的行为中生成。这一点能成立，是因为在这个商品链上的中间商已经赋予松茸作为个人礼物的特质，将它们送给客户。也许这种个性化让人想起了其他地方的贵族用品。比如一位先生想要一套为自己量身定制的服装，而不是随便挂在货架上的成衣。这种比喻使得商品和礼物之间的转换更加生动。在许多行业和文化中，中间商时刻准备将资本主义大宗商品转化为其他价值形式。这些中间人从事的就是价值转译，通过这种行为，资本主义与其他制造人和物的方式共存。

　　不过，在日本，有一组关系向来不包括在松茸礼物的范畴之内，那就是从其他国家采摘和购买松茸的交易关系。中间商和消费者并不关心自己的松茸是通过什么关系获得的。外国的松茸根据日本的一套喜好标准排名，不会牵扯到蘑菇生长、采摘与销售的方式。松茸一旦抵达进口仓库就与采摘者和采购方没有了任何联系，更不用说与生态世界了。此刻，它们就成为了完全的资本主义商品。但是怎么会变成这样？这是另一个关于价值转译的故事。

　　让我最后一次带你回到"保值票的市场"的交易场景，去处理异化的难题，以及它在价值创造中的替代作用。我一直在论证，尽管参与者有着不同的历史和日常事务，但将他们团结在一起的是他们称之为"自由"的精神。交易时，各种版本的自由互相交换，每一种都扩充了其他。采摘者将他们在政治自由和森林自由中获得的战利品，与市场自由的倡导者进行交换，而且，为了获得更多的自由再次返回森林中去。或许，自由就像蘑菇和金钱一样，能通过交换产生价值？在前面提到的美拉尼西亚库拉圈制度中，参与者带来一些普通的东西，诸如猪和洋芋，与库拉制中贵重物品交换；这些零碎的交易品通过与代表名誉的物品产生联系来获得价值——如交换项链和臂环。同样，在"保值票市场"中，蘑菇和金钱本身既是贵重物品，也是自由交换的代币和战利品。它们通过与自由的联系而增值。它们不是孤立的对象物件，而是具有个人的创造属性。正是在这一点上——尽管在这里没有明显的"礼物"可言——如果必须判断松茸是礼物经济还是商品经济，我就会把它归在礼物经济一边。个人价值和物件价值是在自由交换中共同形成的：作为个人价值的自由通过金钱和寻找蘑菇来实现，就像金钱和蘑菇的价值也是买手和采摘者自由交易中的参与者赋予的。金钱和蘑菇不只有单一的使用价值或资本主义交换价值；它们也是采摘者、买手和现场代理所珍视的自由中的一部分。

然而，大半夜过后，围绕着蘑菇和金钱的是截然不同的东西。当蘑菇被装进板条箱，用冰袋包着，并放在飞机跑道上等待运往日本时，很难找到一丝视它们为战利品的、独特的自由经济的痕迹。这是怎么回事？回到"保值票市场"，晚上 11 点左右，有卡车来把已装箱的蘑菇运往俄勒冈州、华盛顿州和加拿大不列颠哥伦比亚省的温哥华的散货船仓库。奇怪的事发生了：蘑菇被重新分级。这种行为非常奇怪，因为"保值票市场"的买手已经是分级大师。分级展示了买手的超凡能力；也展示了他们与蘑菇的深层联系。更奇怪的是，新的分级师是对蘑菇毫无兴趣的临时工。他们都是兼职的、没有福利、随时待命的工人，想要一点额外收入却没有全职工作。在俄勒冈州，我看到在凌晨时分，复古范儿的嬉皮士们在霓虹灯下分拣蘑菇。在温哥华，则是由香港移民的家庭主妇负责。他们都是典型的工人阶级，对产品全无兴趣的异化的劳动力。但他们也是具有北美风格的转译者：正是因为他们对蘑菇如何出现在眼前没有任何了解和兴趣，所以他们可以把蘑菇净化成库存。在这个新的评估中，那些蘑菇带入仓库的自由被抹去了。此时蘑菇只是按成熟度和大小分级的商品。

为何要重新分级？仓库的分级是由散货船商精心策划的：小商人愿意把自己定位在出口商和买手之间；前者听从日本经济的惯例指导，后者忠于美国本土"礼物—战利品经济"的战争与自由。他们也会与在买手间周旋的现场代理进行合作。现场代理和出口商两方必须把蘑菇转化成可接受的出口商品。他们需要认识他们所运输的东西，并把它交给出口商。重新分级帮助他们**了解**这些蘑菇。

这里需要说明一个细节。采摘、购买和出口非常小型的松茸是违法的，这些松茸在俄勒冈州被称为"幼菇"。尽管美国当局表示这是出于保育目的制定的法规，但真正的原因是日本市场对此反应冷淡。[7]不过松茸采摘者依然摘取了它们，而买手则声称是采摘者**迫使**他们去买这些幼菇的。[8]在仓库的二次分级中，幼菇会被淘汰。因为这些蘑菇太小了，我觉得这对重量不会带来明显影响。美国当局从未专门查过出口箱里的幼菇，但放弃幼菇有助于松茸符合商品标准。自此，松茸不再缠绕于采摘者和买手之间的自由交换，而是变成了具有特定大小和等级的商品，[9] 可以被使用或用于商业交易。

终于，松茸开始成为资本主义商品，并结束了它自始至终都是礼物的生涯。它只花了几个小时就成为完全被异化的商品：就在当它作为库存装在起飞跑道上的运输箱里等待空运、又身处飞机腹部飞行的时间里。但这几个小时非常重要。主导并建构了供应链的是出口商和进口商，他们之前的关系在这几个小时里得到巩固。作为库存，松茸可以用来计算为出口商和进口商提供的利润，使组织商品链的工作从他们的角度来看是值得的。这就是攫取式打捞积累：从非资本主义价值体制中创造出资本主义价值来。

转译价值，俄勒冈州。

高棉买手通过分拣一个采摘者的松茸

来决定价格。

经济多样性虽然支持着资本主义，

但暗中破坏了

它的霸权。

10

攫取节奏：动荡的商业

一位在婆罗洲研究原住民和森林的同事告诉了我下面的故事。他所研究的社区，生活在一片广袤的森林中。一家木材公司进入这里开采树木。当树木被砍伐殆尽，这家公司就离开了，留下一堆破碎的机器。住民们再也无法靠森林或木材公司谋生，只好把机器拆开，把金属当作废品卖掉。[1]

这个故事恰恰概述了我对于攫取的矛盾心态：一方面，我对那些无论森林如何残破、仍想着如何生存于其中的人充满了钦佩之情。另一方面，我不得不担心，当废金属耗尽时，废墟中是否会有其他足够的东西来维持生存。虽然并非所有人都过着字面意义上的"废墟生活"，但我们多数人也一样置身在已遭人类破坏的环境中，试着在各自的迷失与苦恼中面对生活。无论是废品市场，还是松茸采摘的历史缠绕，都遵循着打捞的节奏（rhythms）。所谓"节奏"，我指的是时间协调的形式。没有了单一的、向前进步的节奏，不规范的打捞协调就是我们所拥有之物。

几乎在整个 20 世纪里，许多人——尤其是美国人——认为商业推动了进步的节奏。生意总是越做越大，似乎增加了世界的财富。它根据自己的目标和需求，高效地重塑世界，这样人们就可以通过金钱和物品的使用以及商业交易来获得权力。人们似乎必须要做这些事情——即使是没有投资资本的普通百姓，也要把自己的节奏与前进的商业脉动捆绑起来，共同前进。这里靠的是规模化；人与自然都成了这条扩展算法下的单位，加入进步的行列。进步、不断扩张，使它们齐头并进。

现在这些都看起来越发奇怪。然而，商业领域的专家似乎无法在缺乏这套流程的情况下制造知识。这套经济系统呈现给我们的是一组对参与者（投资者、工人、原材料）做出假设的抽象概念，这些假设将我们带入 20 世纪具有进步色彩的规模化和扩张中。由于受到这些抽象概念的表面迷惑，很少有人认为，必须近距离仔细观察这个经济体系组织的世界。民族志写作者和记者向大众报道世界各地有关生存、繁荣和痛苦的情况；然而，专家口中的经济增长和现实生计之间存在分歧。这没有任何益处。是时候用关注的艺术来重新理解经济了。

思考攫取节奏改变了我们的视野。工业成果不再是未来的蓝图。生计是多种多样的、东拼西凑的，而且往往也是暂时性的。大家基于不同的原因工作，但很少是因为工作还能像 20 世纪那样给予梦想中稳定的工资和福利待遇。我的建议是，我们应该开始观察谋生区块如何凝聚成一种集合体。其中的参与者各有不同的日常生活，在世界创造计划里扮演着一个小角色。对于"保值票市场"的蘑菇采摘者而言，这还包含从战争创伤中幸存下来，并以美国公民身份协调处境以谋求工作。这些计划动员了商业采摘，吸引了大批采摘者进入森林去追逐"蘑菇热"。尽管这些计划存在着差异，但边界目标已经形成——尤其是对采摘者所谓的"自由"的承诺。通过这种想象的共同基础，商业采摘成为一种具有连贯性的场景——而且聚集成一场正在发生的事件。通过它新兴的特质，多向度历史成为可能。若没有自上而下的纪律或同步性，没有对进步的期望，区块谋生方法将有助于建构起全球政治经济。

在从世界各地收集商品和人的过程中，资本主义本身就具有了一种集合体的特征。然而，在我看来，资本主义**也**有机器的特征，这是一种局限于其各个部分简单加总的精巧装置。这台机器并不是我们生活其中的完整体系，但它会在各种生活安排中转译，将世界变成资产。但不是任何转译都能被资本主义所接受；它能接受的聚集不是开放性的。一支由技术人员和管理人员组成的队伍随时待命去清除违规的部分，而且他们拥有法院和枪支的力量。这并不意味着机器有一个静态形式。正如我在追溯日本与美国贸易关系史时所指出的那样，资本主义转译的新形式一直在不断形成。不确定的遭遇对塑造资本主义至关重要。然而，这并不是一种疯狂的、巨大的吐纳。有些承诺仍通过力量维持了下来。

这本书中，有两件事对我的思考尤其重要。首先，异化是解开缠绕的形式，允许形成资本主义资产。资本主义商品从它们的原生世界中被摘出，在后续投资中充当筹码。其中一种后果是无止境的需求；投资人想要的资产是无穷尽和不加节制的。也因此，异化使积累投资资本成为可能，这是我的第二点关注所在。积累是重要的，因为它将所有权转化为权力。那些拥有资本的人可以颠覆社区和生态系统。与此同时，由于资本主义是一种通约化（commensuration）的体系，资本主义价值的形式即使在巨大的差异回路中也会蓬勃发展。金钱变成了投资资本，可以滚出更多的金钱。资本主义是一种转译机器，它可以从各种各样人类的和非人类的谋生方式中产生资本。[2]

我对于区块和转译的思考受益于大量苗壮有力的学术研究，尤其是受到女性主义人类学的启发。女性主义学者已经证明阶级的形成也是文化的形成：这是我思考区块问题的起源。[3]他们还开创了跨异质景观交易学（transactions across heterogeneous landscapes），这正是我的转译思考的由来。[4]如果我要在对话中加入些什么，那就是吸引人们关注同时发生在资本主义内外的谋生方式。我不想把注意力集中在资本主义的想象上，诸如纪律严明的工人和精明的管理者，而是试图呈现出既利用又拒绝资本主义治理的不稳定生活的场景。这样的集合体告诉我们，尽管受到资本主义的损害，还是有一些东西留了下来。

大多数商品在到达消费者手中之前，都是在资本主义的结构中进进出出。想一下你的手机。在它的电路深处，你会发现由非洲矿工挖出的钶钽矿，其中一些矿工还是儿童，他们在没有考虑到工资或福利的情况下，爬进了黑暗的洞里。没有公司派遣他们去做这样的事，但因为内战、流离失所和环境恶化导致的其他生计的丧失，他们正在从事这项危险的工作。他们的工作很难被称为专家们所想象的资本主义劳动；然而他们的产品进入你的手机，这却是一种资本主义商品。[5]攫取式打捞积累，用它的转译公式，将工人们挖掘的矿石转化为明确的资本主义商业资产。那我的电脑呢？在它有用却短暂的生命结束之后（那时我肯定得用一个更新的类型），也许我会把它捐给一个慈善组织。这类电脑的下场会怎样？它们大概会被焚毁，取出内部有价值的零件，而确实会有孩子们按照打捞节奏，把它们捡回来区分出铜和其他金属。[6]商品往往在为生产其他商品的打捞操作过程中结束自己的生命，并通过攫取式打捞积累再次被资本主义回收。如果我们想让我们的"经济体系"理论对谋生方式产生哪怕一点作用，我们最好留心这种打捞节奏。

这是巨大的挑战。攫取式打捞积累揭示了一个差异的世界，在那里面，敌对的政策无法轻易为了团结而加入乌托邦式的计划。每一种谋生区块都有自己的历史和动态，并且没有动力去跨越不同区块间的观点，一起抒发对积累和权力暴行的愤怒。因为没有哪个区块是具有"代表性的"，因此也没有哪个团体的斗争可以单独颠覆资本主义。然而这不是政策的终点。集合体的多样性，能向我们展现稍后我会称之为"潜在的公有地"（latent commons）的现象，即为共同的原因动员起来的缠绕。

因为我们之间总是能合作，从而得以在其可能性中伺机行动。我们将需要一个具有多样性和不断变化的联盟力量的政治策略，而且不仅仅是为了人类自身而已。

进步的企业通过异化和规模化征服无限丰富的自然。如果自然变得有限，甚至脆弱，那就难怪企业家们会争先恐后地在物品耗尽之前竭力攫取，而环保主义者则拼了命地想要挽救这些剩余碎片、废物利用。本书的下一部分，便是要提供一种超越人类缠绕的另类政治。

难以捕捉的生命，俄勒冈州。
鹿和麋鹿的踪迹引领着
采摘者来到松茸的领地。
这里，缝隙标志着会有扎根深土
的蘑菇从地表冒出。
追踪意味着追随着世俗的纠葛。

插　曲

追　踪

　　蘑菇的踪迹难以捉摸，神秘莫测；为了找寻它们，我踏上了一段狂野的旅程，闯入了每一处边界。当我离开商业，进入达尔文多重生命形式的"缠绕的河岸"（entangled bank）时，事情变得更加离奇。[1] 在这里，我们熟知的生物学发生了颠覆。缠绕突破了类别，颠倒了身份。

　　蘑菇是真菌的子实体。真菌是多样而灵活的，它们生活在许多地方，从洋流到脚趾甲的方寸之地皆可生存。但是许多真菌生活在土壤里，它们像细丝一样的丝状体——被称为菌丝，散布到菌伞中，在泥土中缠结成菌绳。如果你能让土壤变成透明液体，而且走入地下，你会发现自己被真菌丝网所包围。跟着真菌进入这个地下世界，你会发现其间生活的奇特和多样的乐趣。[2]

许多人认为真菌是植物，但它们实际上更接近动物。真菌不会像植物那样从阳光中获取养分。像动物一样，真菌需要觅食。然而，真菌往往是慷慨的：它在摄入食物的时候也为他人打造世界。这是因为真菌是细胞外消化，会把消化酸排出体外，将食物分解成营养物质。这就好像它们有一个外翻的胃，是在体外而不是体内进行食物消化。然后，营养物质被吸收到它们的细胞中，使真菌体得以生长，也同时滋养了其他物种。有些植物之所在长在干燥的陆地上（而非在水中）的原因是，在地球的历史演化过程中，真菌已经消化了岩石，为植物提供营养。真菌（和细菌一起）创造了植物生长的土壤。同时真菌也消化木材；否则，朽木将永远堆积在森林里。真菌将它们分解成营养物质，这些营养物质可以被循环利用于创造新的生命。因此，真菌是世界的建设者，为自己和他者塑造环境。

一些真菌已经学会了与植物亲密共存，并且有足够的时间来适应一个地方的种间关系，大多数植物都与真菌发生了关联。"内生植物"（endophytic）和"内生菌根"（endomycorrhizal）真菌都生长于植物体内。这种真菌许多都没有子实体；它们在几百万年前就放弃了繁殖行为。大多数植物都因真菌而变得非常厚实，但除非用显微镜观察植物的内部，否则我们很可能永远不会看到里面的这些真菌。"外生菌根"（ectomycorrhizal）真菌则将自己包裹在根外部，同时进行细胞之间的渗透。世界上许多颇受欢迎的蘑菇，如牛肝菌、鸡油菌、松露，还有松茸，都是外生菌根植物联系产生的子实体。它们是如此美味，人类很难培植，因为它们与宿主树共同茁壮成长。它们只能通过种间关系而存在。

"菌根"（mycorrhiza）一词是由希腊词语"真菌"和"根"组成的；真菌和植物根系紧密地缠绕于菌根关系中。真菌和植物都不能在没有对方活动的情况下生长。从真菌的角度来看，它的目标是一顿美餐。这种真菌将其身体延伸到宿主的根部，在发生遭遇的过程中，通过特殊的界面结构摄取植物的碳水化合物。真菌依赖于这种食物，但它并不完全是自私的。真菌促进了植物生长。首先，它会让植物获得更多的水；其次，将真菌细胞外消化的营养物质提供给植物。植物通过菌根获得钙、氮、钾、磷和其他矿物质。根据研究人员莉莎·柯伦的研究观点，森林的出现唯一少不了的就是外生菌根真菌。[3] 通过依靠真菌合作，树木繁茂茁壮，形成了森林。

互惠互利并不会带来完美的和谐。有时真菌寄生在树根生命周期的某一个阶段。或者，如果植物有大量的营养，它可能会排斥真菌的寄生。没有植物合作者的菌根菌将会死亡。但是许多外生菌根菌并不局限于一种合作；真菌会在植物间发展出一个网络。在森林中，真菌不仅连接同一树种，还可能会同时联系着许多树种。如果你在森林里遮蔽住一棵树，剥夺了它的叶子和养分，它的菌根伙伴可能会从网络中的其他树木摄取碳水化合物为食。[4] 一些评论人士将菌根网络与互联网进行比较，并将其编写成"树维网"（woodwide web）。菌根是一项跨物种互联的基础设施，在整个森林中传递信息。它们也有高速公路系统的一些特点。土壤微生物因此得以在菌根互联的通道和联系中传播，否则这些微生物就只能停留在同一处地方。其中一些微生物对环境修复具有重要作用。[5] 菌根网络能帮助森林面对威胁时做出反应。

为什么真菌的世界建筑工作受到的赞赏如此之少？部分是因为人们不能冒险进入地下，对地下城的神奇构造一探究竟。但这也是因为一直到最近，许多人——尤其是科学家——还都把生命想象成物种间的繁衍。在这种世界观中，最重要的种间相互关系是捕食者–猎物关系，这种相互关系意味着相互消灭对方。共生关系是一种有趣的反常现象，但并非理解生命的必要条件。生命来自每一个物种的自我复制，独自面临着进化和环境的挑战。没有哪个物种需要另一个物种来延续它的生命力；它能自我生成。这种自我创造的高调旋律淹没了地下城的故事。为了恢复这些地下故事的面貌，我们可能要重新思考物种间的世界观，留意它已经开始改变的新证据。

当达尔文在 19 世纪提出物竞天择的演化论时，他对遗传可能性没有做任何解释。直到 1900 年孟德尔的遗传学研究兴起，才提出了一种自然选择能够产生影响的机制。在 20 世纪，生物学家将遗传学和演化论结合起来，创造了"现代综合论"（modern synthesis），这是一个关于物种如何通过遗传分化形成的强大故事。20 世纪早期发现的染色体，即携带遗传信息的细胞结构，使这个故事更易为人所知。染色体上的遗传单位，即是基因。在有性繁殖的脊椎动物中，发现了一种特殊的"生殖细胞"，用来保护产生下一代的染色体。（人类的精子和卵子就是生殖细胞。）身体其他部位的变化，即使是基因的改变，只要它们不影响生殖细胞的染色体，就不会遗传给后代。因此，该物种的自我复制将受到保护，免受生态遭遇和历史变迁的影响。只要生殖细胞不受影响，有机体就会自我改造，延续物种的连续性。

这是物种自我创造的故事核心：物种的繁殖是自足的、自我组织的、从历史中淘汰的。将之称为"现代综合论"是非常正确的，因为涉及现代性的问题，我在讨论规模化时有过此论述。自我复制的事物，本质是通过技术能力所能控制的模型：它们是现代的事物。它们彼此是可互换的，因为它们的可变性可由自我创造。因此，它们也是可规模化的。遗传特征在多重规模上被表现出来：细胞、器官、有机体、杂交个体的种群，还有物种本身。每一种规模都是自我封闭的基因遗传的另一种表达，因此可以整齐地嵌套并规模化。只要它们都表现出相同的特征，研究就可以在这些规模来回移动而毫无阻力。但在这种范式过度的情况下出现了一些必然的问题：当研究人员从字面上理解规模化时，他们创造了基因可以控制一切的新异故事。有人提出了犯罪和创造性的基因，在从染色体到社会界的规模之间自由移动。"自私的基因"负责进化，不需要任何合作者。在这些版本中，可规模化的生命在自我封闭和自我复制的现代性中捕获到的遗传基因，事实上，这就是马克斯·韦伯所谓的"铁笼"（iron cage）。

在 20 世纪 50 年代发现的 DNA 的稳定性和自我复制特

性，是现代综合论皇冠上的一颗宝石，同时也是它毁灭的开始。DNA 与相关蛋白质，是染色体的材料。它的双螺旋链化学结构是稳定的，而且令人惊讶的是，它能够精确地在新生成的链上进行复制。多么神奇的一个自我复制的模型！DNA 的复制令人着迷，它成了现代科学的标志；它需要复制结果，因此它的研究对象在反复的跨实验中是稳定的和可互换的，也就是说，它没有历史。DNA 复制的结果可以在每个生物规模（蛋白质、细胞、器官、有机体、种群、物种）中被追踪到。生物可规模化被赋予了一种机制，强化了完全现代生命的故事——一种由基因表达所控制并与历史隔绝的生命。

然而，DNA 研究已经把我们引向意想不到的方向。回顾一下演化发育生物学的轨迹。该领域是 DNA 革命中出现的众多领域之一；它研究了有机体发育中的基因突变和表达，以及这些对物种形成的影响。然而，在研究发展过程中，研究人员无法回避有机体与环境之间的接触史。他们与生态学家对话时，突然意识到他们有证据证明一种现代综合论没有预料到的演化类型。与现代正统理论相反，他们发现许多种环境效应可以通过多种机制传递给后代，其中一些因素会影响基因表达，其他因素则会影响突变频率或变种形式的显性优势。[6]

最让他们惊讶的一项发现是许多有机体只有通过与其他物种的相互作用才能发育。一只小小的夏威夷短尾乌贼，便是思考这个过程的典型案例。[7] 这种短尾乌贼因身上的发光器官而知名；它通过模拟月光，将自己的影子藏起来躲避捕食者。但是幼年乌贼的这个器官还没发育好，除非它们能接触到一种特定的细菌种类，即费希尔氏弧菌。乌贼不是生来就带有这些细菌的，它们必须在海水中遇到这种细菌。没有细菌，发光器官就永远不会发育。但也许你认为发光器官是多余的。那不妨再想想寄生蜂反颚茧蜂，雌性寄生蜂在没有沃尔巴克氏体属细菌的情况下完全无法产卵。[8] 同时，霾灰蝶的幼虫在不被蚁群带走的情况下无法生存。[9] 即使是我们骄傲的独立人类，从产道滑出时，最初也无法在缺失有益细菌的情况下消化食物。人体中 90% 的细胞都是细菌。没有它们我们无法存活。[10]

　　正如生物学家斯科特·吉尔伯特和他的同事所写的那样："几乎所有的发展都是共同发展（codevelopment）。共同发展，我们指的是一个物种的细胞有能力帮助另一个物种身体的正常建构。"[11] 这一观点改变了演化的单位。一些生物学家已经开始讨论"演化共生基因理论"（hologenome theory of evolution），指的是以有机体的复合体和它们的共生体作为演化单位，即共生功能体（holobiont）。[12] 例如，他们发现，特定的细菌和果蝇之间的联系会影响果蝇的交配选择，从而形塑一个新物种的发展之路。[13] 为了强调发展的重要性，吉尔伯特和他的同事使用了"共生协同发展"（symbiopoiesis）一词，即共生功能体的共同发展。这个术语与他们早期的发现形成了鲜明的对比；当时的焦点是将生命作为一种内部自我组织系统，通过"自我生成"（autopoiesis）而成形。他们写道："共生似乎是'规则'，而不是例外……自然可能是在选择'关系'，而不是选择个体或基因组。"[14]

　　种间关系把演化拉回历史，因为它们依赖于遭遇的偶然性。

它们不会形成一个内部自我复制的系统。相反，物种间的相遇始终是一次次不同的事件，是"发生了什么"，是历史的单位。事件可以导致相对稳定的情况，但不能以自我复制为单位的方式来计算；它们总是被偶然和时间所限定。历史扰乱了规模化，因为创造规模的唯一方式就是抑制改变与遭遇。如果无法压抑，就必须重新思考整个跨规模的关系。当英国的环保主义者试图拯救上述这只"大蓝蝶"（霾灰蝶）时，他们无法假设交配种群本身就能繁殖出这种物种，尽管根据现代综合论，种群是由基因决定的个体所形成的。他们也无法把蚂蚁排除在外，如果没有蚂蚁，霾灰蝶幼虫就无法生存。[15] 因此，霾灰蝶种群并不是蝴蝶DNA的规模化效应，而是种间遭遇的不可规模化的现场。这是现代综合论的一个问题，因为群体遗传学源自20世纪早期历史缺席的演化论核心。种群科学需要让位给一个新兴的多物种历史生态学吗？或许我所讨论的关注的艺术就是它的核心？[16]

将历史重新引入进化论思考的维度，已经在其他的生物尺度上展开了。细胞一度是可复制单位的象征，已变成在自由存活的细菌群落中共生的历史产物。[17] 甚至DNA氨基酸序列的历史也被证明比曾经人们的认知更为丰富。人类的DNA是病毒的一部分；病毒的遭遇标志着我们成为人类的历史时刻。[18] 基因组研究也已经接受了DNA制造过程中识别遭遇的挑战。种群科学再也不能回避历史了。[19]

真菌是理想的指南。真菌一直反抗着自我复制的铁笼。就像细菌一样，有些真菌是在非生殖接触中交换基因的〔（"水平基因转移"（horizontal gene transfer）]。许多人似乎也不愿意把他们的基因材料作为"个体"和"物种"来分类，更不用说是"种群"。当研究人员研究他们所认为是属于同一物种的子实体——昂贵的西藏冬虫夏草时，他们发现许多物种缠绕在一起。[20] 当他们研究蜜环菌根部腐坏的丝状体时，他们发现了遗传嵌合（genetic mosaics）现象混淆了个体识别情况。[21] 同时，真菌也因它们的共生附件闻名。地衣便是与藻类和蓝藻细菌共生的真菌。我一直在讨论真菌与植物的合作，但是真菌也可以和动物共栖。例如，白蚁在真菌的帮助下，才能消化它们的食物。白蚁能咀嚼木头，却无法消化它。取而代之的是，它们建造了"真菌花园"，在那里，咀嚼过的木材被蚁巢伞真菌消化，产生可食用的营养物质。研究人员斯科特·特纳指出，虽然你可能会说白蚁种植了真菌，但你也同样可以说，这种真菌养殖了白蚁。蚁巢伞真菌利用白蚁丘的环境战胜了其他真菌；与此同时，真菌也在调节着蚁丘，使其保持开放，并通过每年吐出蘑菇，在白蚁丘的建筑中制造保护种群栖息地的干扰活动。[22]

我们的隐喻性语言（如，这里的白蚁"养殖"）有时会妨碍我们，有时也会产生意想不到的见解。谈论共生关系时，最常见的比喻之一就是"外包"（outsourcing）。你可能会说，白蚁会把消化系统外包给真菌，或者真菌将食物收集和生态位建造外包给白蚁。将生物过程与当代商业规划进行比较会出现很多错误，事实上，种类太过繁复，无法一一对应。但也许这里有一个新的观点值得一说，就像在资本主义的供应链中一样，这些链条是不可规模化的。它们的成分不能被简化为自我复制的可互换对象，无论是公司还是物种。相反，它们需要关注维持着链条的遭遇史。进行自然历史描述，而不是数学建模，是我们必要的第一步——对经济学来说亦如是。迫切的好奇心正在召唤我们。也许一位人类学家，在为数不多、重视观察和描述的科学中接受的训练，可以发挥作用。

活跃的景观，云南。
活跃的景观是谜题，
颠覆了我们所知道的自然。
此处，松茸，橡树，山羊，人类；
为何松茸得以在这些关系中
繁荣生长？

Ⅲ

第三部分｜受干扰的开始：
无心的设计

当加藤先生自我介绍，说他为州政府森林研究服务局工作，致力于复育森林时，我感到震惊。作为对荒野保持着敏感的美国人，我认为森林最好是自我恢复。加藤先生并不认同，他解释说："如果你想在日本找到松茸，你一定要有松树，如果你想要松树，你一定要有人为干扰。"他指给我看他正在监督的那些把阔叶树从山坡上移除的工作——连表层土也被运走了。在我看来，陡峭的山坡看起来伤痕累累、一片荒芜。"若有侵蚀怎么办？"我问道。"侵蚀是好事。"他回答。现在我真的很吃惊。侵蚀和土壤流失难道不是坏事吗？尽管如此，我还是洗耳恭听：松树能在矿物土壤上生长，侵蚀可以使这些土壤不被遮蔽。

与日本森林管理者的合作改变了我对森林中干扰作用的看法。刻意干扰森林以恢复森林的方式让我诧异。加藤先生不是在种植花园，他希望森林可以自行生长，但是他想通过制造一种混乱来帮助它：这是一种让松树受益的混乱。

加藤先生的工作涉及一项备受欢迎的、关乎科学的事业：复育里山（satoyama）的林地。里山是日本传统的农村景观，将水稻农业、水资源管理与林地相结合。林地作为里山的核心理念一度被破坏，因此需要通过将其用于木柴、木炭制造以及非木材林产品来维持。今天，里山林地最有价值的产品是松茸。为松茸复育林地刺激了其他生物的另一套生活系统：松树和橡树、林下叶层的草本植物、昆虫、鸟类。生态复育需要干扰——但是，这是为了提高生态系统的多样性和健康的功能而进行的干扰。倡导者认为，某些种类的生态系统会随着人类活动而蓬勃发展。

世界各地的生态复育计划都利用人类的行动来重新安排自然景观。对我来说，里山复兴的与众不同之处在于，它的理念提倡人类活动应该与非人类活动一样，成为森林的一部分。在这个计划中，人类、松树、松茸和其他物种都应当共同参与景观建造。一位日本科学家解释说，松茸是"无心插柳"的结果，因为人类的干扰使得松茸更有可能出现，虽然人类无法自行培植松茸。事实上，人们会说松树、松茸和人类都在无意中相互培育。他们让彼此的世界创造计划成为可能。这个成语让我想到，景观更普遍是无心设计（unintentional design）的产物，是由许多的能动者，包括人类和非人类，从事的相互重叠的世界创造活动。这个设计在景观生态系统中相当明显，但没有一个能动者事先能够策划出这种效果。人类和他者一同创造了无心设计的景观。

景观作为超越人类戏剧的现场，是一种让人类彻底远离傲慢的工具。景观并非历史动态的背景：它们本身就是活跃的。观察正在形成中的景观，可以看出人类与其他生物在塑造世界中携手共进。松茸和松树不只是在森林里成长，它们也让森林成长。松茸森林是建造和改造景观的聚集地。本书这一部分以干扰开启——我把干扰作为一个起点，亦是行动的开端。干扰重新调整了变革性遭遇的可能性。景观区块自干扰中出现。因此，在人类社会中，不稳定性是在超越人类社会性的基础上发生的。

活跃的景观，京都府。

十二月的里山森林。

有时森林的生命力在冲破障碍后，

最为明显。

农民砍伐；

冬日酷寒；

生命仍盎然。

11

林中生命

徜徉林间——即使是一片受损的森林——人们也会被其中丰富的生命所吸引：古老与新生；脚下与天边。但是，如何讲述森林中的生命呢？我们可以从寻找人类活动之外的剧本和冒险开始。然而，我们还不习惯一个故事里没有人类英雄。这是本章要讲述的谜题。在这个人类只是参与者之一的冒险故事中，我能把景观作为主角吗？

在过去的几十年里，许多学者已经指出，只允许人类作为主人公进入我们的故事，不仅仅是普通的人类偏见，还是一个与现代化进步梦想捆绑在一起的文化议程。[1] 但还有其他创造世界的方式：例如，为了谋生的猎人如何认定其他生物是"角色"，也就是故事的主人公，人类学家对此很感兴趣。[2] 的确，不然我们该怎么发想呢？然而，对进步的期望阻碍了这种洞察：会说话的动物只属于儿童和原始人的世界。动物们沉默无声，我们想象的幸福里没有它们的存在。我们为了进步，肆意践踏它们；我们忘记了合作生存需要跨物种的协调。为了扩大可能性，我们需要其他类型的故事——包括景观的冒险。[3]

我们可以从一个线虫和一个宜居性的论点跨出第一步。

"叫我松材线虫。我是一个微小的、蠕虫一样的生物，属于线虫动物门，我的大半生都忙着咀嚼松树的内部。但是我们这一家族也像任何航行在七大洋上的捕鲸船一样周游四方。跟着我，我会告诉你一些奇幻的旅程。"

但是等等，谁会想从一只虫子口中听到这个世界？这实际上是雅各布·冯·乌克斯库尔（Jakob von Uexküll）在1934年提出的问题，当时他描述了一个蜱虫所经历的世界。[4] 利用蜱虫的感官能力，比如它能探测到哺乳动物的热度，从而检测出潜在的血量，乌克斯库尔证明了蜱虫能够了解并创造世界。他的方法是将景观代入生命，作为感官活动的场景；生物不会被当作惰性的客体，而是作为具有认知的主体。

然而，乌克斯库尔关于能供性（affordances）的想法，将蜱虫限制在了自身少数感官的泡沫世界。囿于狭小的时空框架中，蜱虫并不是一个具有更开阔的节奏和景观历史的参与者。[5]这是不够的——松材线虫的旅程证明了这一点。想象一下最丰富多彩的情况：

没有松墨天牛的帮助，松材线虫无法从一棵树移动到另一棵，而松墨天牛携带它们并不会给自己带来好处。在线虫生命的某个特定阶段，它可能会像一个偷渡客一样利用甲虫的旅程，快速移动到一个区域。但这并非一个偶然的交易。线虫必须在甲虫生命周期的特定阶段接近它，即当甲虫即将从它们的松树蛀洞中出现，然后移动到新的树木的那些时刻。线虫寄居在甲虫的气管里；当甲虫移动到一棵新的树下产卵时，线虫就会滑入新树的伤口。这是一项非凡的协作壮举，线虫完美利用了甲虫的生命节奏。[6]为了让自己沉浸在这样的协调网络中，乌克斯库尔的泡沫世界是不够的。

尽管我们在线虫的旅程上逗留，但我并没有忘记松茸。日本松茸目前稀少的一个主要原因，就是线虫的习性导致了松树的消亡。正如捕鲸者捕捉鲸鱼一样，松材线虫也捕捉松树并杀死它们和它们的真菌同伴。尽管如此，线虫并不总是以这种方式谋生。就像捕鲸者和鲸鱼一样，线虫只有通过偶然发生的环境和历史事件才成为松树杀手。它们进入日本历史的旅程，与它们编织的协调网络一样非同寻常。

对美国松树而言，松材线虫并非特别的虫害，它们与美国松树一起进化。这些线虫只有在前往亚洲的时候才成为松树杀手，那里的松树对它们没有防疫，非常脆弱。神奇的是，生态学家相当精准地追踪到了这个过程。第一批线虫于20世纪头十年，随着美国松树，在长崎港登陆。[7] 木材对当时正进行工业化的日本非常重要，日本的精英们渴望获取来自世界各地的资源。许多不速之客便随着这些原料入境，包括松材线虫。抵达后不久，它就和当地的松墨天牛结伴同行；它的移动路线可以追溯到长崎。就这样，当地的甲虫和外来的线虫共同改变了日本的森林景观。

尽管如此，遭到线虫感染的松树如果生活在良好的环境中，不一定会病死，但这种不确定的威胁很可能会使松茸成为附带的受害者。由于森林拥挤，光线缺乏，土壤过于肥沃，受到这种环境压迫的松树很容易成为线虫的猎物。常绿阔叶林压迫并遮盖了日本的松树。蓝变菌有时会生长在松树的伤口上，成为线虫的食物。[8] 人类纪的气候变得越来越暖，也有助于线虫的传播。[9] 许多历史汇集于此；将我们拉出了泡沫世界，进入协作与复杂交织的变动层次。线虫的生存——它攻击的松树和试图拯救松树的真菌——皆在不稳定的集合体中彼此磨合，这可以视为它们新机遇的出现。日本的松茸卷入了这场历史的斗争：它的命运就取决于松材线虫所谓乌氏敏捷性（Uexküllian agilities）的强弱程度。

从线虫的旅程来追踪松茸，引导我回到景观的冒险问题上，而且这次我有详细的论证。首先，如果想知道什么地方适合生存，我们应该研究的是复调式的集合体，各种生存方式的聚集，而非将我们的分析一次局限于一个生物（包括人类），或者甚至是一种关系。集合体是宜居性的表现。松茸的故事将我们引入松树和线虫的故事；它们在相互协调之际，同时创造——或摧毁——适合彼此的生存环境。

其次，物种的特定敏捷性是在集合体的协调中磨合出来的。

乌克斯库尔带领我们步入正确的轨道，注意到即使是卑微的生物也能够参与创造世界。为了扩展他的见解，我们必须遵循多元物种的相互作用，当中每种有机体都会自成一体参与协调。没有松茸森林的节奏，松茸将一无所是。

最后，协调的出现和消失都取决于历史变化的偶然事件。日本松茸和松树能否继续并存，很大程度上取决于松材线虫的到来所引发的其他合作。

如果要将这些整合在一起，不妨回顾一下第 1 章中提及的复调音乐。有别于摇滚、流行音乐或古典音乐的统一和声及节奏，欣赏复调音乐必须同时聆听不同的旋律线，并注意到它们在和谐或不和谐时意外相逢的片刻。通过这种方式来欣赏集合体，你必须关注它们各自不同的存在方式，同时观察它们如何先零散、之后却协调地聚成一体。此外，与一段可以不断重复的音乐的可预测性相比，作为集合体的复调随着条件的变化而变化。这是本书这一部分试图传达的"听力练习"。

通过以景观为基础的集合体作为研究对象，我们有可能关注许多有机体行动间的相互作用。我不局限于追踪人类及其盟友的关系，就像大多数动物研究一样。有机体不需要显示它们对等人类的功能（作为有意识的能动者、有意图的传播者，或伦理主体）才能作数。如果我们对宜居性、无常和突发意外感兴趣的话，我们就应该关注景观集合体的行动。集合体可以发生组合、改变、解散：这就是故事本身。

　　景观的故事若要讲述清楚，容易又不容易。有时它会让读者感到昏昏欲睡，觉得自己毫无所获——这是我们在概念与故事间建立起一道失败之墙的结果。例如，我们可以从环境史和科学研究之间的鸿沟看到这个结果。科学研究者们因为不习惯通过故事来理解概念，因此并不关心环境史。想想斯蒂芬·派恩（Stephen Pyne）关于火灾创造景观的优秀研究；因为他的概念植根于历史研究，科学家们反而对他有关地球化学能动性（geochemical agency）的激进观点并不重视。[10] 宝琳·彼得斯（Pauline Peters）针对英国圈地制度的逻辑如何应用于博茨瓦纳的草原管理范畴，提出了尖锐分析，或者凯特·肖维尔（Kate Showers）在莱索托对侵蚀控制课题有惊人发现——应该会彻底改变我们对常规科学的看法，但事实并非如此。[11] 对此类研究的排斥，使科学研究变得枯竭，变成鼓励在具体空间中玩弄概念。理论家们在概括出普世原则后，期待其他人会填充这些细节，但"填充"从来都不是那么简单。这种知识工具就在概念和故事之间架起高墙，因此，坦白说，使得科研学者们原本有意提炼的敏感意义也逐渐消失。在接下来的内容中，我将向读者提出挑战，希望你们注意到我所呈现的景观历史中的概念和方法。

　　讲述景观的故事先得了解景观上的居民，不论是人类还是非人类。这并非易事，因此我必须用上所有能想到的知识实践，包括我们的内省、神话和传说、谋生实践、档案文献、科学报告和实验。但是，这个大杂烩引发了怀疑——尤其是当我向人类学家盟友们求救，希望找到不同版本的世界创造计划时。对许多文化人类学家而言，科学最好被看作稻草人，转而去探索它的另一种可能，比如探索原住民的实践。[12] 将科学和民俗形式的证据混合在一起，会引发向科学低头的谴责。然而，这种情况假设了一种完全统一的科学的存在，它将所有的实践都分解成一个个单一的程序。相反，我提供的故事，是通过分层的、不同的认知和存在实践共同构建的。如果构成元素互相冲突，也只会使这些故事的效果更加突出。

我所主张的实践方式的核心，是民族志和自然历史的艺术。我倡导的新联盟是基于对观察和田野调查的保证——我所谓的关注。[13] 受人类干扰的景观是人文主义者和自然主义者最理想的关注空间。我们需要了解人类在这些地方所产生的历史，**以及非人类参与者的历史**。里山复育的倡议者正是非比寻常的导师；他们让我重新认知了作为协调和历史的"干扰"的含义。他们让我看见，干扰是如何开启森林的生命故事的。[14]

干扰是导致生态系统发生显著变化的环境条件的改变。洪水和火灾是一种干扰形式；人类和其他生物也是引发干扰的原因之一。干扰既可以更新生态系统，也可以摧毁它们。干扰的严重程度取决于许多因素，包括规模。有些干扰规模不大：一棵倒下的树，会为森林带来一道光；有些则会产生巨大影响：如一场海啸袭击了核电站。时间尺度也很重要：短期的损害之后随之带来旺盛的再生。干扰为具有变化性的遭遇开疆辟土，使新的景观集合体有机会出现其中。[15]

不习惯思考"干扰"的人文主义者，常常把这个词与"损害"联系起来；但生态学家所使用的干扰并不总是负面的，也并不一定是人为造成的。人类的干扰并非唯一能够激发生态关系的能力。此外，如果从头说起，干扰一向与万物并存：这个词无意要人思考干扰发生前的和谐状态。干扰始终追随着其他干扰，因此所有景观总是受到干扰的；干扰是常态。但这并不会限制这个词的含义。提出干扰的问题不会中断讨论，反而为我们打开探讨景观动态的大门。干扰能否被承受，是由随之会发生什么来决定的，即集合体的重组。

在干扰成为生态学的关键概念之际，恰好人文和社科学者开始担忧不稳定性和变化。[16] 在二战后，人文主义者／自然主义者双方从热衷于自我调整系统——一种介于进步中的稳定形式，转而担忧不稳定性。在20世纪五六十年代，生态系统平衡的观点似乎很有前途；通过自然演替，生态形态被认为达到了相对稳定的平衡点。然而，到七十年代，人们的注意力转向了导致景观异质性的破坏和变化。人文主义者和社会科学家开始担心历史、不平等和冲突等变革性的遭遇。如今回顾过去，学术潮流中这种协调的变化，可能就是对我们共同陷入不稳定性的早期预警。

"干扰"作为一项分析工具，需要意识到观察者的视角——正如所有社会理论中最好的工具一样。定义何为干扰，总是观点的问题。从人类的角度看，破坏蚁丘与摧毁人类城市的两种干扰大相径庭。从蚂蚁的角度看，代价也不一样。就算在同一物种里也会出现不同的观点。罗莎琳德·肖（Rosalind Shaw）的研究细致地展示了在孟加拉国，男人和女人、城市和乡村、富人和穷人不同的分组对"洪灾"的认知概念是不同的，这取决于他们受水位上升影响的程度大小。在不同人的观点中，水位上升的程度超出自己的承受度，就变成了洪灾。[17] 单一的评估干扰的标准是不存在的：干扰与我们如何生活休戚相关。这意味着我们需要关注那些干扰评估：干扰从来不是"是"与"非"的问题；干扰指涉一种开放的、不定的现状。过度划分的界线在哪里？干扰总是与视角相关，从而也是基于生活方式阐发的问题。

由于干扰一词已经牵涉视角的关注，所以我不再解释在使用这个概念时有何独特于其他地方之处。我从日本的森林管理者和科学家那里学到了这种分层的用法，他们在使用概念时不断地拓展欧洲和美国传统用法的外延。干扰是一项很好的工具，可借此对我所说的全球与地方、专家与民俗的知识展开多种多样的分层。

干扰带领我们进入异质性，而这正是捕捉景观的关键透镜。干扰创造了区块，每一块皆由多元的结合事态所形塑。这些事态可以是由无生命（比如，洪灾和火灾），或生物引发的干扰产生。当有机体产生代际生活空间时，它们也重新设计了环境。生物学家称有机体为自身创造环境的效应为"生态系统工程"（ecosystems engineering）。[18] 树会盘根于巨石，以抵御洪流；蚯蚓可以肥沃土壤。每一处都是生态系统工程的案例。如果我们观察众多生态系统工程行为间的互动，会发现各种模式出现，组织成集合体：这些都是无心的设计。这也是生物和非生物生态系统工程的总和——刻意与无心，有利与有害，或无关紧要的——同在一个区块里。

　　物种也并非总是讲述森林生命的准确单位。"多元物种"这一术语仅是超越人类例外论的代替词。有时，个体的有机体会进行激烈的干预，也有时，更大型的单位更有可能向我们展现历史的行动。我在橡树、松树和松茸身上就发现了这种情况。橡树很容易进行异种繁殖，这一可以跨物种界限产生丰硕结果的树种，使我们对物种产生了混淆。然而一个人使用什么单位取决于他想讲述什么样的故事。为了讲述松茸森林在大陆漂移和冰川作用下形成和消解的故事，我需要将具有奇妙多样性的"松树"作为故事的主角。松属植物是最常见的松茸宿主。谈到橡树时，我会延伸得更广泛，包含了石栎属（如北美石栎）、锥栎属（如北美矮栗树），以及栎属植物（如橡树）。这些关系亲近的属种是松茸最常见的阔叶寄主。因此，我的橡树、松树和松茸在它们的群体中并不相同；它们就像人类一样，在离散中传播并改变自己的故事线。[19] 这有助于我在集合体的故事中注意到行动。我关注它们的扩散，关注它们所创造的世界。我的橡树、松树和松茸，不是因为它们属于特定的类型而形成集合体，而是在集合体中自成一体。[20]

　　带着这种想法，我调研了四个地点的松茸森林：日本中部、俄勒冈州（美国）、云南（中国西南部），以及拉普兰（芬兰北部）。我在里山复育中小小的沉浸体验有助于我观察到，每一处的林业工作者都有不同的方式来"处理"（doing）森林。不同于里山，美国和中国的松茸管理并不将人类视为森林集合体的一部分；令那里的管理者们备感焦虑的是人为干扰过多，而非太少。相比里山的工作，其他地方的林业管理是以合理的进步尺度作为标准来衡量的：森林能否成为科学和工业生产力的未来？与众不同的是，日本里山的目标是宜居的此地此刻。[21]

　　然而，比形成对照更要紧的是，我更希望在人类、松茸和松树共创的森林中发现历史。我研究这些重要事态，是要提出至今未解的研究问题，而不是制造障碍。我以不同的方式在同一片森林中寻找，每一种方式都受到其他方式的影响。接下来的四章中，我将通过讨论松树，探讨这种同时发生、既单一又多重的形成过程，每章将会阐明生命是如何通过干扰而彼此协调，然后顺势发展的。随着各种生活方式的一起出现，以区块为基础的集合体就此形成。我要说明的集合体，是将宜居性——在一个受到人类干扰的地球上众生共存的可能性，作为考量的场景。

　　不稳定性的生存总是一场冒险。

萌生群松间……

活跃的景观，拉普兰。
当他们看到我在松树间
拍摄的驯鹿照片时
我的东道主为林间地面的狼藉抱歉。
这片森林最近被疏伐过，他们说，
没人有时间去捡树枝。
通过清理，森林逐渐变得像种植园。
管理者们期望着历史可以停滞。

12

历　史

　　我第一次看到芬兰北部的松林是在九月。那时我正搭乘从赫尔辛基出发的晚班列车，经过素有圣诞老人家乡之称的北极圈，穿过范围越来越小的桦树林，终于发现自己置身于一片松林。我很惊讶。我曾想象，自然森林里挤满了各种高挺的树木，不同的种类与树龄混杂在一起。但这里所有的树都似乎一样：同一种类，同一树龄，整齐均匀地分布着，看起来就是一个工业化的树木种植园。"啊，界限是如何被模糊的？"我心想。这就是现代规训，不论是针对自然还是人工的范畴。与此形成鲜明对比的是，在俄罗斯边境附近，人们告诉我，一旦越过边境，那里的森林就杂乱无章。我问到底乱到什么程度，他们告诉我那里的树长得横七竖八，枯木遍地，一片狼藉，无人清理。芬兰的森林非常整洁，连青苔都被驯鹿啃食得一干二净。俄罗斯那边，人们说，缠绕成团的青苔能长到和你的膝盖同高。

界限模糊了。芬兰北部的自然森林看起来更像工业化树木种植园。这些树已经成为一种现代资源，而管理资源的方式就是令其自主的历史活动停滞。一旦树木创造历史，就会威胁工业治理。清理森林是阻止这段历史的一部分。但是，从什么时候开始，树木创造了历史呢？

"历史"既是一种人类故事的叙述实践，也是一套我们编入故事中的过往岁月。按照惯例，历史学家只关注人类的剩余物，如档案和日记，但没有理由阻止我们去注意非人类的轨迹和痕迹，因为这些都会对我们的共同景观产生作用。这些痕迹说明了在偶发事态和关键事态中发生的跨物种缠绕，这是"历史"时间的组成元素。要参与这样的缠绕，你不必只靠一种方式创造历史。[1]不管其他有机体会不会"讲故事"，它们都对我们所理解的历史的重叠轨迹和痕迹做出了贡献。[2]因此，历史是世界创造的众多轨迹的记录，无论那是人类还是非人类所为。

然而现代林业是建立在树木减少的基础上的——特别是松树，以实现自足、等值、不变的目的。[3]现代林业管理将松树视为一种潜在的、恒定不变的资源，是木材可持续产量的来源；目标是将松树从它们不确定的遭遇中移除，以消除松树创造历史的能力。现代林业让我们忘记树木是历史的行动者。我们如何才能消除现代资源管理带来的盲目，重新感受对森林生命来说至关重要的活力？

　　接下来我会提供两种计划。第一，深入研究不同的时间和地点里松树的能力，它们用自己的存在改变场景，并转变其他事物的轨迹，即创造历史的能力。在这里，我的指南是一本厚重的书，厚重到当它从你的自行车上滑落时会发出巨响，并阻碍交通。这本书就是大卫·理查德森编辑的《松属植物的生态学与生态地理学》（*Ecology and Biogeographyof Pinus*）。[4] 虽然它的重量和保守的标题让人望而生畏，但它实际是一个冒险故事。作者们为松属植物赋予了多样性和敏捷性，使它跨越时空，变成生动的主体，一个历史的主人公。这种启发使我确信所有的松属植物都应该是我的研究主体，而不是某种特定的松树。追随着松树经历各种挑战，正是一种历史的形式。

　　第二，我要回到芬兰北部，继续研究松树的种间遭遇，了解这些因参与了工业化林业而成为建筑师的集合体。工业化林业回归潮流，但是，它的兴旺也加剧了使历史停滞的机会。我在松茸的帮助下讲述这个故事，因为，如果没有林务人员的努力，松茸也会帮助松树存活下来。松树只在遭遇中蓬勃生长。现代林业经营虽然可以控制松树生长史的某个时刻，但它不能阻止基于遭遇的、时间的不确定性。

　　如果你想被植物的历史力量打动，从松树开始是不错的选择。松树是地球上最活跃的树种之一。如果你在森林里铲平一条路，松树的幼苗很可能会在这条路两边的路肩上冒出来；如果你想要放弃一块地，松树会是你的第一批殖民者，在该土地上扎根生长。无论火山爆发，冰川移动，还是风卷浪沙，松树可能是首先找到立足点的生命之一。在人类可以运输万物之前，松树仅在北半球可见。人们将松树运往南半球的种植园中种植，但松树的生长却跳脱出种植园的篱笆，延伸到四周景观中。[5] 在澳大利亚，松树已经成为一种主要的火灾隐患。在南非，它们威胁到当地罕见的高山硬叶灌木凡波斯（fynbos）植被。在开阔和受到干扰的景观中，很难不让松树肆意生长。

松树需要阳光。它们在开阔之地可能成为积极的入侵者，但在阴影下却偃旗息鼓。此外，在一般认为最适宜植物的生长环境，如丰沃的土壤、合适的湿度、温暖的温度的条件下，松树反而缺乏竞争力。在那里，松树的秧苗输给了阔叶树——因其秧苗生长出的宽叶而得名，这些宽阔的叶子把松树遮蔽了。[6] 因此，松树已经成为在恶劣环境下生存的专家。它们可以生长在极端环境中，如严寒高地、寸草不生的沙漠和沙石陡壁间。

松树也会随着火灾出现。火灾淬炼出它们的多样性，有很多种类的松树能够适应火灾。有些松树需要经历"生草阶段"（grass stage）；几年时间里长得看起来杂草丛生，而它们的根部系统却变得强壮有力，然后只管疯狂生长，直到它们的幼芽强大到在即将到来的火焰中浴火而生。有些松树会长出足够厚度的树皮和高耸的树冠，确保即使周围熊熊燃烧自己也不会留下疤痕。有些松树像火柴一样易燃，但是有办法确保它们的种子在烧焦的土地上率先发芽。有些种子多年存储在松树球果内部，只有遇火时才会打开：这些种子将会抢先落入灰烬。[7]

松树因着菌根真菌的帮助，得以生长在极端环境中。在5000万年前的化石中，研究者发现了松树和真菌根部之间的联系；松树随着真菌一同进化。[8]在没有有机土壤的地方，真菌从岩石和沙子中吸收养分，确保松树的生长。除了提供营养之外，菌根还能保护松树免受有害金属和其他如切根虫、真菌的侵害。作为回报，松树也支持着菌根真菌的生长。甚至连松根的结构也与真菌有关——松树伸出"短根"（short roots）供菌根菌群聚集。如果短根没有遇到真菌，就会停止生长（相比之下，真菌至少不覆盖结构上不同的、专门用来探索的长根末端）。松树在受干扰的景观上遍地生长，得益于菌根伙伴的结合，因而创造了历史。

除了真菌，松树也与动物结盟。有些松树完全依赖鸟类为它们散播种子，就像有些鸟类完全依赖松树种子作为食物一样。在北半球，松鸡、乌鸦、喜鹊和星鸦都与松树关系紧密。有时这种关系是特定的：高海拔的白皮松种子是克拉克星鸦的主要食物；反过来，那些没被星鸦撬开吃掉的种子贮藏，则是松树散播种子的唯一途径。[9]像花栗鼠和松鼠这样的小型哺乳动物存储种子的习性也在种子传播方面发挥了重要作用，即使是对那些依靠风力播种的松树而言也是如此。[10]但是，没有比人类更善于广泛传播松树种子的哺乳动物了。

人类以两种不同的方式传播松树：一是直接种植，二是制造出各种让它们生根的干扰。后者一般是在无意间发生的；松树就像人类不经意间做的一些乱七八糟的事情。松树在荒弃的田野和被侵蚀的山坡上开疆辟土。当人类采伐其他树木时，松树趁虚而入。有时种植和干扰两种方式是同时发生的：人们种植松树来调节他们造成的干扰；或者让环境保持在极度受干扰的状态，从而给松树创造优势条件。后一种选择是工业种植者的策略，不管他们是人工刻意种植，还是仅仅管理自我播种的松树：皆伐和翻松土壤恰好都是有利于松树生长的手法。

在一些最极端的环境中，松树需要的不是任何真菌伙伴，而是松茸。松茸分泌出强酸，分解岩石和沙土，释放营养物质促进松树和真菌的共同生长。[11] 在松茸和松树共存的极端环境中，很难发现其他真菌。除此之外，松茸还形成了一层密实的真菌细丝垫，阻隔其他真菌和众多土壤细菌。科学家们跟着日本的农民们一起把这个叫作"城毯"（matshiro），好比一座"城堡"，让我们能想象松茸城堡般的防御和守护功能。[12] 它的防御也是进攻，因为这种"城毯"具有防水性，可以让真菌将分解岩石时所需的酸性物质集中起来。[13] 松茸和松树的联盟把石头变成食物，占据那些缺乏有机土壤的地方，顽强生长。

然而，在正常情况下，随着时间的推移，有机土壤会随着植物和动物的生长和死亡累积起来。死亡的有机体腐烂，化成有机土壤，转而成为孕育新生命的土地。在缺乏有机土壤的地方，这种生死循环被一些偶然的活动打破了；这些活动代表了不可逆转的时间，也就是历史。通过开拓受干扰的景观之地，松茸和松树共同创造出历史，也为我们展示历史创造如何超越人类的力所能及。同时，人类也制造出大量的森林干扰。就这样，松茸、松树和人类共同塑造了这些景观的发展轨迹。

　　进入世界贸易的松茸，大多来自以下两种人为干扰的景观。第一，有工业用松树及其他针叶树的木材生产林地；第二，在农耕景观之地，农民们砍伐了阔叶树，有时甚至会完全剥蚀山坡，使松树处境更优。在农耕森林里，松树经常和橡树及橡树属植物一同生长，其中的某些树种也是松茸的宿主。这一章继续谈谈工业森林，里面的松树在没有其他树木的情况下独自生长；这里的历史创造涉及资本主义林业生产所有的设置条件，不只是财产，还有伐木业的兴衰、劳动力，以及包括防治火情的国家管理机构。下一章则会进入农耕森林，谈谈松树与橡树之间的相互作用。这两者即将展示由人类、植物和真菌共同谱写的历史篇章。

　　人类和松树（以及它们的菌根同盟）在芬兰有着同样悠久的历史：大约在 9000 年前冰川消融时，人类和松树开始在此地出现。[14] 从人类的角度来看，那是很久以前的事了，几乎不值得铭记。然而，从森林的角度来看，冰河时代结束以来的时间线仍然短暂。从这种观点冲突中，我们看到了森林管理的矛盾：芬兰的林务人员已开始将森林视为稳定的、周期性的和可再生的，但森林实际是无止境的和历史性的。

　　桦树是冰川撤退后第一个抵达的树种，而松树紧随其后。松树和它的真菌伙伴知道如何处理冰川留下的成堆岩石和沙土。不过此时只有一种松树，苏格兰松来到了这里，这是一种带着短而尖的针叶和红棕色树皮的欧洲赤松。在桦树和松树之后，三三两两地出现了其他阔叶树，但在遥远的北方大多数都无法生存。最后姗姗来迟的是挪威云杉。对于我们这些习惯于温带或热带森林的人来说，这个树种非常稀少。构成拉普兰森林的树木种类中，居然只有一种松树，一种云杉，还有两种桦树。[15]这就是全部了。从物种稀少这一现象来看，冰川期似乎离我们如此之近。其他树种还未出现，这片森林似乎注定要成为一个工业化的单一作物：许多森林在被人类管理之前就只有单一树种存活。

然而，芬兰人并不看重森林树种的同一性。20 世纪初，火耕（基于燃烧后的移栽，即割除和烧掉植被后开垦的临时性农田）是一种常见的做法。通过这种做法，农民将森林化为灰烬，种植了农作物。[16]火耕造就了牧场和树龄不均匀的阔叶灌木林；它激发了森林的异质性。这种不均匀的农耕森林是 19 世纪自然主义流派艺术家们喜爱的一种形式。[17]与此同时，大量松树被砍伐下来制造焦油，以供海洋资本主义从世界各地搜罗产品。[18]一个芬兰林业微观管理的故事，不必从持续长久的森林形态说起，而可以从一群 19 世纪新兴专家们的焦虑开始。1858 年的一份德国林业报告，满纸都是挑衅滋事的内容：

> 对于破坏森林，芬兰人已经变成内行，如今森林更因他们粗心而不节制的放牧、火耕做法和破坏性的森林火灾而恶化。换句话说，这三种手段的主要目的就是破坏森林。[19]……芬兰人源自森林且生长其中，但出于愚蠢和贪婪，就像童话故事里的老妇人一样，他们杀死了会下金蛋的鹅。[20]

1866 年, 一项全面的林业法通过, 芬兰的森林管理自此开始。[21]

然而, 直到二战之后, 芬兰才成为现代造林学的广阔天地。芬兰人因两项进展把全部注意力都转移到了木材上。第一, 战争结束后, 芬兰将卡累利阿 (Karelia) 割让, 超过四十万的卡累利阿人从苏联边境来到这里。他们需要住房和便利设施, 于是政府通过修建道路、开放森林来解决这些问题。这些道路同时也通向了新地区的伐木商机。第二, 芬兰同意向苏联提供三亿美元用于战争赔款。木材似乎成为筹集资金的方式, 并大幅推动了芬兰的战后经济。[22] 虽然大公司参与了林地经营, 但芬兰的大部分森林仍然是由小农场主所有; 而民众对于把木材化为典型芬兰产品的心愿, 也将科学林业推举成全国性的事业。林业协会开始受到国家标准的约束。[23] 这些标准将森林奉为可再生木材的持续循环——一种静态的、可持续的资源。历史的创造是为人类而进行, 也只为人类进行。

然而, 要如何阻止森林自行发展? 不妨想想松树。由于真菌能调动更多的养分, 而且有机物在持续积累, 北方的土壤变得很结实, 有时会吸足水分。云杉通常会长在松树下, 随着松树寿命的结束, 它们会成功替代松树的存在。森林管理部门已决定阻止这一进程。首先, 会有一场皆伐, 也就是林业工作者所称的"同龄管理"。在芬兰, 皆伐的目的是模仿北方森林在人类干扰之前, 大约每个世纪都会发生的大火。大火会燃尽整个树木林分。松树会在大火之后重生, 因为它们知道如何使用明亮开阔的空间和裸露的土壤; 同样, 松树也会在皆伐的土地上开拓自己的地盘。在皆伐间隔之间，会有几轮的疏伐，清除其他物种，确保松树可以在一片开阔的森林中快速生长。腐朽的木头对云杉幼苗有益，所以无用的枯木会被清除。最后，在收拾之后，移走树桩、耙地松土，为新一代松树提供更有利的生长环境。通过这些技术，林业工作者的目标是创造一个只有松树参与的更新周期，即使它并非人工种植的。

就跟在其他地方一样，这样的技术在芬兰遭到了批评。批评者提醒我们，即使是松树林，在过去也没有如此同质化。[24]林业工作者给予了防御性的回应，鼓吹他们所培育的生物多样性。鹿花菌属的"脑菇"（brain mushrooms）是芬兰一种流行的可食用蘑菇（尽管在美国它被认为有毒），突然出现在宣传册中，成为生物多样性的象征；鹿花菌属经常在受过皆伐干扰的土地上结出果实。[25]那么，松茸可以为这段对话增加些什么呢？

在芬兰北部，松茸最令人好奇之处是它盛衰交替的结实习性。有些年，地面上覆满松茸。然后，在接下来的几年里，又见不到任何果实。2007年，北极圈内的芬兰罗瓦涅米（Rovaniemi）的一位户外向导，声称自己发现了一千公斤的松茸。他把松茸堆成金字塔状，或平铺在地上。第二年，他却一无所获；又隔一年，只发现一两朵。这种结实习性类似于树木的"大量结实"（masting），树木在资源分配的情况下只能零星地结果，但随后，由于长周期循环和环境因素引发，果实大量地遍布某一个区域。[26]"大量结实"指的不仅是树木一年年追踪天气变化的能力；还需要多年的战略规划，这样储存了一年的碳水化合物才可能会在以后的结实过程中被消耗掉。此外，在有菌根伙伴的树木上也会出现大量结实；大量结实所需的存储与消耗应该是由树木和真菌之间的协调保障的。真菌为未来树木的结实储存碳水化合物。树木是否也能调节真菌的不均匀结实情况？我目前没有发现有研究去追踪真菌结实与树木大量结实之间相互协调的关联，但这是一道诱人的谜题。或许，松茸盛衰交替的结实习性能告诉我们芬兰北部松林发生的一切确有其事？

芬兰北部的松树并非每年都会生产种子。林务人员认为这是森林再生的一个问题；尽管松树应季时的确大量生产种子，但我们并不能总是指望森林在皆伐后就能立刻恢复。在瑞典北部，研究人员注意到，即使没有火灾，松树林也有类似"波伏状"和"周期性"的再生；通过稀少或充裕的籽苗，种子生产的历史演变成了森林的历史。[27] 当然，菌根伙伴必须在松树种子生产时机到来时有所作为。真菌的结实可能是这种复杂的协调节奏的一个标志，在这种节奏中，松树和真菌共享资源，进行阶段性的、周期性的繁殖。

这是人类能够理解的时间尺度。当然，我们可能会说，自从冰川消退以来，松树已经覆盖了新的领地，但这缓慢得令人毫无察觉。不过森林再生的历史模式是另一回事：我们知道这种时间的含义。它不遵循森林管理者所期望的可预测的周期。它是两种森林之间张力的证明，即管理者所期望的永恒的、周期性的森林和实际现存的历史森林。不规则的结实期出现了一种不太符合周期性的节奏，反映出跨年度的环境差异，以及真菌与树木之间多年的协调过程。为了说明这些节奏，我们会自动以日期而非周期来进行解释：2007 年是芬兰北部的松茸丰收之年。我们可能会在真菌与宿主树结实的协调过程中，开始欣赏森林创造的历史过程，即它的不可逆的、周期性的时间轨迹。不规律的时间节奏，产生了不规律的森林。区块在不同的轨迹上发展，创造出不均质的森林景观。针对不规律进行强制管理，可能会导致一些物种灭绝，也永远无法成功地将树木转化为没有历史的生物。

芬兰的大多数蘑菇都是在私营森林中采摘的。然而，除了地主之外，许多人也能获取这些蘑菇。根据古老的不成文的法规（jokamiehenoikeus），翻译成英文，即"每个人的权利"，采摘者被允许进入私人森林。只要不打扰居民，森林就会开放，供人散步和采摘。国家森林同样对采摘者开放。这就扩大了采摘者获悉蘑菇的领域。

有一天，我的寄宿家庭带我去了一个森林保护区，我们在那里端详着身上因三百年前火灾留下疤痕的松树。这些树大概有五百年的历史了。新的研究表明，北方森林中有许多地方很少发生林分演替火灾，因此古树得以繁荣至今。我们在树下采摘了松茸，谈论起那些在现代木材管理下无法繁茂生长的幼龄林。但是松茸是幸运的。日本研究人员建议最适合松茸结实的松树需要有 40—80 年树龄——至少在日本中部如此。[28] 芬兰拉普兰那些受管理、按计划可收成百年的松树脚下，没理由不长满丰厚的松茸。[29] 不过，它们多年来没长出松茸倒也是件好事：

一个揭开森林创造史暂时性和不规律性的机会。间歇而突发的结实现象提醒我们协调的不稳定性，还有合作共生的奇特局面。

　　在现代林业导致的历史停滞的困境中，环保主义者开始相信，森林需要获得人类经营的庇护。但是，森林要生存，这些庇护也必须受到管理。也许我们应当效法禅艺中"道常无为而无不为"的精神，观察松树的伙伴而非松树才对。

活跃的景观，云南。
集市中壁画上的采摘者，
在橡树和松树林地间寻找着蘑菇，
画境描绘出童话故事的迷人之处。
森林涅槃般不可思议的力量在何处？
在连绵的庆祝活动中，
森林的持续复苏被人类忽视了。

13

复 苏

　　森林最不可思议的一项特质，就是遭到破坏后有时还能重新生长。我们可能认为这就是森林具备的韧性，或属于一种生态修复。这些概念很有用。但如果我们更进一步思考复苏呢？复苏是森林生命的力量，是它传播种子和根系、恢复被砍伐领地的能力。冰川、火山和森林大火，都是森林在复苏时所面临的挑战，人类的蹂躏也包含在内。几千年来，人为的森林滥伐和森林复苏相互呼应。置身当今世界，我们虽然知道如何阻止复苏，但这不是对森林的可能性视而不见的好理由。

　　有些实践习性成了障碍。首先，我们对人类进步的期待让过去似乎遥不可及。受到人为干扰而生长的森林林地，因为那些频繁作业的农民而退缩到阴影中，也如许多作者告诉我们的，这种林间田园的生活已成为古老的象征。[1] 提及它们是一件尴尬的事；我们已经进入到条码生活和大数据时代（然而有任何商品编录可能与森林的力量相提并论吗？）。其次，我们想象的与田园生活不同，现代人可以掌控自己的生活。荒野是自然唯一还能保持主权的地方；但在受到人类干扰的景观中，我们只看到了那群可笑的现代人所造成的影响。我们已经不再相信森林的生命强大到可以与人类世界并存。也许扭转这一趋势的最好办法是复苏农业林地，让它成为此地此刻的、而不仅仅是过去的象征。

为了重拾这个象征，我不得不去日本：那里的里山复育计划相信，人为干扰利于幼龄林持续复苏。里山工程的目的在于重建农业干扰，教导现代人如何与活跃的自然共存。这并不是我想在地球上唯一可见的森林模式，但它是一种重要的类型：一种人类家庭能居住在其中、与之共荣的森林。里山复育计划将是第18章的主题。在这里，我要先追踪森林里的生命，因为这会带领我们前往日本之外的、不仅限于人类社会的地方；这道足迹会穿过松树与橡树林。自耕农在国家和帝国的领地上创造了暂时稳定的社群，松树和橡树（广义上来说）在这里往往彼此做伴。[2] 这种复育也跟随在残破之后：松树和橡树林地的修复力可以治愈人类造成的过度砍伐，重建不仅有人类的更广阔的农业景观。

橡树和农民之间的历史，在世界上许多地方都源远流长。

橡树用途众多：除了作为坚固的建材以外，橡树（不像松树）适合长时间的燃烧，因而可以制作最好的木柴和木炭。更好的是，倒下的橡树（不像松树）一般不会死；它们从根基和树桩上生出幼芽，形成新树。农民们期望从砍掉树木的树桩上长出新树的做法，被称为"矮林作业"（coppicing），而修剪过的矮橡树林则是典型的农耕森林。[3] 这些矮树林即使年事已高，看起来仍然朝气蓬勃，生长迅速。它们比新苗更有竞争力，从而稳定了森林的构成。因为矮树林宽敞明亮，松树有时会在其中找到容身的空间。松树（连同它们的真菌伙伴）占据了被侵蚀的地表，因此也一并占据了受到农业干扰的其他区域。然而，如果没有人为干扰，松树可能会被橡树和其他阔叶树所取代。正是这种松树－橡树－人类的互动赋予了农耕森林完整性：随着松树在受到人类反复侵蚀的山坡上快速生长，并让位给常青的矮橡树林，森林生态系统得以再生和持续。

橡树与松树的联盟，定义并固定了农耕森林的多样性。常青的矮橡树同能够迅速占据空阔土地的松树一起，创造了一片供许多物种得以在其中繁衍生息的暂时稳定的环境：不仅仅是人类和他们的驯化物，还有日常的农田伙伴，比如兔子、鸣禽、鹰、草地、浆果、蚂蚁、青蛙和食用菌。[4] 就像在生物育养箱里一样，一种生物产生氧气供另一种呼吸，农业景观的多样性可以自给自足。

然而，历史总是发挥作用，既产生了这个生物育养箱，又能毁掉它。也许想象中的稳定的农业景观，会随着巨大灾难的发生和被我称为"断井颓垣"式的毁坏而出现？是的，我想能的。农村社区被定义在国家和帝国中的从属地位，需要权力和暴力来治理。它们所形成的多元物种集合体是帝国主义权力下的产物，其所有权形式、税收和战争皆是如此。然而，这并不是贬低农村生活的节奏的理由。农耕森林驯服了残破的景观，使它们成为多元物种生活的场所，并为农民带来收入。农民的生活引导、开发了无法完全被人类掌握的森林的复苏。但也因此，它可以修复规模更大的破坏，给受损的景观带来生命力。

在日本要认识里山爱好者，可以不从人类着手，而从灰面鵟鹰开始。鵟鹰是迁徙的候鸟，在西伯利亚交配后会飞到日本，趁着春夏两季养育幼崽，接着再飞往东南亚。雄性鵟鹰负责喂食在巢中孵卵的雌鸟。它们栖息在松树上，观察着四周，寻找爬行动物、两栖动物和昆虫。每逢五月水漫过稻田时，鵟鹰就会转而猎食青蛙。长成的水稻要是妨碍了狩猎，灰面鵟鹰就到农业林地觅食昆虫。有研究发现，雄性鵟鹰如果没有发现食物，就不愿意在一棵树上停留超过 14 分钟。[5] 在这些飞禽眼中，农业景观好似粮仓，青蛙和昆虫适当地排列在一起，供鸟类茁壮成长。

灰面鵟鹰的迁徙模式已经适应了日本的农业景观。与此同时，它们所有的食物也依赖于这个干扰机制。如果没有灌溉系统的维持，青蛙的数量就会减少。[6] 许多昆虫进化的目的就是为了在农业林树木上生活！至少有 85 种特种蝴蝶依靠枹栎为生。有一种色彩斑斓的大紫蛱蝶，需要吸取年轻橡树的汁液——而橡木要保持青春，就需要农业矮林作业；没了矮林作业，橡树会老化，蝴蝶也随之减少。[7]

为什么农耕森林的生态关系成为这么多研究的主题——尤其还是在石化燃料取代木柴、年轻一代移居到城市、日本的林地早已遭到大规模遗弃的时候？一些研究人员很清楚：要塑造未来的可持续性，怀旧是最佳手段。至少这是京都环境经济学家 K 教授的观点。

K 教授告诉我，他之所以成为经济学家，是以为这样能帮助穷人。但在十年功成名就的职业生涯里，他意识到自己的研究没有帮助到任何人。更糟的是，他看到学生们呆滞的眼神。与学生谈话后，他意识到，不仅是他的研究，就连学生也已经与真正的问题脱节。重新审视自己的人生轨迹后，他回想起小时候去祖父母家所在的村落探望：乡间探险是多么让人雀跃快活！这种景观支撑着人们，而不是削弱大家的力量。因此，他把自己的研究转向了日本农业景观复兴。他极力争取，直到他供职的学校获得一片废弃的田地和森林的使用权。他把学生带到那里，不仅是为了观察，也是为了研究农村生活的技巧。大家一同学习：他们重新清理了灌溉渠道，种植水稻，开辟森林，建造一个烧木炭的窑，并掌握了以农民的眼耳感官感受去照料森林的方法。现在他的研讨课氛围热烈活跃！

他带我去看他们开垦的田地，那四周依然被杂草丛生的荒废森林所包围。要让一个可持续的农耕森林从盘根错节的灌木丛中开发出来，还有很多工作要做。他解释说，孟宗竹肆意生长。这些盛产优质笋的竹子三百年前从中国引进，在种植过程中需要农民不断地细心修葺。但是在荒废的农业林地上，竹子已经成为了一种入侵者，接管了整个森林。他指出这些竹子是如何让原有的松树窒息，把它们困在阴影里，最后变得脆弱、容易枯萎。但他的学生们会砍竹子，正在学习如何将竹子制成竹炭。

　　矮橡树林同样处境堪忧。我们钦佩那些能一再抽芽长成新树的老树桩；但现在其他植物疯狂地包围着它们，也因为它们已经很多年没有被修剪成矮林，如今它们不再拥有塑造森林结构的年轻活力。教授说，他和学生们都需要重新学习矮林作业的技巧，只有这样，才能再次吸引组成农业景观的动植物出现，诸如鸟儿、灌木和花朵等这些使日本四季富饶，而且鼓舞人心的事物。他还提到，因为他们努力至今，这些生命形式开始回归。但这都是不间断的爱的劳动。他说，自然的可持续性从来不会自行到位；必须经由人类努力贡献，而这个努力过程也会引发出我们的人性。农业景观，他解释说，是重塑人类与自然之间可持续关系的试验场。

　　直到近年，农耕森林才在日本逐渐受到关注。在过去的三十年里，林务人员和森林历史学家一直热衷于两种树木中的贵族：日本柳杉和日本扁柏。当他们写到日本"森林"，通常就

只指这两种树。[8] 这是有充分理由的：这些都是兼具审美价值和
实用价值的树。日本柳杉，虽在英文中被称为"雪松"（cedar），
但实际却是一种独特的柳杉属，像加利福尼亚的红杉一样颀长
笔直，适合制成一种光泽度好且耐腐蚀的木板、嵌版、木杆和
栋梁。扁柏，是日本柏树属中令人印象深刻的树种。这种木材
散发着令人惬意的气味，可以刨出美丽的纹理，还能防腐，是
寺庙的理想建材。日本扁柏和日本柳杉都可以长成参天大树，
制成令人惊叹的柱子和木板。难怪日本早期的统治者们为了
建筑自己的宫殿和神殿，尽其所能地砍下森林里所有的扁柏和
柳杉。

　　早期贵族对柳杉和扁柏的偏爱，反而为农民对其他树木、
特别是橡树的诉求提供了可能。[9] 12 世纪时，战争瓦解了贵
族的统一，农民趁机要求乡村森林的制度化。"共同使用权"
（Iriairights）是允许村民家庭收集木柴制造木炭、使用村里土地
所有产物的共享土地权。与其他许多地方的公共森林权利形成
对比的是，日本的共同使用权是经过立法、由法院执行的正式
法案。然而，日本现代化之前的共享森林里，还是很难找到一
棵柳杉或扁柏；因为这些树种都归贵族所有，即使它们生在乡
村的土地上。但有时农民也能在领主的土地上认领橡树，共同
使用权可部分适用于他人的土地。领主们因由他人供奉，不需
要橡树。[10] 尽管如此，贵族们仍极力想削减土地的共同使用权。
19 世纪明治维新之后，许多共享的土地被私有化或被国家收
回。奇特的是，尽管困难重重，有些共同使用森林权却被维持
至今——直到 20 世纪晚期，农村人口涌入城市，乡村森林被荒

弃——才陷入困境。

哪些树种构成了共享乡村森林？日本人对他们处于温带和亚热带动植物交汇的位置感到自豪：日本四季分明，也有全年常青的地方。日本与它南部的邻居中国台湾地区共享着亚热带的植物和昆虫；也拥有分布在东北亚大陆寒冷气候的动植物群。橡树跨越了这一分水岭。有着宽大而半透明叶子的落叶橡树，在冬天会变色脱落，形成东北植物群的一部分。来自西南地区的常绿橡树，树叶小而厚，四季常绿。这两种橡树都是有用的燃料和木炭。但在日本中部一些重要的传统地区，落叶橡树比常绿橡树更受青睐。农民们清理掉常绿橡树幼苗，包括其树下生长的灌木和杂草，优待落叶物种。这一选择对橡树与松树的关系，以及森林的架构产生了影响：不像常绿橡树四季遮荫，落叶橡树在冬天和春天会留出明亮的空间供松树和其他温带草本植物生长。此外，农民们不断地开垦并清理森林，让松树和其他温带物种在橡树林中共存。[11]

与现代化之前的欧洲农民不同，现代化之前的日本农民不曾饲养奶牛或食用，因此他们不能像欧洲人那样用肥料施肥。为了制作绿色肥料，收集植物和森林地表残留物成为农民生活的主要任务。森林地面上的一切都被清理干净，只留下松树所喜欢的裸露的矿物质土壤，另一些地方则适合野草生长。这片受到干扰的森林的核心组成便是矮橡树林，最常见就是枹栎。橡木能制作成各种有用的东西，从木柴到培植香菇都行。定期的矮林作业使橡树的树干和树枝能够保持年轻，这样橡树就可以统治森林，因为它们重新生长的速度比其他物种要快。山脊边，开阔的草地或裸露的山坡，都能长出日本赤松、美国赤松和它们的伙伴松茸。

日本赤松是农民干扰后的产物。它无法与阔叶树竞争，后者既能遮蔽它，又能创造出丰富而深厚的腐殖质层提升自身的优势。古植物学家发现，几千年前，当人类第一次开始砍伐日本的景观时，赤松花粉的数量一改从前几乎一无所有的状态，突然迅速增加。[12] 松树在农民的干扰下兴盛起来，这些都有赖于清理森林和矮林作业后露出的灿烂阳光；还有裸露的、耙耕过的矿物质土壤。橡树可以驱逐生长在农民山坡上的松树。但是，矮林作业和收集绿色肥料的做法，为枹栎和日本赤松创造了互补的空间。松茸和松树一起生长，帮助它扎根在山脊和受侵蚀的斜坡上。尤其在裸露的地方，最常见的森林蘑菇，就是因松树而繁盛的松茸。

19 世纪与 20 世纪时，日本新兴的中产阶级开始游访乡村，参加与寻找松茸有关的户外活动。这曾是贵族的特权，现在已经平民化。村民们把有松树和松茸的区域指定为"宾客山"，向城市游客收取费用，然后游客就获得了蘑菇晨摘、在清新的户外享用一顿寿喜烧午餐的特权。这种做法编织了一种情感网，借着松茸采摘将农村生物多样性的所有乐趣都包含进去，让人暂时远离日常尘嚣。就像童年时去祖父母家的农地一样，以松茸为主题的户外活动带着乡愁的气息，这种气息继续影响着现今的人们对乡村景观的欣赏。

当代主张恢复日本农业景观的倡导者，有可能美化了农耕森林的复育，将此举视为传统知识的计划成就，创造了自然和人类需求之间的和谐。然而，许多学者指出，这些和谐的形式其实是从森林滥伐和环境破坏中发展出来的。环境历史学家长武内和彦强调，19 世纪中期日本的工业化导致了大量的森林砍伐。[13] 他认为，历史变迁对今日倡导者想象中的 20 世纪上半叶的农业林产生了重要影响。19 世纪后期，日本的现代化给农耕森林带来了巨大的压力，导致了日本中部地区的大规模森林砍伐。游客们会注意到沿途绵延的"秃山"——直到本世纪初，这些光秃秃的山坡上才重新出现了赤松的身影。有些松树是因为特定目的，例如为了流域管理而刻意栽种；赤松的种子则是自由地撒播；在松茸的帮助下，松树自己站稳了脚跟。在 20 世纪上半叶，松茸和松树林一样普遍且数量丰富。随着木柴和木炭需求的日益增长，橡树的矮林作业也变得频繁起来。当代怀旧景观中的松树、橡树林地恰逢风华正茂的时机。

身为真菌学家同时也是松树林倡导者的吉村文彦，强调了一个有关晚近的森林采伐的观点：在二战之前至战争爆发期间，人类对森林进行了干扰。[14] 当时树木被砍伐，不仅是出于农业需要，也作为军事建设的燃料和建筑材料。农村的土地被严重侵蚀。战争结束后，这些景观经历了一种返青现象：松树在光秃秃的景观中生长。吉村博士希望将松树林复育至 1955 年的基线，那是一个再生的时期。在那之后，森林的情况非但没有复苏，反而恶化了。

有关 20 世纪 50 年代因转型而改变森林的故事，我将留待后续章节中讲述。这里想要强调的是，重大的历史干扰是如何为这种常青且开阔的农耕森林相对稳定的生态系统创造可能性的。讽刺的是，这些森林滥伐的事件，却形成了当代日本人所认为的、象征着稳定和可持续性的森林。这种讽刺并不会减少农耕森林资源的利用价值，但它改变了我们对森林生命复苏并与之共存的认知：农民日复一日的努力，经常都是为了应付远超他们所能控制的历史变迁。小干扰只是在大干扰中激起点漩涡。为了理解这一点，我们似乎应该从怀旧情结驱动下的日本倡导者和志愿者的森林重建愿景中摆脱出来，那种追求完美的审美观会诱使我们与历史脱节。

在中国西南的云南中部，农耕森林不是对怀旧的重建，而是体现出农民积极利用的一面。农耕森林在这里不是理想的完美之物，而是需要被清理的灾难现场。这是一片充满变动的农业景观，尽管它杂乱无章，但在很多方面，这片常青、开阔的森林与日本中部的农林有着惊人的相似之处。虽然物种不尽相同，但构成森林的仍是矮橡树和松树。[15] 云南松茸与它的日本同胞有着不同特质：它既能与松树相处，也能与橡树共生。这使得农民 – 橡树 – 松树 – 松茸的综合体更显复杂。也许在这里，是因为巨大的灾难，而不仅仅是靠农民的聪明才智才使森林得以复苏。

在日本中部时，我沉浸在迷人的农耕森林史中，为我讲授知识的不仅有学者，还有林务人员和农村居民。一旦接受了这种话语训练，我的工作就很简单了；我需要做的只是观察和聆听。也因为有了这样的养成训练，所以当我在云南，发现同样的农耕森林史理念却激生出困惑和防御性时，我非常诧异。人人都希望农民成为优秀的森林管理者，但他们了解的管理之道是现代企业家的技巧，而非传统经营。农耕森林是一项现代事物——是权力下放的结果，而不是旧式产物，森林专家的目标是尽可能使之符合现代理性的特点。如果森林状态不佳，那是因为过去犯了错误，而历史正是那些错误总和的故事。[16]

迈克尔·海瑟微和我一同采访了林业工作者，甚至还有林史学家。他们解释了国家是如何封锁森林的，然后在改革开放时期，又是如何通过家庭承包制将森林归还给农民。他们谈到了 1998 年的伐木禁令，该禁令旨在阻止破坏以及尝试新形态的森林管理示范项目。当我把话题转到森林历史的时候，他们又谈到了某些集体错误。家庭联产承包制的森林经营是管理森林的新方式，他们必须在被早期集体经营破坏的地方重建森林。他们认为，关键是要理顺使用权限和激励机制，让企业家而非官僚来管理。在新的时代，森林将被市场重塑。我们继续谈到法律、激励机制和示范项目。我还没有看到云南这里的森林，但已经开始想念在日本所认识的美学意义上的森林，即便现在我知道它们有哪里不协调。

当我到达楚雄时，人们对我的日本经验很不满意。村官们总结了一下行政管理类别变迁的官方说法，但一般村民分不清楚这些类别。最后，一位老人发表的评论，在我的脑海中形成了一个更有效的比较。他说，在中国大跃进期间，这片土地因国家对"绿色钢铁"的需求而遭到了砍伐。日本明治时代的森林砍伐不也与这种需求有关吗？

云南中部的森林的特点是稀疏而幼龄。一**看**就知道被干扰过。铁轨从经过剥蚀的山坡穿过。尽管禁止了商业伐木，但从地面到树顶的一切都被加以利用。常青的橡树统治着这片土地，范围包括灌木丛和被修剪过的树木。不过森林很空旷，松树和橡树仍然是主角。松树和橡树一样，有着多种用途。大家有时会收集松木树脂，采集到的松花粉会出售给化妆品行业；有些松树能产出具有商业价值的可食用松子。松针能为各家农户饲养的猪铺出睡榻；猪粪与松针拌在一起，就是农作物的主要肥料。采集来的草本植物是猪的饲料，也可作为人类的食物和药材。户外有一个柴炉专门烹煮猪饲料，也因此，即使每家都有其他燃料来源供家庭烹饪，他们还是会收集大堆的木柴。牧人会带着牛羊去明显没有耕作过的土地上放牧。不仅限于松茸，还有许多其他种类的野生蘑菇商业采摘，给森林带来了人流量。在一些地方，被禁伐的树木仍被大量用于非法木材贸易，但在大多数地区，树木都是瘦弱单薄的。外来的桉树，最初是为一个以村庄为主的石油工业基地种植的，现在沿路随处可见。这种外来树林很难用来宣传什么历久弥新的农村智慧，尽管仍然有学者尝试这样解说。[17]

这片杂乱的农耕森林很难让外国的环保主义者满意；他们涌向云南，想拯救濒危的自然环境，而且很快就将这种过度行为归咎于他们的荒野梦想。中国青年学者和学生们响应环保主义的号召。不止一个来自城市的年轻人告诉我，在"文化大革命"期间，云南的山丘被大肆砍伐；但这种说法不太可信，"文化大革命"很容易成为一切错误的替罪羊。将森林破坏的现象归咎于这一时期的原因是，这片年轻开阔的森林的问题对每个人来说都是显而易见的。也是在这种情况下，云南中部和日本本州中部的农耕森林之间的相似度似乎特别引人注目。也许日本的橡树－松树林在它们的鼎盛时期，在美学和生态意义上都不像现在的拥护者想象得那么完美。也许云南的橡树－松树林要比评论家想象的情况好。那些被侵蚀的山坡是一个生机勃勃的再生之地，橡树、松树和松茸可以共同做出改善——不仅对农业，对许多种生物也有好处。

时间的延迟出奇地相似。云南中部森林遭受了五十年代末到六十年代初大跃进时期的影响，当时的中国正在为快速工业化筹集资源。老村民提到的"绿色钢铁"部分是为后院的熔炉提供燃料，在那里，农民们把锅碗瓢盆熔化掉，为中国的发展贡献金属。[18] 一些森林受到保护，但在接下来的十年里，这些森林中的木材又被砍伐，用于出口以增加外币储备。四五十年后，松树盘踞在空阔的土地上生长，橡树的枯桩上抽出新芽长成大树。农耕森林再次繁盛，松茸成为欣欣向荣的象征。

同样，日本中部的森林在1868年明治维新之后的几十年里遭受了快速工业化的影响。四五十年后，农耕橡树－松树林达到了今天人们记忆中的完美状态。在最初的干扰后，就像在中国一样，农民们学会了利用再生的树木。森林的连锁用途结合在一起；景观变得容易识别，也似乎越来越稳定和谐。橡树提供建材、木柴和木炭，松树提供松茸、松木、松节油、松针和可速燃的燃料。也许 20 世纪早期富有生机的日本农耕森林，看起来有些像今天云南中部的森林。历史学家们急于将明治维新取得的现代化与大跃进的失败区分开来，但从一棵树的视角来看，可能没有太大差别。在不同的情境中看待农耕森林会持有不同的观点，可能是因距离远近，以及前瞻与保守的观点不同所产生的对比。

人类和树木被卷入了不可逆转的干扰历史中，但在某种程度的干扰之后，又会出现一种培育众多生命的再生力量。农业化的橡树 – 松树林一直缠卷在稳定和共生的漩涡中。然而，它们往往由大灾难引发动荡，比如伴随着国家工业化出现的森林砍伐。在干扰的长河中，涌现出环环相扣的生命小漩涡：这正是人类思考如何补救的最佳起点。但这里也应出现森林的观点：尽管遭受种种损害，但它复苏的势头却从未停止。

活跃的景观，俄勒冈州。

评论家们将东部喀斯科特森林，

描述为"一只肮脏的老狗背上的脓疮"，

甚至那里的林务人员都承认，

该处的经营是一系列的错误。

然而对采摘者来说，这片森林是"原爆点"。

偶然的错误中会绽放朵朵蘑菇。

14

惊　喜

　　当老前辈们指出俄勒冈州东部的喀斯科特山脉曾经是工业伐木的中心时，我简直不敢相信。尽管有些路边的标牌上写着"工业人工林"的字样，我看到的却只是高速公路两侧营养不良的树。人们向我展示曾经喧嚣过的城镇和工厂，但现在除了灌木丛之外一无所有。[1] 他们把我带到现在已经消失了的家园、旅馆和流浪汉的营地。流浪汉留下了成堆生锈罐头盒，而这些城镇已经变成了拥挤不堪的松树林，既非荒野，也无文明可言。那些留下来的人也都是过着同样的生活。高速公路上，停业商铺的玻璃窗碎了一地；枪支和酒类混在一起销售。车道上的警示牌赫然写着"擅闯者立毙"。他们说，曾有一家新的卡车休息站开业，但没有人出席就职前的说明会，因为他们听说了公司的药品测试和个人监控政策。有人解释说："这里没有人愿意被监控。"[2]

资源管理并非总能达到它的预期效果。要在森林里寻找生命，就需要去那些规划失败的地方。失误的造成……会带来蘑菇的盛放。

东部喀斯科特山脉经营着工业松林，但它的模式看起来不像芬兰的拉普兰。森林非常凌乱，要么稀疏，要么密集。枯木横七竖八地倒在地上。矮槲寄生和根腐病会削弱它们的力量。与芬兰实行的小佃农共同管理大部分森林的措施相比，喀斯科特山脉的松茸则生长在国家森林或其他木材公司的土地上，很少有小森林业主参与协调管理。这正好同森林经营理念一致，因为白人居民和游客往往对森林监管规则感到不满，认为这是联邦政府越权干政的象征。他们在林务局牌匾上用枪射击出弹孔，吹嘘自己违反规则的行为。林务局会依法起诉他们，但这是一场艰苦的战斗。

社会科学家经常强调美国林务局的官僚主义作风，然而，我在东部喀斯科特山脉所遇到的林务人员在对森林管理进行解释时却很谦逊。他们说，林务局的项目就是一系列的试验，而且大多数以失败告终。例如，他们应该如何处理那些在日益茂密的灌木丛中不断长出的扭叶松？他们尝试了皆伐的方法，那些茂密丛林就是因此形成的。他们试图拯救采种树和进行伞伐作业，但单独的树木又被风雪吹倒。他们是否应该保住仅存的伐木厂里的工作，即使这意味着在法庭上与环保主义者发生冲突？[3] 尽管环保目标改变了林务局的论调，但评估地区办事处的标准仍然是他们生产的板材。他们说，除了处理每一个出现的难题，也没有什么能做的。因为没有好的选择，他们只能不停地尝试。

这片景观使森林管理变得困难重重。就像在芬兰一样，美国太平洋西北部也有冰川，但松树占据了东部喀斯科特山脉的原因并不相同。大约 7500 年前的一次火山喷发，使该地区被喷出的熔岩、火山灰和浮石（熔岩冷却后产生的充满空气的石头）所覆盖。即使这里曾是有机土壤，也全部被埋葬。那里除了一些熔岩和浮石岩床，几乎是不毛之地。松树能在这片不利生长的土地上扎根，似乎是一个奇迹，而松茸则为此立了功。

在俄勒冈州，松茸和宿主树一同生长。在高海拔地区发现的潮湿、混交针叶树林中，大量的松茸同沙士达红冷杉、长果铁杉和糖松共生。在西部喀斯科特的斜坡上，有时会发现与花旗松共生的松茸；在俄勒冈州的海岸，松茸的宿主树则是石栎属树。在东部喀斯科特山脉干燥的斜坡上，松茸和西黄松共栖，这些地方还生长着其他的真菌。树木和真菌的关系开始变得排外是在扭叶松松林里；在扭叶松林中采摘，只能偶尔发现别的蘑菇物种。这并不是地下多样性匮乏的确切迹象：许多真菌子实体很少会长出地表。尽管如此，很明显，在东部喀斯科特山脉中，松茸和扭叶松之间形成了一种特别亲密的友谊。

　　就像大多数友谊一样，它依赖于偶然的机会和各种后来才逐渐赋予意义的小开端。两个主人公曾经被忽视，如果现在他们占据了区域头条版面，这当中肯定有故事值得如此。采摘者们将这片断景残垣比喻成美国松茸景象的"原爆点"①（Ground zero）。是什么使真菌和树根交织在一起，带来了如此壮观的结果？

　　19世纪，当白人第一次来到东部的喀斯科特山脉时，他们并没有注意到扭叶松。相反，他们对森林中占主导地位的大型北美西黄松心存敬畏。根据历史学家威廉·罗宾斯的说法，这些松树林曾经是俄勒冈州内陆森林中"最令人印象深刻和壮观"的奇观。[4]这些树很高大，周围都是像公园一样开阔的乡村，灌木稀疏。美国陆军上尉约翰·查尔斯·弗里蒙特在1834年路经此地时写道："今天整个乡下全是松树林……这些木材高大一致，其中一些松树周长为22英尺，高达12至13英尺，约6层楼高。"[5]一位世纪之交的美国地质调查局测量员补充说："森林地表通常干净得就像被清理过一样，人可以不受阻碍地行驶过去。"[6]1910年的一份报纸接着做出评论："世界上没有其他地方的木材比这里更容易开采。"[7]

　　美国黄松木材吸引了政府和工业界的关注。1893年，格罗弗·克利夫兰总统创建了"喀斯科特山脉森林保护区"；很快，一场为了木材生产业而修建铁路的竞赛开始了，到20世纪早

---

① 原为军事术语，狭义指原子弹爆炸时投影在地面的中心点，后泛指受到严重毁坏的地方。

期，木材商获得了大量的土地所有权。[8] 到了三十年代，俄勒冈州的木材主宰了美国木材工业；东部喀斯科特的美国西黄松在需求旺盛的情况下，被砍伐的速度和它们被伐木工发现的速度一样快。[9] 公有土地和私有土地的混合形式影响了伐木的时机。二战前，木材公司向政府施压，要求政府继续实行国家森林的封山育林，维持木材高价。到战争结束时，私有土地已经资源耗尽，同样的这班人发声转而开始呼吁开放国家森林。他们说，只有这样才能使工厂保持运作，防止出现工人失业和国家木材短缺的情况。之后，国家森林越来越受到伐木业的冲击。[10]

随着战后工业化林业的实践，伐木业的影响力发生了变化。在新技术和繁荣经济的乐观情绪鼓舞下，林务人员产生了一个在不耗尽木材的情况下开放国家森林的想法。他们所要做的就是用快速生长的、充满活力的幼龄树取代"颓废的"、"过度成熟"的老龄林，这将是在之后的八十到一百年的时间里可预见的成果。[11] 他们甚至可以种植更优质的树，使新森林更快生长，对病虫害更有抵抗力。新技术使移除所有树林变得可行，而不只限于用来砍伐最佳目标树种；因此，林务人员采取了皆伐措施。[12] 皆伐可以让森林更新，并更为扩张。根据这种逻辑，森林砍伐的速度越快，它的生产效率就越高。一些当地的林务人员并不信服这种观点，但是国家舆论的力量成为当时的社会主流。在七十年代，砍伐后原地重新种植的做法成为了行业标准。一些地区也会采用在空中喷洒除草剂的做法。[13] 正如一位东部喀斯科特山脉的林务人员所回忆的，那时人们的愿景是"未来森林将由占地 25—40 英亩、健康、易于集中管理的同龄林分组合而成"。[14]

　　这个战后的愿景出了什么问题？西黄松没能因为砍伐频率增加而生长回来，至少长得艰难。因为它缺少了火的因素。空旷辽阔原上高大颀长的美国西黄松因美洲印第安土著的火耕而得以长成，频繁地焚烧矮树丛吸引鹿来吃草，并长出供秋天采摘用的浆果。大火烧毁了与西黄松竞争的针叶植物，西黄松因此获得生机。但是白人在一系列的战争和重新安置的政策中赶走了印第安人；林务局不仅浇熄了印第安人的营火，也抑制了所有的星星之火。在没有火源的情况下，像白冷杉和扭叶松这样的易燃树种只能在西黄松的压制下生长。一旦西黄松被砍，其他树种会趁势取而代之。随着矮小树木的出现，壮美开阔的景观消失了。纯粹的西黄松林分日益减少。到 20 世纪初，这片土地看起来已非昔日开阔的西黄松森林，也越来越不能吸引木材工业。

　　在剥夺印第安原住民土地后，白人伐木工、士兵和林务人员也破坏了自己非常渴望的公园风景般的森林。在此讲述最后一次通过法令大规模剥夺土著财产权利的事件，对回顾历史会有所帮助：1954 年政府颁布的"终止"（termination）禁令，终止了对克拉马斯部落的所有条约义务。由于"终止"法令，一大片西黄松土地变成了国家森林，随时准备为服务私人利益而进行砍伐。几十年后，还剩下什么？这段从部落网站上引用的文字，是对这个故事很好的注解：

繁荣而强大的克拉马斯、莫多克和雅虎斯金河岸的蛇——派尤特人（以下简称"克拉马斯人"），曾在俄勒冈州中南部和加利福尼亚州北部控制了 2200 万英亩的土地。他们的生活方式和经济模式为满足生活需要和文化方式提供了超过 14000 年的支援。然而，与入侵的欧洲人的接触，很快就导致他们的人口在疾病和战争中下降，最后以一纸签订割让 220 万英亩土地的条约告终。这三个部落在历史上曾经是竞争敌对势力，如今被迫共同生活在这片骤然减少的保留区上。[15]

在 20 世纪 50 年代，规模化涉及公民权和资源使用的问题。美国是一个大熔炉，移民在那里被同质化后，才能在未来成为具有生产力的公民。同质化是进步的保证：商业和公民生活才能向规模化发展。在这种环境下，美国单方面通过了废除对特定印第安部落条约义务的立法。据说当时这些部落的成员已准备好放弃特殊身份与美国社会同化，他们的差异将被法律抹去。[16]

对于立法者来说，克拉马斯部落的权利看起来已经可以终止了，因为这些部落已经足够富裕。铁路和附近森林的采伐改变了保留区的价值；在五十年代，克拉马斯保留区拥有一大片伐木工所觊觎的西黄松。克拉马斯印第安人从木材中获得了不错的收益，他们不再是政府的负担，但是伐木工和官员们却对他们的财富产生了非分之想。

克拉马斯部落无论如何都不是负担，而是当地经济的重要贡献者。然而，他们的力量和财富却无法与联邦政府铲除他们文化的决心抗衡，他们失去了自己最宝贵的自然资源——100万英亩的土地和西黄松。20世纪50年代初，正是克拉马斯遭受剥削的阶段，他们面临联邦政府对印第安人采取的众多灾难性政策中最严重的一项——"终止"禁令。

随着"终止"禁令的实施，私营公司和公共机构也展开行动。最后，联邦政府占了先机，将土地变成了国家森林。[17]克拉马斯部落的成员得到了经济补偿。

出售克拉马斯遗产获得的大部分财富都被商人们不择手段地掠夺了。缺乏道德的律师随意操作、贪污或从那些被认为无效的信托账户中挪用资金，有时是由律师会从投资不佳的账户中私自借款；有时地方律师或银行为受益人处理事务时收取高昂的费用——还有什么比向受益人发放支票更难的操作呢，这一过程通常带有小恩小惠的色彩。

"终止"禁令的倡导者所设想的进步并没有使克拉马斯人成为拥有资本和特权的"标准美国人"，随之而来的是各种社会和个人问题。

从1966年到1980年收集的数据显示了以下几点情况：

·28%的人死于25岁。

· 52% 的人死于 40 岁。

· 40% 的死亡与酒精有关。

· 婴儿死亡率是全州平均水平的 2.5 倍。

· 70% 的成年人未能完成高中教育。

· 贫困水平是非印第安人的三倍，而克拉马斯县已是俄勒冈州最贫穷的县。

最后，在 1986 年，美国恢复了对克拉马斯保留区的承认。从那时起，这些部落就开始争取用水权，要求至少归还他们一些保留地。他们开始对这片已遭砍伐的土地实施森林经营计划。[18]

克拉马斯人要求归还（土地和资源）的主要目的是治愈它们，使之恢复到曾经富饶美丽的形貌。他们还寻求恢复土地的精神完整性。他们想要回到自己曾经的生活方式。

现在，有人选择了松茸采摘。

那么已砍伐的森林如何了呢？这片土地曾经以西黄松、冷杉和扭叶松云集而闻名。扭叶松拥有许多优良的松树特征，到了 20 世纪 60 年代，林务人员和伐木工人竭尽全力对它进行开采。工厂开始同时加工西黄松和扭叶松。[19]七十年代重新种植计划出台；相比西黄松，扭叶松在受干扰的土地上更易生存，成为了人们惯常使用的树种。如果从今天的谷歌地球上看这片森林，你会发现大部分的扭叶松都是在曾经皆伐过的林地上生长的。这并不是一幅美景。世纪之交的评论家对东部喀斯科特山脉木材区的描述令林务人员惊讶——"一只肮脏的老狗背上的脓疮"，并且抱怨，"显眼到外太空都能看得见"。[20] 扭叶松已经受到了关注，是时候让它成为故事的主角了。

扭叶松是东部喀斯科特山脉的老居民。这可能是冰川融化后出现的第一个树种。[21] 在马扎马火山爆发后，扭叶松是为数不多的可以在浮石平原上生长的树种之一。它也在山坡上寒冷的地方繁茂生长，那里夏季会受霜冻的影响，其他树种甚至是西黄松都抵不过。在西部喀斯科特山脉中，它们也可以顽强地扎根在有机土壤被冲蚀后的泥石流中。可以和松茸共生的扭叶松，足够吃苦耐劳。选择性伐木对扭叶松有利。在混交的针叶树林中，伐木者选择了最好的木材，留下其余的树种。尽管活着的糖松已经变得稀有，但在高山中仍零星有糖松的残根枯桩。扭叶松是没有被开采的树种之一，它不介意干扰的影响。废弃的伐木道路上布满了幼龄的扭叶松。

在干燥的西黄松山坡上，火情的排除对扭叶松来说又是最有利的。扭叶松和西黄松处理火灾时有相反的策略。西黄松有着厚实的树皮和高耸的树冠，大多数地表火灾都不会伤及它。火灾会令西黄松林分变得稀疏：移除小树，让幸存的树种和其他不密集的树种占据山坡。相比之下，扭叶松易燃；它的树丛茂密，鲜活的、枯死的树木都混杂在一起，为火势的蔓延提供了条件。但是扭叶松产生的种子比其他大多数的树都要多，而且它通常能够首先在火灾后的区域重新播种进行繁殖。在落基山脉，扭叶松封闭的锥形球果，只能在火中释放种子；而在喀斯科特山脉，扭叶松每年都会释放种子。由于数量众多，它们中的许多伙伴都可以很快在新的土地上生根发芽。[22]

在空旷、明亮的皆伐过的区域，遍布喀斯科特的扭叶松集体进行播种，有时会形成稠密的林分，以至于林务人员称之为"狗毛再生"。那里的一位老前辈带我去观察了一处看起来像焊接成一个区块的浓密林分；他开玩笑说我们应该称其为"美颜恢复"。茂密的树林是疾病和害虫孳生的地方。随着树木的生长，有些物种开始死亡。枯死的树和活着的树混杂在一起；枯死的树倾倒在活着的树上，持久的重压，会造成整片树群倒塌。与此同时，星星之火可以燎原，并将周围的其他景观付之一炬，包括私人住宅、马匹营地、木材仓库和林务局。尽管有些人戏称可以通过这种方式清理一切，但大多数林务人员认为这是一个坏主意。

从扭叶松的角度来看，焚烧并不可怕，因为火灾之后会有新的秧苗萌生。在喀斯科特山脉漫长的历史中，火灾是扭叶松得以在当地景观上屹立不倒的一种方式；但是林务局的防火措施却带给扭叶松森林一种全新的体验：可以活到高龄。取代原先一种更新的快速循环模式，东部喀斯科特山脉的扭叶松森林在火的作用下反而逐渐成熟。随着成熟程度的提高，与松茸相遇的概率也变得越高。

真菌对森林演替很挑剔。一些真菌很快可以适应新的树木，另一些则要等到森林成熟后才会生根。松茸似乎是一种中期演替的真菌。日本有研究表明，松林中的松茸要等待四十年之久才能首次生产出子实体。[23] 之后的结实过程还需再经历四十年。[24] 在俄勒冈州，还未统计清楚关于这个问题的准确数据，但采摘者和林务人员都同意这一观点：松茸不能在幼树的环境中结实。21 世纪的头十年里，上世纪七八十年代种植的松林还未能产出松茸。在自然再生的森林中，可能只有四十岁到五十岁树龄的松树才能成为松茸结实需要依靠的宿主。[25]

但如果没有林务局的防火措施，根本就没有四十岁到五十岁树龄的扭叶松存在。松茸出芽，菌丝与扭叶松根绞缠在一起，都是美国西部内陆林务局著名的无心之失引发的惊喜：防火措施。

与此同时，如今对林务人员来说，最大的挑战是如何保护密集老化的扭叶松免于森林大火。在过去的几十年里，林务局使这一问题变得更加复杂。首先，到 20 世纪 80 年代，环保诉求已经开始影响到林务工作；林务局在与环保人士对话后尝试过各种新兴试验，诸如异龄化经营。其次，木材公司搬走后，林务局获得的联邦资金资助逐渐减少（参见第 15 章），林务人员不可能提出一项既不受法律约束又非常经济实惠的议案。所有的森林管理都必须转包给伐木工，以换取现有的最佳木材。劳动密集型作业已不再是一种选择。如果没有大木材商的资金支持，林务人员逐渐将他们的工作视为平衡各种利益，诸如在不同的森林用户中（例如，野生动物与伐木工），不同的林业方法中（例如，可持续的产量与可持续的生态系统服务），以及不同的区块生态系统中（例如，同龄经营与异龄经营）。错过了迈向进步的唯一通道，他们用其他选择加以应对。

林务人员会经常对扭叶松进行疏伐作业，[26] 但如此一来他们就挑战了松茸采摘者的敏感地带。他们看到自己最喜欢的区块因为林务局的干扰而消失了。于是林务人员用日本的研究说动采摘者，即开阔的森林对松茸是有好处的。但是日本的森林情况与此不同：在日本，松树受阔叶林遮蔽的影响；森林的疏伐作业几乎都是人工完成的。喀斯科特山脉的松树没有阔叶林与之竞争，而且这里的林务人员无法想象在没有重型器械的情况下进行疏伐。喀斯科特山脉的采摘者也认为，这些器械设备会破坏并压迫土壤，摧毁真菌。他们向我展示了一处曾经盛产松茸的区块，现在只留下重型设备持久性的压痕。采摘者说，因土壤压实而遭到破坏的真菌需要许多年才能重新恢复生长，即使有宿主树成熟的树根也爱莫能助。

考虑到林务局这个主要的政府官方机构在这里面对的是弱势群体的森林采摘者，我感到惊讶的是，林务人员居然会听取所有的抱怨。也许这是现在林务局工作模棱两可的迹象。无论如何，在 2008 年的松茸季发生了一些不寻常的事情：一个森林区决定为了收获松茸，正式开始尝试扭叶松经营。这意味着不能采取任何疏伐形式，即使是来自其他林务工作的执行要求，诸如防火措施所需要的疏伐。至少在一段时间内，松茸已经进入了林务局的视野，它与扭叶松共生的关系也得到了重视。这种现象非常特殊，还没有其他非木材类森林产品能够成为经营的主要目标，至少在这个国家这个地区之前没有发生过。在只重视树木的官方机构眼中，一朵松茸伙伴已经激起了水花。

失误发生……蘑菇出生。

活跃的景观，京都府。

20 世纪五六十年代，

日本柳杉和扁柏种植园，

取代了日本中部的橡树－松树林，

然而今天，这些种植园只在最

能获利的地带才会采伐，如这里所示。

其他地方，则是充斥着害虫和杂草、密集种植的工业林分。

然而，因为这种衰退，里山复育的计划也出现了希望。

15

废　墟

　　日本和俄勒冈州的松茸森林除了有以下这个共同点，其他几乎所有情况下都不相同：如果木材价格更高，它们很可能会被改造成更有利可图的工业森林。这种小小的趋同现象，提醒我们需要回顾一下在第二部分中探讨的结构问题：商品采购的全球供应链，以及能让资本家获得杠杆效应的国家和行业协定。森林不仅在当地的生计实践和国家经营政策中被形塑，而且还受到财富集中的跨国机会的影响。全球历史正在发挥作用，但有时会带来意想不到的结果。

　　本章要讨论的是，荒废的工业森林是如何独立生产以及协作联合生产的？跨国的因缘际会（conjunctures）如何构建了森林？这种因缘际会并没有向我们展示出一个包罗万象的框架，而是告诉我们如何追踪在国家、地区和地方性景观之间来来往往的联系。这些都来源于共同的历史，但也来自意想不到的汇合，以及不可思议的协调时刻。不稳定是全球共同的现象，但它并没有遵循一元化的全球势力场域规则。要了解进步给我们留下的世界，我们必须追踪不断变化的废墟区块。

为了体验这一意想不到的惊喜力量，我要开始偏离正题，谈一下在 20 世纪最后三分之一的时间里不断遭到砍伐的东南亚木材。在 19 世纪六十年代至九十年代期间，东南亚热带木材为日本的建筑热潮提供了后援保障。森林砍伐是由日本贸易公司赞助的，并通过东南亚的军方力量实施。由于这些供应链的安排，木材的价格非常低廉，它压低了全球木材价格，尤其是供日本消费者使用的木材。东南亚的热带森林因而受到重创。[1] 说到这里，你可能仍不觉得惊讶。但再考虑一下这两处仍然矗立的森林：美国太平洋西北部的内陆松林，日本中部的柳杉和扁柏森林。这两者都是日本发展所需工业木材的潜在资源，但两者都失去了竞争力，都遭到了忽视，也都是废墟工业森林的典型。[2] 每一处都与松茸的生产有着让人觉得讽刺的关系。两者之间的差异存在关联，这激发了我去探索具有多重形式的全球协调现象。

我们怎样才能观察到这些被破坏的历史，而不是假设只有一个森林历史存在，且在这个历史过程中所有的森林都仅仅是沿途的停留？我的实验目的就是从俄勒冈州和日本中部森林的历史对比中提取线索。[3] 这些独特的森林与经营模式，假设它们之间存在区别，那么，要解释的是它们何时会出现趋同现象。在这些意想不到的协调时刻，是全球联系在发挥作用。但是，尽管有了趋同性，森林还是会发展出各自的独特点，未受森林动态的同质化。在全球联系当中，最容易从历史的趋同中观察到这种参差不齐的过程。松茸使我的故事反映出全球工业废墟史中的生命。接下来，我要把趋同的时刻进行对比，而且用自己的话来解释。

有时候，一些因缘际会的局面是国际"风潮"（winds）造成的结果，迈克尔·海瑟微用这个词来描述流行的理念、术语、模型和项目目标的力量，这些有魅力的或者有说服力的概念能够有力地重塑人类与环境关系的看法。[4] 这也是我提过的 19 世纪德国森林如何改变了荷兰森林的案例。这一流行的专业意见的一项特点是绝对反对森林火耕作业。在许多国家，这种反对立场成为"现代"森林管理的基本原则。

1929 年日本中部。国家法律规定禁止焚烧国家森林。[5]

1933 年俄勒冈州。美国新政之始，蒂拉穆克大火将火灾控制变成官方 – 民间林务合作的重点。因私人伐木操作引发的火灾爆发时，美国民间资源保护组织被号召前往参与救援。之后，州立林务人员开始为私人"拯救"伐木业提供便利，并呼吁"公私协同行动"。美国林务局开始了一项雄心勃勃的防火计划——无意中改变了俄勒冈州的森林。[6]

现代林业的目标是为国家管理森林，因而与国家发展建设的特点有关。20世纪早期的日本和美国有不同的国家发展建设风格。然而由于不同原因，这两个国家的林务人员却共同关心如何与私人利益进行合作。在美国，企业比任何国家官方机构都更强大有力；林务人员只能提出一些至少可以让大木材商认可的规则。[7]在日本，明治维新使一半以上的森林归小私营业主所有；国家林业标准通过森林协会转达给小森林业主，进行协商。[8]尽管存在这些差异，但两个国家的防火措施都成为森林中连接公共利益和私人利益之间的纽带，在不同的森林历史中出现了一致性。

几年后，双方的森林官方机构通过战争动员制定治理政策；在相互对立的情况下，反而呈现出协调性。

1939年，日本中部。市级森林协会被列入其他形式的战争动员中，并在《修正森林法》（Amended Forest Law）中成为强制性的托管机构。[9]

1942年，俄勒冈州。一架日本水上飞机从潜艇上发射，试图袭击俄勒冈州的南部山区，引燃森林大火，但行动失败。该起事件促使美国林务局开始强化治理，用军事般的纪律与热情推进防止森林火灾运动。1944年，随着人们对日本在俄勒冈州森林上空投放燃烧弹的恐惧，护林熊（Smokey Bear）标志成为了国土安全的防火象征。[10]

要制造工业森林废墟，首先需要一种治理机制，将公共与私人的诉求凌驾于生态过程损坏之上。日本和美国的现代林业官僚体系就扮演着这个角色。

日本投降后，美国的占领将两国的治理机制联系在一起，包括林业政策在内。几年来，他们的森林治理是无法分开看待的；都是从共同的权威结构中衍生出趋同性的体系。战后的美国政治文化向公众与私人团体宣传经济增长的乐观未来，将国家推向美式民主的道路。在美国，这意味着向私人伐木者开放国家森林；在日本，这意味着将天然森林转化为森林种植园。无论在哪种情况下，政策制定者都期待着未来商业机遇能够扩张。

1950 年，俄勒冈州。俄勒冈州的木材产量领先全国产量52.39 亿板英尺。[11] 在德舒特河上的一个综合工厂里，伐木工每天平均砍下 35 万板英尺的西黄松。[12]

1951 年，日本中部。美国占领后实施的森林法扩大了森林协会的商业作用。随着森林协会的投资用于改善森林业主的社会经济地位，日本新兴的社会运动包括了对私人进行的改造。[13]然后，受法律鼓励的新企业家被培养成森林种植园的经营者。

在这一时期，美国和日本都将森林鼓吹为现代工业设计的产物。在美国占领后崛起的新日本，正如美国人所建议的那样，致力于追求经济增长，但国家利益同时也会影响经济发展，包括针对木材供应自给自足的计划。无论日本还是美国，旧森林都遭到砍伐，它们的地位被工业合理化资源的新梦想取代了。[14] 过去无法统治未来。新型森林具有规模化，能进行合理化工业经营；森林生产可以被统计、调整和维护。尽管如此，这种梦想出现的时机在两地各有不同。在日本中部，种植和集约化管理出现在 20 世纪 50 年代。俄勒冈州的私人土地的集约化管理也开始起步，但在五十年代的国家森林，还是专供砍伐所用。那里，大型树木的用途就是被消耗。

1953 年，日本中部。 国家出台贷款和税收优惠政策，鼓励将森林转变为柳杉和扁柏种植园的改造计划。日本将变得自给自足，满足日益增长的木材需求。现今农村里的伐木工仍记得当时呼吁大家伐木的号召。即使在战争期间，他们也会先把昂贵的树木运出去；现在各类型的树木都被一起砍伐。在那里，即便在悬崖峭壁上，也会开凿出种植园来。[15] 柳杉和扁柏都是密集种植的，政府建议每公顷应栽植 3500—4500 棵幼苗。[16] 劳动力很廉价。这些树可以靠手工除草，疏伐，修剪，然后被砍掉。政府补贴了一半的成本，并同意只征收收入的五分之一作为赋税。[17]

1953 年，俄勒冈州。《新闻周刊》写道："对俄勒冈人来说，最甜美的气味是锯木屑的味道。每一美元中就有 65 美分来自于木材和木材产品。"[18]

偶尔会有人提出一些建设森林的其他方法。另一个趋同现象是：在这两个地区，对精英来说，森林土地的价值都要归功于早期原住民，以及曾经的国家暴力。早期的森林经营形式**导致**森林变成了现在国家和企业所宣称的样子。

1954 年，俄勒冈州。美国联邦政府为了国家森林系统，剥夺了克拉马斯保留区。

1954 年，日本中部。新组织的日本自卫队接管了富士山北坡上的乡村森林，作为练习场地，但这些森林是 11 座村庄进入里山林地的公共入口。村民们说，军事演习破坏了生态系统，摧毁了树木。在 20 世纪 80 年代中期，也许就在克拉马斯部落得到重新恢复的时候，村民们赢得了对他们公共财产的补偿的诉讼。[19]

对工业林业的乐观情绪没有持续太久。在日本，这个问题早在 20 世纪 60 年代就开始出现了，当时社会已经失去了对树木种植园的热情。木材进口时代开始了。在战争结束至 1960 年之间，日本政府一直禁止进口木材，以节省外汇来购买石油，因为石油被认为是一种战略性资源。但到了 1960 年，石油降价，建筑行业向政府施压，要求政府开放外国木材进口渠道。日本国内面临的第一个困境是，六十年代之前价格相当的柳杉和扁柏，现在出现了差价。1965 年，美国太平洋西北部的木材进入日本市场，改变了这一状况。柳杉这种软木同铁杉、花旗松、松树展开竞争，而有更精细用途的扁柏则未受影响。[20] 此外，林业工人加薪，却因此造成森林维护的困难。[21] 到 1969

年，日本木材的自给自足率首次下降到不足 50%。[22]

相比之下，六十年代的俄勒冈州仍充满乐观主义氛围，部分原因是日本市场为俄勒冈州的木材提供了销路。历史学家威廉·罗宾斯是这样描述那段时期的："当我在六十年代初到达俄勒冈州时，伐木工把树木砍倒在水边，推土机手驾驶着机器经过河床，一些最大的林地业主对在砍伐过的土地上重新种植毫无兴趣。威拉梅特河谷的农户们把土地从篱笆边一直耕到河岸，移走灌木篱墙，排干淤泥，造出更大范围的田地，这一切都符合规模经济的利益。"[23] 扩张似乎可以解决所有问题。

罗宾斯的描述预示了未来十年的担忧：一直到七十年代，环保人士还在针对太平洋西北部森林的情况进行抗议。1970 年，《国家环境政策法》要求提交环境影响报告书。在森林喷洒可致人流产的除草剂，遭到一片反对声潮，评论家们一致反对皆伐；公共森林的经营者们被要求去关注环境目标。在日本也是如此：1973 年，国家新政呼吁国家森林建设需要设立环境目标。

但是，也许七十年代对这两座森林来说最重要的影响事件发生在了其他地方。六十年代，菲律宾出口到日本的木材增加了，但容易砍伐的菲律宾木材已经面临资源耗尽的情况。1967 年，印度尼西亚通过了一项新的森林法，将所有森林收归国营，然后用木材来吸引外国投资。在七八十年代，日本从印度尼西亚源源不断地进口原木，后来又从亚洲其他地区进口。[24] 日本国内的工业木材需要与别处方便采伐的进口木材行业竞争。到 1980 年，日本国内的木材价格大幅跌落，几乎没有人能负担得起采集成本。尽管俄勒冈州仍强烈推行集约化经营，但其实即将穷途末路。到九十年代，木材公司倒闭，国家林务局破产，集约化公共经营的愿景破灭。

我在前一章中提到了俄勒冈州的废墟。那么日本森林的情况如何呢？如上所述，柳杉和扁柏被种植在陡峭的山坡上，依靠手工除草、疏伐和修剪，然后再人工采伐。事实上这些由人看护的同龄木对价格并没帮助：除草、疏伐和修剪的成本太高了，甚至连采伐都会折本；变得密集的森林导致害虫和疾病的孳生，木材变得越来越滞销。

许多日本人开始厌恶这些森林。柳杉的花粉漂浮在乡间的空气中，引起过敏，使得一些日本家长不愿意造访乡下，以免影响到孩子的健康。徒步者也避开了这些阴暗而单调的地方。年轻的人工林刺激了杂草丛生，反过来又促使了鹿群的数量激增；随着树木的生长遮蔽灌木丛，鹿找不到食物，变成了骚扰附近村庄和城镇的害群之马。对于过度生长的控制政策，导致曾经被外国人称为"绿色群岛"的日本森林变成了废墟林。[25]

正如藤原三雄（Mitsuo Fujiwara）所说："森林业主对造林失去了兴趣，因此大部分森林都不会被砍伐，会逐渐从中年步入老龄……如果森林得不到照顾，放任其老去，它们就不会产生优质的木材，也无法发挥那些受妥善维护而成熟的森林所能提供的环境功能。"[26]

工业废墟对生物的影响取决于我们关注的是哪一种生物。

对一些昆虫和寄生虫来说，荒废的工业森林是一座富饶的宝矿；但对于其他物种而言，森林本身的合理化——在它彻底颓败前——则是一场灾难。介于两个极端之间的，是松茸创造世界的雄心。

日本松茸产量的减少，缘自 20 世纪 50 年代以来，农村林地不再受到积极维护，特别是在它们被改造成柳杉和扁柏种植园之后。七十年代之后，林地业主因成本过高而无法维护这些种植园；新种植园的建设也停止了。那里留存下来的重要的松树区块和阔叶林，源于当时价格的变化和由此导致的林业实践。如果现在还有松茸森林，那是因为不是所有的森林都要砍伐，以便为柳杉和扁柏让路。从这个意义上说，松茸森林反而因为东南亚的暴力砍伐而幸存——如果姑且不论有人认为日本此前热衷于种植园是理所当然的。虽然松茸在日本荒废的种植园里无法生长，但它们也得益于这种荒废挽救了其他森林免遭转型的厄运，松茸数量因此增加。

这是日本能与松茸茂盛的俄勒冈州森林对应上的共同点。20 世纪六七十年代，在俄勒冈州战后伐木热的鼎盛时期，最重要的木材市场就是日本。但是，新兴的东南亚木材价格非常有优势，以至于俄勒冈州最终无法与之竞争。正是这个问题，加上愈发带有预示色彩的环境诉讼案的增多，使木材公司撤出该州。在价格低廉的情况下，公司想要收购便宜的木材，他们先是在美国南部看好再生的松树，然后随着资本的持续流动，只要有当地的铁腕人物使得森林砍伐变得很便宜，木材的全球供应链中就会有货源。随着木材公司的撤离，林务局失去了服务目标和资源。对木材的集约化管理不再是必要的，也不再可能实现。重新种植优质的树木，系统性的疏伐和选育，喷洒毒药来除虫和杂草：这些不再值得讨论。如果实施这些计划，松茸也就无法存活——集约化经营的种植园不适合松茸生存。此外，在满是珍贵木材的森林中，采摘者可能不会受到欢迎；当然，没有人会为他们设计合理的经营方案。俄勒冈州松茸森林的繁荣应归功于全球木材的低价。在俄勒冈州和日本中部的松茸森林，共同依赖工业人工林的废墟而存在。

也许你认为我正试图美化废墟林地，或者想努力扭转颓势。并非如此。引发我思考的是世界各地的森林发生大规模、相互联系、似乎不可阻挡的废墟化现象，以至于即使是地理上、生物上和文化上完全不同的森林，仍然在一系列的毁灭中联系在一起。受到影响的不仅仅是已经消失的森林，就像在东南亚一样，还有那些努力维持生存的其他森林。如果我们所有的森林都遭受风卷残云般的毁灭性冲击，不管是资本家认为富有价值的还是可以弃置不顾的森林；我们都面临着在这样丑陋和难以忍受的废墟上生存的挑战。

然而，异质性仍然很重要；用陈旧的理论无法解释所有情况。消失的森林，过度拥挤和害虫肆虐的森林，以及在转型为种植园时被证明为没有经济效益而留存至今的森林，这三者之间的区别至关重要。在俄勒冈州和日本，交叉的历史进程产生了森林的废墟，但如果因此认为制造森林的力量和反应在任何地方都如出一辙，则很荒谬。种间聚合的独特性很重要；这就是为什么尽管有股横跨全球的势力，世界仍然保持着生态的多样性。错综复杂的全球协调也很重要，并不是所有的连接都有相同的效果。要写出这段废墟的历史，我们需要追寻许多故事的碎片，并往返于众多的区块。在全球力量的角逐中，不确定的遭遇仍然至关重要。

……隔阂与区块之中

细读森林，京都府。

田野中的松茸科学。

这张图表是松茸及其宿主树之间关系史的说明。

通过精确的现场记述和持续的观察，日本的松茸研究探究了生态遭遇问题。

美国科学家却倾向于将这项研究解构成"描述"。

16

作为转译的科学

像资本主义一样，把科学看作转译机器是很有帮助的。科学具有机械性，因为一群教师、技术人员和同行评审人员随时准备砍掉其中多余的部分，锤炼锻造直到留下合适的为止。科学也是可转译的，其洞见来自多样性的生活方式。大多数学者只有在科学的转译特征能够激发机械性时，才会对其加以关注。[1]转译帮助学者们观察到，不同的科学元素可以被整合到一个统一的知识和实践体系中。一直以来，人们对转译的混乱过程的关注较少，因为它会产生不和谐的并置和词不达意的问题，某种程度上也是因为科学研究很少愿意偏离那个想象的实体，即西方社会。科学研究需要后殖民理论来扩张范围，以突破"常识"这个自我蒙蔽的局限。在后殖民理论中，转译让我们看到了格格不入，也看到了相互契合。[2]因此，佐塚志保才观察到**自然**从这种混淆不清、悬而未决的转译中浮现。她指出，在诠释自然的跨国实践中，共同的学术训练与各处爆发的隔阂同时进行。[3]

在此意义上，转译创造出科学中不连贯、不相容的区块。尽管有跨学科的培训和交流形式，但研究、审核和细读总是分别独立存在，这些区块仍可能持续分裂。这些区块既不封闭，也不孤立；它们会随着新的素材进行转换。[4]它们的独特性不在于先验逻辑，而是趋同效应。观察它们就会回到开放式的聚合中，即我所称的"集合体"。在这里，即使在机器的领域内，也有分层的、不一致的、混乱的本体。松茸学和林业学即是生动的案例，本章旨在探讨混乱的转译，以及通过它形成的知识区块。

首先，如果科学是一项国际事业，为什么会有**国家级的**松茸学？回答这个问题需要关注科学的基础设置，即使它们汇聚一堂也彼此疏离。松茸学是国家级的研究，在一定程度上是因为与国家资助的林业研究机构有关。林业学是一门有关国家治理的科学，并将继续与之保持着密切关系，即使扩展到国际范围，林业学也是国家性质的。如今，我们已经走上了相互迥异的集合体之路。但现在的情况更有趣了。为什么声誉卓著的国内研究在国际上的影响力如此之小？尽管有共同的学术训练、国际会议和公共领域的出版物，为什么隔阂还是如此之大？这个问题恐怕要先从把日本排除在北美和欧洲的共识之外的情况来回答。日本已经建立起完善的松茸学和林业学，但在其他地方，它们都是随着松茸的商业化而出现的新兴范畴。人们可能会预期，日本的松茸学将是能启发其他地方新科学的传统母题，然而除了韩国，其情况并非如此。[5] 松茸出口国的科学家们正忙着发明他们自己的松茸学。这不是我们过去的认知所期待的普世科学。从松茸科学不均衡的发展，我们看到科学作为后殖民转译的处境。

"自然"的替代表现危如累卵，想想它们对人类干扰的不同反应便可窥一斑。日本科学家从里山研究中发现，松茸森林受到的人类干扰太少了，荒废的农业森林遮蔽了松树，令松茸无法生长。与此相反，美国科学家们认为松茸森林受到了太多人类干扰的威胁，不计后果的采伐行为令物种濒临灭绝。这是一个不争的事实：尽管两国科学家的观点在国际上都有交流，但他们几乎没有关于这些立场的任何沟通。此外，日本和美国的科学家倾向于使用对比性的调查策略，特别是在田野场地的选择和规模的议题上。这就无法跨越各自的研究结果进行直接比较。在这个过程中，形成了孤立的知识区块和研究实践。

当替代性科学出现在同一个地方时，这种隔阂就显得尤为明显。在中国，松茸学和林业学被夹在日本和美国的轨道之间。在中国东北的松茸森林中，中国科学家与日本同行有着稳健的合作关系。[6] 但是在云南，美国的环保和发展专家已经成群结队地来到了这里，松茸学是他们的关注范畴。中国学者认为他们的工作是赶上"国际化"，也就是英语国家的科学。正如一位年轻科学家所解释的那样，雄心勃勃的年轻学者从来不读日本的资料，因为那些是不懂英文的老一辈学者们的读物。美国研究方法的威力已足以在云南制定政策：云南松茸作为濒危物种已被列入《濒危野生动植物物种国际贸易公约》名录，当地也出台了针对不受控制的采摘者和采摘行为的规定。[7]然而，云南的森林与美国的松茸森林完全不同。正如我在第 13 章所指出的，它们其实与日本里山有着相似的模式。美国专家不能识别出这种森林的景观动态。但我有些言之尚早，日本和美国的知识区块到底是如何发展，然后又传播开来的？

现代松茸学始于 20 世纪早期的日本，二战后最为杰出的学者是京都大学的滨田获博士，[8]他指出松茸是如何通过其处于应用和基础研究、民俗和专家知识之间的关键交集位置来扩大科学范畴的。松茸的经济价值吸引了政府和私人的投资；它还开拓一条了几乎未经探索过的、关于种间相互作用的生物学研究路径。为了探索这些相互作用，滨田博士认真地向农民取经。比如，他使用民俗词汇"菌城"（"城堡"、"白色"或"植床"）指涉"菌丝体垫"——松茸真菌生长所依赖的白色、以防御为目的的生长植床。他从农民有关菌丝体垫（shiro）的经验中了解到菌丝体丛的知识，早期也尝试过培育这种真菌。[9]与此同时，他探讨了菌丝体垫与树木的种间关系的意义，甚至还引申出一些哲学问题——他问，我们是否认为互利共生关系是一种爱的形式？[10]

滨田博士的弟子们推广并深化了松茸的研究，其中有位小川麻琴，发起了一项遍布日本全国各地县林业局的松茸研究计划。地方森林研究人员用简单的设备和田野方法解决实际问题，他们使民俗知识与专家知识之间的对话生动而富有成效。[11] 在这个传统中，即使是大学和机构的研究人员也保持着和农民们交流的习惯，并撰写通俗读物、田野手册和专业文章。[12] 他们问题的核心是自 19 世纪 70 年代以来松茸的衰落，以及扭转这种减产趋势的可能性。一方面，他们在实验室里努力培育松茸；另一方面，他们在森林中探索最有利于松茸生长的条件。因此，一些研究人员参与了拯救日本里山森林的行动。没有松树森林的复兴，日本松茸也不可能蓬勃生长。

关于松茸与里山的衰落之间的关联思考，使这所学校的研究人员十分强调松茸的关联性，不仅是与其他物种间，也包括与非生物环境的关联。[13] 研究人员调查了松茸环境中的植物、斜坡、土壤、光、细菌和其他真菌：松茸从未被视为是自给自足的，而总是在关系中生长，因此也是在特定地点生长。为了促进松茸繁衍，这些研究人员建议人们关注它的生长的地点，以及有益于松树的人类干扰机制。在被忽视的森林中，则需要**更多**的干扰——一组研究人员称之为"果园法"（orchard method）的方法。[14] 通过保护好松树，松茸就会变得如一片充满希望的野草般生机勃勃。

同时，私营企业和大学研究人员都忙于在实验室里培育松茸。只要市场价格看好，那么培育成功后将是多大的收获啊！从 20 世纪 90 年代中期开始的十年里，铃木和夫在东京大学召集了资深人员组成一个小组，研究松茸种植情况。铃木实验室引进了海外博士后研究员，增加了日本松茸科学的国际特色。该项目从实地勘测法转向生物化学和基因组研究。到目前为止，人工栽培松茸还未能取得成功。[15] 然而，研究人员已从中获益良多，尤其是关于真菌与树木的关系：在这里，对关系的研究仍然是核心。铃木博士甚至把成熟的松树带进了他的实验室，建造了地下室，在那里细致地观察和测量菌根共生体。

为什么这项研究在美国没产生影响力？美国和日本在松茸学研究途径上的疏远并非从一开始就根深蒂固。美国太平洋西北地区林业研究人员在 20 世纪 80 年代注意到松茸时，他们是从日本的研究中了解到相关知识的。[16] 华盛顿中央大学的大卫·霍斯福德前往日本，与曾和滨田博士一同受训的大原池内合作。霍斯福德博士也存有一些从日语翻译过来的科学论文。他与美国同事合著，把研究成果转化成一篇非常优秀的论文：《美国松茸商业化采集的生态学与经营》(Ecology and Management of the Commercially Harvested American Matsutake)。[17] 该论文比美国出版的任何著述都更接近日本的研究。开篇概述了日本松茸的历史，接着讨论了华盛顿州在大原博士指导下的日式松茸研究。它甚至描述了美国松茸区独特的植被类型。同时也提出警告："美国林务员……很可能会在不同的语境下考量日本优化松茸生产的方法……因为森林管理的目标有很大的不同。"[18] 这一警告最后不幸言中。后来美国林务局针对松茸的所有研究只要涉及日本知识，都只引用霍斯福德的观点。

障碍是什么？一位太平洋西北部的研究人员告诉我，日本的研究并不是很有用，因为它们是"描述性"的。在厘清"描述性"可能意味着什么，以及存在什么问题的时候，美国林业研究的文化和历史特殊性开始成为焦点。"描述性"意味着特定场域需要根据不确定的遭遇进行协调，因此是不可规模化的。美国林业研究人员正面临压力，要求研发出与可规模化的用材林经营相兼容的分析方案。这就要求将松茸的研究扩展成用材林研究；而日本研究的地点选择会根据真菌的生长区块而定，而非林地的布局。

有了林务局支持的松茸研究，解决了一个重要问题：松茸能否作为一种可持续性经营的经济产品？[19] 这个问题是在林务局管理工作的历史中形成的。在这段历史中，非木材的林产品除非能与木材兼容，否则会被忽视。因此，可经营用材林的单位——林分，是美国林务人员眼中最基本的景观单位；[20] 而日本科学家研究的真菌区块生态没有包括在这个领域中。美国针对松茸的林业研究范围也进行了相应的调整：一些研究使用随机剖面，以及和木材林分相兼容的范围来对松茸进行采样，[21] 也采用其他通过扩大真菌区块规模的方法，建立研究模型。[22] 这些研究研发了监测技术，可以在用材林合理化规模内观测松茸。

美国松茸学的一个关键问题是采摘者：采摘者会破坏他们的资源吗？这个问题来自美国的林业历史，其核心问题是"伐木工破坏了他们的资源吗"。这一传统引发了后来针对采摘技巧的研究。就像伐木工一样，影响重点被设想成与采伐有关。研究发现，把地会减少未来的蘑菇产量；如果蘑菇被细心地摘除，产量就不会受到影响。[23] 采摘者必须经过训练才能进行正确的采集工作。其他形式的人类干扰可能对蘑菇收成造成的影响，目前还没有研究：例如，疏伐、火灾抑制或造林；研究人员还没有对过度采伐产生担忧。这就是美国的可持续性：防止基于贪婪的大肆破坏。

与日本不同的是，美国的林务人员担心人类干扰带来危险。人类活动对森林造成损害不胜枚举，而不是少数。偶然的是，"耙地"在美日两方的科学认知中都是干扰的象征——但具有相反的效用。在美国，耙地干扰了地下真菌体而导致松茸森林的破坏。在日本，通过耙地却能翻出适宜松树的矿物质土壤，使松茸森林更富有生产力。这些是完全不同的森林，面临着不同的挑战。在美国太平洋西北部的针叶林中，并不提倡种植松树（尽管向民间疏伐团体开放国家森林可能是件好事）。然而，这种对比的目的在于引申出一些问题，而不是争论哪种方法是正确的：它显示了基本问题和假设的功效。世界主义的科学是在新兴的研究区块中形成的，它们在不同的遭遇中共同成长或相互排斥。

回到云南的案例，美国研究路径的影响现今更为明显。中国本该成为探寻松茸、橡树和松树，以及它们和人之间关系问题的最佳国家：人们如何维持松茸生长的橡树－松树林环境？然而，中国研究人员将松茸想象成一种具有美式风格的、独立的、自足的、可规模化的产品，不需要关注它与其他物种的关系。继可持续性之后出现的问题不是针对相关的森林，而是关于采摘者的做法：采摘者们是否破坏了他们的资源？当研究人员询问村民松茸收成下降的问题时，他们不会关心森林的情况。在解决松茸产量衰退的问题时，松茸好像独自隐居在景观中。[24] 这是美国式的问题，是效法合理化木材的经验、期待从贪婪的伐木工手中拯救森林所延续下来的美式观点。但中国的松茸采摘者并不是伐木工。[25]

尽管科学家们身处美式框架的霸权里，云南仍有日本松茸研究的受众。松茸出口企业与日本关系紧密，因为那里是主要销售市场。此外，日本的学术界还在探索人类如何管理森林以增加松茸的产量；而美国人研究如何控制松茸的收成，以防采摘者破坏资源。日本的森林管理公司承诺为市场提供更多的松茸，美国的科学界则保证会让产量再少一点。云南松茸企业当然有理由更喜欢日本模式。当一位著名的日本科学家把他有关松茸经营的著作发行中文版本时，是云南的松茸商业协会，而不是科学家，组织进行了翻译工作；甚至在译文出版之后，科学家们也不知道这本著作的存在。[26]

所有这些都让我想到了 2011 年 9 月在昆明举行的首届国际松茸研究大会，云南松茸商业协会与一组日本科学家共同组织了这次活动。出席会议的还有一群朝鲜松茸科学家，以及以北美为基地的松茸世界研究组织。由于只在开幕式上提供翻译，会场的交流变得很困难，而且译者们也因为不熟悉相关领域，显得招架不住。整场研讨会应该用英语进行，但是参与者们显得力不从心。不过，语言不通只是问题的一部分。每个与会者对松茸的研究都有完全不同的看法。大多数中国参会者希望推广中国的松茸，因此会谈及文化价值、新的加工技术，以及政府为保护蘑菇所做的努力。相较之下，日本的参会者们对有机会看到非日本的松茸品种感到兴奋，因为这意味着有可能出现更好的松茸种植潜力（一些中国人表示反对，他们不想成为研究数据）。朝鲜人则希望得到在国内被禁的国际期刊的副本。而在这里四处赶场的，就是带着科学与社会衍生注解的北美人类学家。

参会人员有不同的议程。然而，在论文宣讲前为时两天的联合田野调查中，我们看到了彼此是如何观察森林的。这是一个千载难逢的机会，可以看到几种不同的科学同时参与实践。中国的参与者见证了森林真菌生命的多样性，以及农民与国际专家之间建立起的友好关系。日本学者珍惜这种难得机会，研究外国真菌和宿主树的关系。朝鲜人则热切地希望学到新的技术。没有人认为这次会议是徒劳的。我们都在练习倾听的艺术：识别差异，就是共同合作的开始。

但也有沉默的一方。看看有谁不在场。几年前，美国林务局研究经费因联邦资金的削减缩减，因此没有派美国的林务人员参会。附近小镇上有个中国研究机构，本来吹嘘自己有好几名松茸研究员，但场上也不见踪影。这真是一群背景复杂的人，由中国企业家和日本科学家共同组成。在让人困惑的翻译以及会议人物四处缺席的混乱中，遍布着隔阂和区块。

有时，人们能经由区块间的转译做出改变，滋养新的发展。这场昆明会议之所以能举办，是因为一个人的努力。白族人杨慧琳（音译）在童年时遇到了一位在云南调研白族社区的日本人类学家，后来她去日本留学，参与了松茸贸易；正是她与日本科学家之间的积极联系促成了昆明会议的召开。把研究传统聚集在一起的她，终于看见新的区块形成。

世界主义的科学是由区块组成的——也借此显得更为丰富。然而，个体和事件有时会产生影响。就像蘑菇孢子一样，它们可能会在意想不到的地方发芽，重塑区块的地貌。

细读森林，云南。

识别一棵常绿橡树。

橡树形成杂交繁殖的杂糅性种群，

然而，却在某种程度上还维持着差异。

名称只揭开了神秘的面纱。

17

飞扬的孢子

当然，所有这些，都只是推测。

——真菌学家徐建平在谈论松茸演化

景观和景观知识都在区块中发展。松茸的菌丝体垫模拟了这一过程：区块传播、变异、合并、相互排斥，然后死亡。科学中辛劳的工作，以及创造性的、富有成效的发展，还有新兴的生态，都在区块中发生。但我们还是难免好奇，究竟是什么促使它们出现？对于松茸而言，就是飞扬的孢子。

无论是在森林还是科学领域，孢子都打开了我们的想象，将我们带到另一个世界性的拓扑学（topology）中。孢子向未知的目的地起飞，在不同的类型之间交配，偶尔还会产生新的有机体，创造出新的种类。孢子难以捉摸，这是它们的奥妙之处。研究景观时，孢子引导着我们思考种群的异质性；思考科学时，孢子则提供了结局开放的、数量庞大的讯息，这正是探索的乐趣。

为什么关注孢子？

岩濑刚二是第一位启发我思考孢子的人。我曾经和他、佐塚志保、迈克尔·海瑟微四人在京都共进午餐；当时并未录音。我很好奇为什么松茸能够四海为家：它是如何在北半球传播的？岩濑博士对外国友人很友好，慷慨解答。他提到平流层中布满了孢子，它们就在那些高海拔的地方被吹散到世界各地；目前还不清楚有多少孢子能在遥远的地方发芽。紫外线辐射会杀死其中一些，而大多数孢子只在短时间内存活，也许只有几周的时间。他不知道松茸孢子能否坚持等到在另一个大陆上生根发芽的机会。即使可以，它也必须找到另一颗可发芽的孢子；没有结合，它会在几天之内死亡。尽管如此，在数百万年的时间里，人们认为孢子可能真的具有传播物种的能力。[1]

平流层里有一些东西能够激发出空中的幻想。想象一下，孢子环绕着地球飞扬！我的思绪随着漂移的孢子起飞，在跨越大洲的亘古岁月里追随我的主人公。我把我的问题带到世界各地的真菌学家那里，穿越平流层，去追逐他们的思想。我发现了一种有关推测起源及跨时空生成物种的世界主义科学。与应用型林业不连续的区块模式不同，松茸物种科学的形成并不是一种类似区块的现象。关于研究方法，国际上有强大的共识：资料——蘑菇样本与 DNA 序列——能跨越边界，进行流通。不论是个人还是实验室，有时都会发展些故事、专业知识甚至是偏见；但是这里没有学派，也不分区块。所有努力都是不计酬劳的付出：没有人会提供资助来研究蘑菇的穿越之旅。科学家们出于热爱来探索这些问题，也因为这些方法和材料都已经在那里了。也许有一天，这些结果与推测将引导我们，像孢子一样，走向新的领域。就目前而言，这只是一种思考的乐趣：大脑就像充满了孢子的空气平流层。

这些流通的材料和方法是什么呢？

亨宁·努森馆长向我展示了哥本哈根大学植物园的馆藏真菌。[2] 模式（type）标本储存在这里：抽屉里装满了封存的标本袋，每一个袋里都保存着真菌标本。当一个新物种被命名时，命名者会向植物标本馆提供一个样本，这些标本成为该物种的"模式"。来自世界各地的研究人员可以申请查看这种模式，植物标本馆会寄出原始资料。北欧人对识别植物的热情促使了植物标本馆系统的诞生，因此也产生了拉丁文二名命名法。这是欧洲征服的一个特点：它通过标本的流通，为跨国交流创造了基础；世界各地的研究人员通过在标本馆收集的标本来了解物种。

但努森博士并不认为松茸通过孢子在平流层进行传播，因为这样不太可能找到交配伴侣。相反，它们分布在森林中，随着树木一起蔓延。这需要漫长的时间；但是在地球的北半部，许多物种其实都是靠合作传播，尽管速度非常缓慢。有些植物，如美味牛肝菌（Boletus edulis），可能就是从阿拉斯加跨越了地

球顶层的气流传播到西伯利亚。但是北方物种的同质性被夸大
了，他说，许多过去在北半球被认为具有一致性的物种，其实
并不同种。[3]

对一致性世界物种的排斥不是源于标本馆样本的流通，而
是来自一种革命性的新技术——DNA 测序，它提供了一种新的
定义物种的方法。真菌学家研究特定的 DNA 序列，例如，内部
转录间隔区域（ITS），即在同属物种内部出现的变异。努森博
士的同行——多伦多皇家安大略博物馆馆长——让－马克·蒙
卡尔沃解释说，在 ITS 序列中，超过 5% 的差异就表明出现一
个新物种。[4]DNA 测序并不排斥标本馆的资料和方法，大多数物
种之间的比较都使用了标本馆样本；但现在出现 DNA 序列这种
新物质在流通，世界各地的科学家能够通过数据库查阅其他人
的 DNA 测序结果。DNA 测序简易精确的特点已经在科学界掀
起了一场风暴：这是一场前无古人的革命，它似乎强大到驱使科
学家不断提出能获得这类解答的问题。

当然，这里仍然存在着不同之处。蒙卡尔沃博士解释说，
就在 20 世纪 80 年代，中国的真菌学家们在与欧洲人和北美人
沟通方面遇到了麻烦。一位中国真菌学家给他寄来的真菌样本，
竟夹藏在影印文件中。他说，由于之前与世界孤立，中国自创
的分类法很奇怪。国际上没有对"属"（拉丁文二名法中的第一
个部分）进行命名的规则，因此，中国的分类学家将"中国"
加在属名上，组成"中华牛肝菌属"（Sinoboletus）一词取代原
先的"牛肝菌属"（Boletus），这给外国同行带来了困惑。此外，
他们在辨认物种时对微小的形态差异太过重视，他们声称在云

南有 21 种平菇，但世界上承认的只有 14 种。但他说，现在这种情况正在改变，因为受过国际训练的年轻科学家们已经开始接过历史重担。

这些材料和方法可以告诉我们"种类"是什么吗？

物种一直都是一个不确定的概念，DNA 测序尽管精确，却没有使物种分类变得更容易处理。传统上，物种边界的定义是双方个体不具备通过交配产生后代的能力。用马和驴举例会更容易理解（它们可以交配但后代不会繁殖）。但是真菌呢？蒙卡尔沃博士向我具体介绍，根据这个定义，若想判断两种不同的真菌菌株是否属于同一物种，需要先为两种真菌各自培育出单一孢子，让这些孢子交配，以某种方式迫使它们生产蘑菇，然后再让这些新蘑菇的孢子交配再生产蘑菇。对于像松茸这样的真菌来说，没有人在培养基中成功培育出来过，甚至它的孢子也不能单独发芽，这样的实验几乎不值得投入。此外，蒙卡尔沃博士补充说，试想一下有个倒霉的研究生，花了心血来写寻找物种边界的论文——即使是为最普通的蘑菇，接下来能去哪儿找到工作？

所有这些对于了解松茸在全球的分布都很重要。二十年前，北半球散布着许多松茸种类，随着科学家的发现不断涌现于世；如今却只有少数存活，且数量逐渐减少。但这并非因为物种灭绝。ITS 区域 DNA 测序让科学家们认为，大多数这种松茸其实都是同一种属：松口蘑。松口蘑松茸现在似乎遍布北半球的大部分地区，不仅横跨欧亚大陆，还延伸到北美洲和中美洲。只有美洲松茸，即北美太平洋西北地区的松茸——即使它的 DNA 特征同松口蘑松茸非常接近，却是继续作为一个独立的物种而明确存在的。[5]

DNA 测序的精确性可以实现这样的判定，却也削弱了以物种为基础分类来理解生物的可信度。我第一次见到日本林业和林产品研究所所长铃木和夫时，恰逢他们取得关于中国一种喜欢与橡树共生的松茸的最新研究结果，当时它被称为喜栎口蘑（Tricholoma zangii）。[6] 在日本，松茸只和松树共生；长在阔叶林木上的松茸肯定是假的。松茸与针叶木之间的关联性似乎是其物种定义的一部分。但 DNA 分析结论让研究人员感到意外，因为中国的橡树松茸和日本唯松树共生的松茸之间有着密切的关联。铃木博士协同东京大学的年轻同事松下博士参加了我们的会议，亲自告诉我这个消息：经 ITS 序列分析证明，橡树松茸和松树松茸之间不存在物种差异。[7] 但是已经从事了很多年松茸研究工作的铃木博士，并没有把这个发现作为全部结论，"这取决于你的问题是什么。"他解释说。他告诉我在蜜环根腐病菌这种复杂的物种中，根本没有清晰的物种边界可言。蜜环根腐病菌会扩散到整个森林，刺激了"世界上最大的有机体"的生成。区分"个体"变得困难，因为这些个体包含许多基因特征，帮助真菌适应新的环境情况；[8] 甚至当个体融合、生命力长久，并且不愿区分出生殖隔离的界限时，物种就是开放式的、可随时修正的。"蜜环根腐病菌是一种包含了 50 种小物种的物种。"他说，"这取决于你划分物种的目的。"

我清楚地记得那次讨论：我全神贯注地竖起耳朵聆听。铃木博士以文化人类学家对待（文化）单元的方式对待物种：将其视为一套必须不断被质疑、以维持原本作用的框架。他表示，我们熟知的种类，是在世界和知识创造之间的脆弱接合中发展出来的。种类总会不断变化，因为我们总在以新的方式研究它们。即便它们看似流动不定，而且更引发困惑，它们却同样真实。

加州大学伯克利分校的森林病理学家伊尼亚齐奥·查培拉（Ignatio Chapela）更坚定地认为，"物种"的概念限制了我们可以讲述的关于种类的故事。"这个二名命名法系统虽然久远，但它完全是一个人工制品。"他说，"你用两个字来定义事物，它们就成了原型物种。在真菌中，我们不知道物种是什么。真的没有概念……物种是一组能够交换遗传物质、发生性行为的有机体。这一定义适用于有性繁殖的有机体。那么，对于植物中可以随着时间推移而改变的无性繁殖有机体，会产生物种概念的疑惑……从脊椎动物转到刺细胞动物，如珊瑚和蠕虫，它们交换 DNA，以及群体的形成方式，与我们非常不同……你去观察真菌或细菌，它们的系统完全不同于我们的标准——甚至是不可思议的。一个生命力持久的无性繁殖生物可以突然具有性繁殖能力：可以进行杂交，带来完整的一大块染色体；可以进行染色体多倍体化和复制，产生全新的东西；可以是共生关系，比如说，一种细菌可以把它的整个部分当作其他有机体的一部分，或者用它的 DNA 片段来充作其他有机体的基因组，这样其他有机体就变成了完全不同的东西。又哪里分解得清楚物种边界呢？"[9]

为了比较不同种类的松茸，查培拉博士使用了标本馆样本和新鲜样本，并进行了 ITS 区域 DNA 测序。但他拒绝把他的测验结果想象成固定的物种。"如果你开始分组，就只能根据它们的相互关系进行命名。你不能称它们为一个物种……在旧的分类学方法中，你可以说'这是我的理念类型（ideal）'——这完全是柏拉图式的——一切都将作为理想类型遗漏的近似物被比较。它是独一无二的，但是你比较一下，看看它们离这个理想类型有多接近……如果它变得太不一样了——无论采取什么对比方法，且它们都是完全任意的——你就会说，'哦，这一定是不同的物种。'"为了避免错误的"科学掩盖"（scientific cover），他谈到了日本贸易中出现的各种各样种类的松茸，他的研究确实发现不同地区的松茸有不同的基因分组。他说，这意味着遗传物质在这些地区之间不可进行自由交换，"如果你可以清楚地看出模式，清楚地看出区隔，这就意味着这些群组之间没有太多的交流"。这些数据表明，不太可能有规律地发生跨区域的孢子交换。

孢子无法进行长途旅行的结论得一票，但其他的可能性也变得更加激动人心。那么物种如何进行迁徙呢？

查培拉博士与他的同事加贝尔托博士一起，讲述了有关松茸旅行的故事。[10] 他认为，始新世（Eocene）的先祖种群是在北美洲的太平洋西北地区发育起来的，那里的美洲松茸至今仍与阔叶林、针叶林共同生活，带着喜欢和阔叶林生活在一起的松茸祖先的余音。其余的松茸族群攀附在针叶木上，随着针叶林蔓延到整个北半球。当针叶林退到生物冰期避难所的时候，松茸也随之一起，特别是那些与松树共生的松茸。无论松林生长在哪里，松茸也如影随形。在跨越白令海峡的迁徙中，松茸征服了整个亚洲，然后是欧洲；地中海阻断了南欧和北非之间的基因交换，两边的种群都是在广袤的欧亚长途跋涉过程中的独立延伸。同时，查培拉博士和加贝尔托博士设想，北美东南部的大量松茸来自墨西哥的松树 – 橡树生物冰期避难所。

他们的假设令人震惊，部分原因是在他们发表这一论点的时候，大多数人还认为松茸是一种"亚洲的"复合物种。毕竟，只有日本人和韩国人喜欢松茸，并认为这是他们自己的财产；它怎么可能是一种几百万年前生长在北美的蘑菇，后来才出现在亚洲？（查培拉和加贝尔托推论，在 2800 万年前，随着落基山脉的上升，美洲松茸和其他松茸产生了区隔。）事实上，并不是每个人都能认同他们假设的故事；这是一个结局开放的领域。京都真菌学研究所的山中博士就主张松茸起源于喜马拉雅山之说。[11] 随着喜马拉雅山脉的上升，许多新物种开始出现，环境变化有力地将旧物种抛向新的环境，激生出巨变。查培拉和加贝尔托的研究显示，中国西南地区松茸宿主树分化的证据并不容易获得，至少在加州是这样。事实证明，中国松茸不仅与针叶木有关，还同栎属、锥栗属和石栎属有关，喜马拉雅山脉成为发现它们物种多样性的中心。（山中博士提醒我，美洲松茸的主要阔叶木宿主树是柯树，这是唯一的非亚洲的石栎属。[12] 这或许是一条线索？）山中博士在中国发现了与针叶木和阔叶木宿主都有关联的松茸菌丝体垫。他主张喜马拉雅起源说的依据，是基于该地区菌根排列的多样性。多样性通常是一个地区经历岁月的标志。

　　然而，即使是最新的研究也表明，中国西南地区的松茸并不特别具有遗传多样性，至少在被研究人员最常测序的 ITS 区域是如此。这些松茸的多样性不如日本松茸丰富，后者被公认为在进化场景中后来者居上，但这并不意味着中国松茸是一个更新的种群。加拿大麦克马斯特大学的徐建平认为，中国的松茸只是比日本松茸分布的空间广。[13] 他指出，这种"饱和"可以导致遗传竞争力不足的无性繁殖个体寿命更长。工业污染的压力也可能导致日本松茸的遗传竞争，但中国西南地区的工业化程度则要低得多。多样性不仅仅是一个时间标志的问题。

　　徐博士把问题引回到孢子上，"许多蘑菇物种分布广泛，它们是投机分子；哪里有食物就能在哪里生存。对于它们中的大多数来说，分散传播并不是一个巨大的障碍"。他提出了"泛种论"（panspermia）假说，假设孢子无处不在，甚至可以在外太空旅行。"你在任何地方都能找到大多数微生物物种。分散传播不会遇到障碍。关键是它们是否能够在这些环境中生存。"他开玩笑说，"就像现在的中国人一样，遍布世界各地。哪里有商业机会，哪里就可能遇到中国人。哪怕在一个小城镇，你也可能会发现一个中餐馆。"我们不约而同地笑了。他谈到了孢子是如何分散传播的，"对许多物种来说，不同地理区域的种群之间的基因差异是有限的"。他以我们口腔中的细菌为例：中国城市中产阶级的口腔里的细菌与附近农村的人大不相同，但与有着相似饮食习惯的北美人是一样的。产生影响的是环境，而不是地点。他强调，对很多真菌来说，"分散传播不是问题——特别是自人类出现以后"。

一个新想法油然而生。那么是和人类有关？

徐博士不是唯一认为真菌孢子是经由人类贸易和旅行进行传播的人。蒙卡尔沃博士发现这点非常重要，尽管他不同意孢子云无处不在的观点（蘑菇种群有限并且定义明确。两块不同大陆上具有相同形态的蘑菇，通常因遗传距离而分开）。他认为，通过孢子成功进行交换是偶然的，不是常规的，但"现在的交换行为可能更为普遍，因为贸易和旅行的机会增多"。例如，20世纪50年代，毒蝇伞被散播到新西兰，现在仍呈现蔓延的趋势。如果不与人接触，松茸不可能迁移到大西洋。"这里有很多的欧洲赤松（欧洲赤松是欧亚大陆北部松茸的主要宿主树，但它并不是新世界的原生植物）。加拿大人仍然把女王印在硬币上，对吧？因此，他们认为来自女王陛下花园的松树质量肯定比本地松树要好。"他嘲弄似的摇了摇头，提出的却是一个严肃的观点：也许松茸是附在松树幼苗的根部上迁移到加拿大东部去的。蒙卡尔沃博士并不否认在没有人类的情况下传播的可能性，但他确实认为这种传播是最近出现的，因为北美东部的松茸与欧亚大陆的松茸非常相似。此外，他补充了一句让我震惊的话：谁知道传播的方向是哪边？"特别是如果我们发现这两个物种（美国西部的美洲松茸和常规松茸）在中美洲共存，阿帕拉契亚山脉南部可能就是起源。一个（美洲松茸）被滞留在了西海岸，另一个（常规松茸）则迁徙了。这是一种系统学研究（phylogenetic study）应该能够证明的观点。"

"这两个物种怎么会到墨西哥的呢？"我问道。"这是冰河时期南方的生物避难所，"他解释说，"这是众所周知的现象。

中美洲的山脉是橡树和松树能够在南部生长的极限地带。你在南美洲找不到它们，但可以在高海拔的地方发现它们：当气候变冷，一切生物迁徙至南方。当气候回暖，它们迁移到高海拔之处。在墨西哥，三千米高度就像这里的海平面一样。这也解释了一些洗牌现象。种群将从当地的生物冰期避难所中恢复过来，但它们不是鲑鱼，不能逆流游回到出生的小溪。它们没理由选择自己要走这条路还是那条路。真正在移动的是生态系统，而不是那些真菌。"

移动的是生态系统：难怪人类会在无意中引发了这么多其他物种的移动；我们一直在创造新的生态系统。而且造成改变的还不只有人类。

"我宁愿相信有时它是个事件。"蒙卡尔沃博士就我反复提出的关于物种如何传播的疑问进行了解答，"这是许多人无法理解的。时间框架是巨大的，南半球和北半球的地壳构造分离是一亿年，所以我们在南半球和北半球发现了不同的物种。澳大利亚就是一个很好的例子。所以人们说，'哦，它们在一亿年前就分开了。'但这并不是事实。现在我们有了分子数据，就会发现人们以往对多数情况的认知是不正确的。它们是孤立的，但有时也会迁移；但是迁移不会一直发生，所以我们没有什么东西是同质化的。每百万年可能有一次迁移，或者每一千万年。造成迁移发生的原因可以是任何事情：可能是一场从菲律宾开始、穿越赤道的海啸波——它们通常不会穿过赤道，但在一亿年的时间里则有可能——在波顶裹挟着一些土壤和一些挂着动物的木材。也可以是风。它可以是任何东西。"曾经真菌学家认为南北半球的蘑菇已经被分离了一亿年，但现在 DNA 测序表明这可能不是事实。比如，有许多毒蝇伞分类显示了南北半球的联系，而不仅仅是一个半球的二分法。关于一个地方缓慢而持续突变的假设，正在被不寻常的事件与不确定的遭遇所取代。

那么在地方种群中，物种是如何出现的？

徐博士解释说：规模很重要。不能用同样的工具去进行跨越大陆和地域的多样性研究。真菌 DNA 的 ITS 区域检测对于研究大块区域差异很有用，但是研究地方种群则无能为力。在那里，需要一个完全不同的 DNA 丛，去判断不同群体间的变异。徐博士发现单核苷酸多态性（SNP）对种群层次鉴定很有帮助。[14] 利用这个方法，他研究了中国的松茸种群，发现了橡树松茸和松树松茸之间的基因差异微乎其微，但在不同的采样区域之间存在着显著的地理区隔。也许，最重要的是，这种区隔增加了在松茸种群中存在有性繁殖的证据。**孢子的问题再次出现了。**

在真菌世界，这一点绝对不是不证自明的。真菌通过许多机制繁衍，而通过发芽孢子交配的有性繁殖只是其中一种方式。大量的真菌繁殖是无性繁殖；一些无性繁殖系个体——包括著名的蜜环根腐菌——它体型巨大，且非常古老。真菌还能通过在压力下产生的无性孢子进行繁殖；有了厚壁组织，它们就能经受住艰难的时刻，当条件更好时便会发芽。对某些物种来说，不存在或很少发生有性生殖。然而，对于松茸来说，有证据表明有性孢子的作用至关重要。该项研究需要检查无性繁殖系区块的基因组成：它们是独立突变还是交换遗传物质？例如，你是否在较古老的森林而不是较幼龄的森林中发现了更多的遗传多样性？在那里你会期待发现"奠基者效应"（founder effect）而不是孢子的自由散布？对于松茸来说，最后一个问题的答案是肯定的：孢子似乎在菌丝生长的区块之间相互交换。[15] 然而，景观特征可以阻止孢子的交换；例如，研究人员发现山脊阻断了松茸种群的基因交换。[16]

这听上去很耳熟，但不要大意。松茸会做一些奇怪而美妙的事情，颠覆你对有性繁殖的想法。在一次聚会上——这一次是在筑波市，我与林业和林产品研究所的村田仁、松茸世界研究小组成员列巴·法耶尔一起饮茶。[17] 当我明白松茸的个中缘由时，兴奋地把茶打翻了。村田博士一直从事松茸种群的遗传学研究。这是一个艰苦的过程，因为松茸不是一个简单的研究对象。弄清楚如何让孢子发芽本身就是一个难题；但他发现孢子会长在松茸的其他部位，例如在菌褶上。这表明孢子可能在活的菌垫上，也就是菌丝体垫上，包括产生蘑菇的亲代植株上发芽。[18] 它们发芽后会接着发生什么？这就是他研究中的奇妙所在。松茸孢子是单倍体，也就是说，只携带一套染色体，而不是成双成对。我们可能期望它们与其他单倍体孢子交配，从而形成完整的一对；它们的确如此，人类卵子和精子就是这样结合在一起。但是松茸孢子还有其他的能力，它们可以加入已经拥有成对染色体的体细胞。这被称作"单－双核体"交配（dimon mating），"单"即发芽孢子的单套染色体，"双"即真菌体细胞的双套染色体。[19] **就好像我决定和我的胳膊交配（不是无性繁殖）：这是多么奇怪！**

孢子将新的遗传物质注入菌丝体垫，即使它是菌丝体垫的后代，因为菌丝体垫本身是一个多重基因组合的嵌合体。即使是同一菌丝体垫，不同的蘑菇也可能有不同的基因组。甚至是在同一个蘑菇上，不同的孢子也可能有不同的基因组。真菌的基因配置是开放的，允许增加新的物质，这加强了它适应环境变化和修复内部损害的能力。在一个植株里进化，导致这种真菌可以丢弃不太具有竞争力的基因组来获取其他的优质基因组；多样性就在这个区块里展现出来。[20]

村田博士解释说，他之所以能够提出这些问题，是因为他作为一位真菌学家有不同寻常的背景：他原先接受的是细菌学训练。大多数的真菌学家都有植物学背景，他们可以一次观察一个有机体，或者生态，在其中观察有机体之间的相互作用。但是细菌太小了，不能一次只关心一个；我们通过模式和集合了解它们。作为细菌学家，他知道"群体感应"（quorum sensing）的意义，每种细菌都有感知其他细菌存在的化学传感能力，并集体表现出不同的行为。他在第一次进行的真菌研究中发现了群体感应现象：在真菌的嵌合体中，每个细胞系都能感知其他细胞系，然后一起形成蘑菇。通过不同的方式研究真菌，一个新的物体出现了：具有遗传多样性的真菌植株嵌合体。

具有遗传多样性的蘑菇孢子！植株嵌合体！产生公共效应的化学传感能力！世界是多么奇怪和美好。

我在挣扎：是时候回到区块、不相容的规模以及历史的重要性等问题上了吗？难道我不应该回到多重节奏，关注区块在景观和科学中出现时的节奏？但是随着孢子飞行、体验它在全球难以穷尽的模样是多么快乐！到这里，读者必须先将就接下来这个仓促的结论：

孢子通过添加新的遗传物质赋予了松茸种群活力。蘑菇产生大量孢子，其中只有少数能够发芽和进行交配，但这足以让种群遍布世界、具有多样性。其中一些多样性就发生在产生孢子的亲代植株体内。没有"单一"的真菌子实体是自足的，能够避免不确定的遭遇。真菌子实体出现在与树木、其他生物和非生物的历史交汇中，并与它自身的其他形态交汇。

科学家们以一种类似孢子的方式，对包括松茸进化和传播等开放式问题进行了推测。这些想法大多不会造成改变，但一些想法可以让这个领域变得更有活力。世界性知识始于历史的交汇——研究主题、生物和非生物，以及自身的其他形态的交汇。

区块是具有生产力的，孢子也同样如此，不容小觑。

难以捕捉的生命，京都府。

维持一座让松茸可以茁壮成长的森林需要一场舞蹈——

对森林中独特的生命轨迹保持警觉、进行清理和耙松的舞蹈。

采摘，也是一种舞蹈。

插　曲

起　舞

　　采摘者用自己的方式来认识松茸森林：寻找蘑菇的生命轨迹。[1]这种进入森林的方式犹如舞蹈：生命轨迹是通过感官、动作和方向来追寻的。舞蹈是森林知识的一种形式，只是在正式文献中不曾提及。而且，在此意义上，尽管每个采摘者都在跳舞，但并不是所有的舞步都一样。每一种舞蹈都是由共同的历史所塑造，有着不同的美学和导向。为了引你进入这种舞蹈的氛围，我又回到了俄勒冈州的森林。我先是独行，然后和一个日裔美国长辈同行，后来同两位中年瑶族人结伴。

想要找到一朵好蘑菇，需要用上所有的感官。因为采摘松茸有个秘密：几乎不能只凭眼睛去寻找蘑菇。你可能偶尔会发现地面上有一大片蘑菇，但那大概是动物不要的，或已经腐朽到被虫子啃食殆尽。然而，好的蘑菇往往深藏地下。有时我在发现蘑菇之前会闻到刺鼻的气味，其他感官马上敏锐起来。我的眼睛扫过地面，就如一位采摘者所形容的，"好像挡风玻璃前的雨刷器一样"。有时我得趴在地上才能找到一个更好的角度去观察，甚至用手去感觉。

我在找的是蘑菇的生长迹象，即它的活动轨迹。蘑菇在生长的过程中会轻微移动地面，所以你得注意类似的活动。人们称之为鼓包，但它又不像小丘一般明显。我倒认为它更像一种起伏，就像空气吸入胸腔时呼吸的感觉一样。这种起伏很容易想象成蘑菇的呼吸。可能会有一道裂缝，就好像蘑菇的呼吸从那里逃逸出一样。蘑菇当然不能像那样呼吸，但这种对生命形式的认知构成了这支舞蹈的基础。

森林的地面上总有很多鼓包和裂缝，但大部分与蘑菇无关。很多不过是旧有的、静态的、不属于生命运动的迹象。松茸采摘者寻找的是那些缓慢推进的生命迹象，然后再去感触地表。蘑菇可能在地面以下几英寸处，但一个优秀的采摘者已经可以确定它的存在，因为他们已经感觉到它充满生机的生命轨迹。

寻找的节奏，既充满激情，又保持沉稳。采摘者把他们进入森林的渴望描述成一种"狂热"。他们说，有时并没有打算去采摘，但狂热的迷恋会驱使你那样做。在这股劲头中，无论雨雪纷飞，都义无反顾，甚至夜里带灯前往。有人在黎明前起床，赶到那里找寻蘑菇，以免被别人抢先一步。然而，心急吃不了热豆腐。"慢慢来"，别人常这么提醒我。缺乏经验的采摘者会因为行动太快而错过大部分蘑菇，只有仔细观察才能发现那些平缓的起伏。冷静又狂热，激情又沉稳：采摘者的节奏在泰然自若的警觉中，凝聚出张力。

采摘者也要研究森林。他们可以为宿主树命名。但是树的分类仅仅是打开一扇门，确定一个采摘者可能搜索的区域；对寻找蘑菇本身并没有太多帮助。采摘者不会浪费太多时间关注树木。我们的目光落在下面，在蘑菇可以从起伏的泥土中探出的地方。一些采摘者提到，他们关注的是泥土，喜欢从看起来正确的土壤下手。然而每当我想细问，他们就三缄其口。一个采摘者可能厌倦了我的问题，所以解释说：正确的土壤就是那些能够长出松茸的土壤。分类何其之多，语言在这里的作用却如此有限。

采摘者寻找的是生命线，而不是土壤的类别。重要的不仅仅是树，还包括了树周围环境所讲述的故事。松茸不太可能在肥沃的、富有水分的地方生存；其他种类的真菌倒会在那里生长。如果发现了矮小的越橘，则说明地表过于湿润。如果有重型机械经过的痕迹，真菌恐怕已经死去。如果动物留下了粪便和足迹，意味着这是一个值得仔细观察的地方。如果在岩石或原木旁发现潮气，那也是好兆头。

森林的地面上有一种小植物，依赖松茸而不是矿物质生存，这就是拐糖花（Allotropa virgata）。拐糖花长着红白条纹相间的花茎，上面开满小花，但因缺乏叶绿素，无法自己合成食物。它会从松茸中吸取糖分，这些糖分是松茸从宿主树上获取的。[2] 拐糖花即使花朵凋谢，干枯的花梗还会继续立足林中，因此成为松茸的指路标——不管是结实中的松茸，还是深埋地底的真菌菌丝。

生命的轨迹缠结在一起：拐糖花和松茸；松茸和它的宿主树；宿主树、草本植物、苔藓、昆虫、土壤细菌和森林动物；起伏的地面与蘑菇采摘者。松茸采摘者对森林中的生命轨迹非常敏锐，这份敏锐是采摘时运用所有感官能力而练就的。这是森林的一种知识，欣赏它不需要完整的分类。相形之下，寻找让我们以主体而非客体的方式，去体验生命的活力。

广（Hiro）是城里日裔美国人社区的长者，[3] 如今年逾八十，一直过着标准的工人阶级生活。二战爆发时，年少的广和他的父母住在农场里。美国当局将他们迁到一个畜牧场，然后又送往一个拘留营后，他的父母失去了农场。后来广加入了美国陆军，并在二代日裔美国人第442步兵战斗团服役，该部队以牺牲自我拯救白人军人而闻名。之后，他在一个锻造厂工作，制造重型设备。一辈子劳碌的他，眼下每年领取11美元的养老金。

因为经历过这段遭受歧视和流离失所的历史，广帮助创建了一个活跃的日裔美国人社区。松茸也参与其中，作为一种友谊和回忆的象征。对广来说，赠送松茸是采摘的最大乐趣之一。去年，他把松茸赠给了 64 个人，主要是那些无法到山上亲自采摘的老战友。分享松茸能带来喜悦之情，同时，也成为了长辈给予年轻人的礼物。人还没走进森林，松茸已经唤起了记忆。

和广一同前往森林的路上，广的回忆变得越来越私密。他指着窗外说："那是罗伊找松茸的地方，再往那边儿是亨利偏爱的地方。"后来我才意识到，罗伊和亨利都已经去世了，但是他们依然活在广的森林地图上，每次途经，仍会被想起。广教导年轻人如何寻找蘑菇，那些技巧的背后都是往事。

我们走进森林，回忆更是历历在目。"在那棵树下，我曾经发现了一整排满满 19 个蘑菇，树的大半边都给围住了。""在那里我找到了这辈子见过的最大的蘑菇，四磅重，才刚发芽。"他带我去看一棵被风暴击倒的优质的蘑菇寄宿树，现在已不能再长出蘑菇。我们看到的是表层土被洪水冲击过的地方，在那里，采摘者的挖掘也对灌木造成损害。这片曾经久负盛名的蘑菇产地，光辉不复。

广拄着拐杖行走，我感到很惊讶，他仍然可以迈过倒在地上的原木，穿过灌木丛，在湿滑的沟壑里如履平地。但他并没有试图走遍所有地界，而是重访了他记忆中的各处蘑菇据点。寻找松茸最好的方法就是回到你曾经发现过它的地方看看。

当然，如果那里是一处偏僻之地，比如某棵偶遇的树旁灌木丛下，则很难每年都记得清。我们不可能对所有找得到蘑菇的地方进行编录。但广解释说，人们不需如此行事。每到一个现场，记忆就会涌上心头，使曾经的每一个细节突然清晰可见——包括一棵树倾斜的角度，一种灌木丛树脂的气味，光线的跳跃，土壤的质地。我常常经历这种记忆浮现的感觉。当时我走在一个似乎陌生的森林中，突然间，找到蘑菇的记忆——就在那里——弥漫在我的周围。然后我就知道该往哪里看，尽管发现蘑菇的过程并没有因此变得简单。

这种记忆需要亲身体验，唤起尘封已久的来自森林的亲密知识。广还记得当森林道路第一次向公众开放的时候："路边就有很多的蘑菇，你根本不需要深入森林！"他记得那些丰收年："我发现了三大箱的蘑菇，都不知道怎么把它们带到车上。"这段历史在景观中分层累积，萦绕在我们检验新生命出现的地方。

谈到那些不能再起舞表演的人时，这种记忆之舞的力量让我特别难过。广给那些无法再步入森林的朋友送去了蘑菇。赠送蘑菇——把病患和未亡人重新嵌回公共景观中。然而，有时记忆会消散，然后，蘑菇就成了整个世界。广的朋友亨利讲述过一个辛酸故事：一位二代日裔美国老人，患有阿尔茨海默症，只能待在养老院。亨利来访时，老人告诉他："你应该上周来的；那片山坡因为长满蘑菇变白了啊。"他指向窗外一处修剪过的、永远不会长出松茸的草坪。没有了松茸森林的舞蹈，记忆就失去了焦点。

广带我去了一个山谷，那里的商业采摘者对景观并不在意。广是我见过的最慷慨的人，他喜欢跨种族和跨文化的工作。然而，几个小时后，他累了，陷入了沮丧的重复中："在柬埔寨人破坏它之前，这本来是个好地方。在柬埔寨人破坏它之前，这本来是个好地方。""柬埔寨人"是他对东南亚采摘者的统称。美国人大概不会对这种彼此间刻板印象造成的种族定性的冲突感到震惊。忘了这些无论是对广还是对"柬埔寨人"的指指点点吧，让我回到从两个瑶族采摘者那里学到的采摘之舞。我的重点不在于突出分类对比，而是邀你进入另一场舞蹈。

对于林莫和蔡梵来说，松茸采摘既是一种生计也是一种度假。自 20 世纪 90 年代中期以来，每一个松茸季，她们都和自己丈夫一起从加州雷丁来到中部喀斯科特山脉；周末，他们的孩子和孙辈也会加入行列。采摘季结束后，林莫的丈夫回到沃尔玛超市继续堆放板条箱，蔡梵的丈夫则驾驶校车。在好的年景里，采摘松茸获得的收入要比这两种工作多。他们也因为其他各种理由期待着这个季节的到来，包括可以借此运动，呼吸新鲜空气。女性尤其感到自己从城市的束缚中解放了出来。友好的瑶族营地是他们在美国能找到的最接近老挝高地感觉的地方，瑶族的蘑菇营地充满了乡间生活的热闹。

遗忘也是选择来到此处的部分原因，当我问起蔡梵关于家乡的回忆时，她提到了这一点。因为很多苗族采摘者告诉我，徒步穿越俄勒冈州的森林让他们想起老挝，我思忖着瑶族人是否也如此。"是的，当然。"她说，"但如果你脑海里只有蘑菇，你就会忘记一些事。"林莫和蔡梵因为战争悲剧来到美国，先在泰国度过数年，继而被接纳为难民入境，并转移到气候温和、物产富饶的加州中部。她们不会英语，也没有城市工作经验。她们自行耕种食物，她们的丈夫则打造传统的工具，自己动手丰衣足食。当听说在森林里采摘蘑菇可以赚钱的时候，她们就加入了秋收的队伍。

对他们来说，开拓新景观是一项古老的技能，那是迁徙的游耕文化的必备能力。这对商业蘑菇采摘很有用，因为与传统的采摘不同，它需要踏遍广袤的土地。传统采摘者只要收获半桶蘑菇就算得上是美好的一天，商业采摘者知道半桶蘑菇还不够支付汽油费。商业采摘者不能只查看几个熟悉的地方；为了谋生，他们采摘的时间更长，范围更广，涉及的生态系统也更加多样化。

不像来自城市的难民，林莫和蔡梵对森林无所畏惧，也很少迷路。他们的团队在那里如鱼得水，所以没必要紧紧待在一起。当我和他们一起采摘时，男人会脱队选择更快的路径走，女人则会走自己的道，晚些再同男人们会合。蔡梵解释说："男人们追寻起伏的鼓包，女人们则摸索土地。"

我和蔡梵、林莫一起面朝土地，手触土壤。不论我们在哪里采摘，都会有捷足先登的其他采摘者，但我们没有抱怨他们搞得一片狼藉，而是重新找寻一遍。林莫斜靠在拐杖上，用它触探土壤被干扰过的区域。因为地表已遭破坏，看不出明显的起伏，但有时还是能找到蘑菇的！我们沿着早期采摘者的足迹，触摸他们遗留的线索。因为扎根在树旁的松茸，总会生长在同一个地方，所以这是个特别有效的策略。我们与那些看不见的采摘者们保持一致路线，他们虽然一路跑在我们前面，却为我们留下了行动路线。

在这一策略中，非人类采摘者和人类一样重要。相比其他蘑菇，鹿和麋鹿都更喜欢以松茸为食。一旦发现鹿或麋鹿的足迹，往往都能找到一个松茸区块。熊也会为了找寻松茸把原木翻个面，把地面挖得一团糟，但是和鹿、麋鹿一样，它从来不会吃光所有的蘑菇。发现动物近期挖掘的痕迹，往往代表着蘑菇就在附近。追随着动物生活的足迹，我们调整行动节奏，加入它们，一同寻找。

但不是所有的轨迹都会提供有效指引。我经常发现一个新的鼓包，压一下却只排出空气：这是地鼠或鼹鼠的隧道。我问林莫她是否会把拐糖花当作指引去找松茸，她皱着眉头说："不。""其他人早就在那里了。"对我们寻找的微妙缠绕来说，那是一个太过明显的迹象。

从这个视角看待垃圾问题，对我来说是一个很大的启示。白人徒步者和林务局都讨厌垃圾，认为垃圾污染了森林。他们说，东南亚的采摘者留下了太多的垃圾。因此，一些人建议关闭森林，杜绝采摘者进入。但是在寻找生命轨迹的时候，一点点垃圾也会有所帮助。我指的不是那些白人猎人留下的堆积如山的啤酒罐，而是在森林追踪过程中发现的小件遗落物。一片皱巴巴的锡箔，一小瓶被丢弃的人参补品，一盒湿软的廉价中南海香烟：每一件都是一个东南亚采摘者经过的迹象。我认得这条线索，尝试着与它保持一致；它让我不至于迷失方向，使我回到蘑菇的轨道上来。我发现自己竟期待着那条垃圾路线来指引我。

垃圾并不是唯一令林务局头疼的问题；另一个担忧是"耙地"，这意味着要挖开地表。反耙地运动的发言人把耙地行为描述成一个自负或无知的人的所作所为。耙地的人用粗棍大耙挖掘，完全不顾造成的其他后果。但女性采摘者们却让我看到了事物的另一面。有时候被认定是遭到耙地的混乱地表，其实是很多人共同造成的。当许多人来到一个区域寻找生命轨迹时，一个集体生产的凹槽就形成了。耙地有时是许多连贯的、缠绕的生命轨迹产生的结果。

林莫和蔡梵选择采摘的区域，不像广那儿布满苔藓和青苔的独特山谷。在东部喀斯科特山脉的火山岩高地沙漠，地面干燥；树木经风吹日晒，枯瘦病弱，凌乱稀疏。倒下的树木散落在地上，连根拔起的木桩堵塞了通道。伐木浪潮和林务局的"管理"留下了一条由树桩、林道、支离破碎的土地构成的路径。因此，认为采摘者是森林中最严重的威胁之一的论调似乎非常奇怪。但他们毕竟留下了痕迹。对林莫和蔡梵来说，这是有利之事。

就这样追寻着生命轨迹，并与之行动一致，林莫和蔡梵踏遍了很多地方。我们在黎明前起床、吃饭，当森林里出现第一道曙光时，我们人已在森林里了。我们可能会在森林里待上四五个小时，才用对讲机与男人们联系，看看他们去了哪里。虽然我们已经对山坡轮廓大致熟悉，但还是会发现新地方。这不是那种对熟悉森林的依恋而已。我们是按照生命轨迹来探索新的领地。

　　午餐时间一到，我们坐在一根原木上食用盒饭。今天的配菜是红烧鱼块，混着红绿交杂的小辣椒。这是一种非常丰富和辛辣的味道，我问这道菜的做法，蔡梵回答说，"在鱼上加盐就行"。她支吾起来，大概就是那样。我想象自己在厨房里，手里拿着一条生的、湿乎乎的盐渍鱼。语言又遇到了它的极限。烹饪的诀窍蕴藏在肢体动作中，往往难以一言蔽之。同样的道理也适用于蘑菇采摘，舞步比分类更关键。那是一种在森林中与许多生命伙伴共舞的状态。

　　我所描述的蘑菇采摘者，是其他生命表现的观察者，也是他们自己森林舞蹈的表演者。他们并不关心森林里的所有生物；事实上，他们在这一点上有所取舍。但是他们观察的方式是把他者的生命表现融入自己的生命中。交集的生命线引导着表现，创造出一种森林知识的独特模式。

发现盟友，云南。

一个在乡村集市交易蘑菇的流动商人吸引了众人围观。

IV

第四部分 ｜ 事物之间

在"保值票市场",采摘者们正聚在一起与林务局开会,协商拦车和罚款等有关种族定性的问题。现场来了两名林务人员,以及大约二十名采摘者,这人数只占森林采摘季的一小部分。高棉组织者在整个过程中脸色不太好。"柬埔寨人都没有来开会。"他私下讥讽地说,"因为他们认为有人会被谋杀。"他想到的是红色高棉政权,很多人死于该统治之下。然而,我们的会议还有其他问题。会议以活跃的辩论开始,但很快就会有一个林务人员在条例问题上絮絮叨叨,会议就恶化成规则解释,只有提些简短的问题才能打断它。这里很难窥见发生一场革新的可能性。不过,林务局愿意跟采摘者会面,还是相当出人意料。至少对我来说,这说明一些新的改变在发生。每次发言之后,我们都会听到一连串高棉语、老挝语、瑶族语的翻译,以及临时找来的人凑出的危地马拉语、西班牙语翻译。每次有人发言,都会出现刺耳的抑扬顿挫,余音不绝于耳。即使是简单的问题或规则的解释也需要花费很长时间。在觉得不便的同时,我也知道大家正在学习倾听——尽管根本还不知道该如何进行讨论。

采摘者和林务局的会议得以举行,要感谢贝弗利·布朗的遗赠。她是一个不知疲倦的组织者，决心倾听西北森林里那些零工的声音，其中也包括蘑菇采摘者。[1]布朗通过转译的做法，把采摘者聚集在一起，不是解决差异，而是允许差异的存在，去干扰过于简单的决策，鼓励创造性的倾听。倾听是布朗政治工作的出发点。她不从语言下手，而是试图沟通城市和乡村的鸿沟。正如她在去世前的回忆录中所解释的那样，布朗从小就知道，城市精英向来不在乎农村人的意见——她决心为此要做点什么。[2]她首先听取那些被剥夺了权利的伐木工和其他农村白人的意见，[3]因此，她被介绍给那些蘑菇、浆果和花卉蔬菜的商业采摘者。这些人比伐木工更加多元化。为了听取更多跨越海湾的声音，她做了很多工作，她的事业也变得更加具有规模。

布朗倡导的政策性倾听（political listening），启发我思考，过去是否成了我们未来愿望的干扰。没了进步，斗争又是什么？被剥夺权利的人曾有机会参与共同的计划，与所有人的进步共享。正是政治范畴的确定性，比如阶级——它们不断前进——带给了我们信心，相信斗争会带领我们去向更好的地方。现在呢？布朗的政策性倾听方法解决了这个问题。它表明，任何聚集都容纳着潜在的政策未来，以及政策工作应当包含协助解决当中某些生命问题。不确定性不是历史的终结，而是节点，许多开端正在等待开启。政策性倾听，就是去觉察那些尚未明确表达的公共日常事务。

当我们将正式会议中这一形式的觉察带进日常生活，会遭遇更多的挑战。例如，我们如何与其他生命树立共同的目标？只有倾听是不够的；其他形式的觉察也得加入才行。而且差距是多么巨大啊！和布朗一样，我也会承认差异，拒绝用好意来掩盖状况。然而，正如我们从人类政治中学到的那样，我们无法仰赖专家代言。我们需要各种敏锐性来识别潜在的盟友。更糟糕的是，我们觉察到的公共日常事务，其线索都是不成熟的、单薄的、参差不齐的、不稳定的。充其量，我们只能去寻找短暂的闪烁微光。但是，生活在不确定的环境中，这样的灵光一现必须具有策略。

在这最后一阵蘑菇狂热里，面对各种即将到来的干旱和寒冬，我想找出制度化的异化中那些缠绕的瞬间。这些都是能够找到盟友的地方。人们可能会认为它们是潜在的公有地。潜在，这里有两种意义：首先，虽然它们无处不在，但我们很少注意到它们；其次，它们还未经开发，沸腾着尚未实现的可能性，难以捉摸。这是我们在布朗的政策性倾听和关注的艺术中学到的。它们需要延伸公有地的概念。因此，这里我用否定的方式来描述它们：

潜在的公有地不是人类独有的领地。向其他生命开放公有地可以改变一切。一旦我们接纳了害虫和疾病，我们就不能指望和谐；狮子无法和羊羔和平共处。而有机体不只会吞噬对方，也会制造不同的生态环境。潜在的公有地就是在这种混乱的交互作用下，由那些互助共生的、与非敌对的缠绕关系所构成。

潜在的公有地并非能使人人受益。每一起合作案例都只能为某些对象腾出空间，继而放弃其他；有整个物种在合作中被淘汰出局。我们所能做的最好的事，就是争取"足够好"的世界。而"足够好"意味着总是不完美的，并且始终在修正。

潜在的公有地不能被充分制度化。尝试将公有地转化为政策的勇气值得称颂，但并未捕捉到潜在公有地令人雀跃的本质。潜在的公有地在法律空隙中移动；它是由违规、交染、不经意和盗猎催化而成的。

潜在的公有地不能拯救我们。一些激进的思想家希望"进步"能引领我们走向救赎人类和乌托邦式的公有地。相比之下，潜在的公有地是夹在麻烦之中的此地此刻。人类永远无法完全掌控。

基于这些否定的特征，想要将首要原则具体化或寻求能导出最佳状态的自然法则是没有意义的。相反，我会奉行关注的艺术。我要梳理世界创造过程中存在的混乱，翻整出每一种独特的、至少在原本形式下不太可能为人发现的宝藏。

发现盟友，京都府。

清除里山中阔叶木的残根以利松树生长。

志愿者们努力营造出松茸喜欢的林地，希望蘑菇也能喜欢。

18

松茸十字军：等待真菌战斗

"咱们走吧。"

"咱们不能。"

"为什么不能？"

"咱们在等待戈多。"

——塞缪尔·贝克特《等待戈多》

"生活的满足感来自里山需要人类干预的事实。然而，这种人类干预必须与自然的连续性力量保持平衡。"

——仓本宣《里山景观的居民保护》（*Citizen Conservation of Satoyama Landscapes*）

人类无法控制松茸。等着看松茸是否会出现，是一个存在主义式的问题。它提醒我们，我们依赖着超越人类的自然过程：我们不能修复任何东西，甚至对那些我们自己所破坏的也同样如此。然而，这并不意味着人们完全无计可施。一些日本志愿者在等待景观变化的同时，也把自己作为对景观干扰可能有帮助的因素。他们希望自己的行动能够促成潜在的公有地，也就是说，激发出共享聚合，即使他们知道实际上无法**创造**出一个公有地。

佐塚志保将我介绍给一些组织，他们将干扰景观作为一种刺激手法，借此激发出多物种聚合，同时凝聚他们自己的社群。京都的"松茸十字军"就是其中之一。该组织的座右铭是："让我们重振森林，让我们都能赏味寿喜烧。"这种由荤菜和蔬菜组合的炖菜料理最适合用松茸作辅料，唤起林地复育活动中的感官愉悦。然而，正如一位成员向我坦言的那样，在他的有生之年，松茸可能不会在这里出现了。他能做的最好的事就是干扰森林，进而期待松茸也能振作。

为何在这片景观上的忙碌，可以唤起一种复兴的可能性呢？它如何改变志愿者和生态系统呢？本章要讲述的是林地复育组织的故事，他们希望小范围的干扰能使人和森林脱离异化的状态，建立一个生活方式重叠的世界，即可能会出现像菌根模式一样的共生转化。

那是六月一个阳光明媚的星期六，佐塚志保和我去观察"松茸十字军"是如何干扰森林的。现场有二十多名志愿者。我们抵达时，大家正四散在山坡上，挖出曾经入侵松树地盘的阔叶木的残根。他们在山坡上系了一根绳子和滑轮，将装有残根和腐殖质的袋子传递下去，堆在山脚下；只留下了红松——孤独地幸存在一个空旷的山坡上。我的第一反应是迷惑不解。我看到的是森林的消失而不是复兴。

该组织的领导人吉村博士，非常热情地为我释疑。他带我去看了被农民放弃后在山坡上自生自灭、缠绕成结的常绿阔叶灌木丛。这些灌木丛浓密到你根本无法伸手穿过枝桠，更别说摸到树干。在黑暗阴影的遮蔽下，生不出任何下层植被，喜光的物种正濒临死亡，而缺乏下层植被也造成山坡愈发脆弱。吉村博士指出，过去农民们打理山坡的时候，这里并没有发生明显的侵蚀现象。按照当地记录，山脚下那些道路从几百年前就维持那个模样至今。现在，未受干扰的浓密森林，还有它简化的结构，都对土壤造成了威胁。[1]

他带我到山的另一侧看对比情况，十字军组织刚在那边结束工作。松树使山坡绿意盎然，春天的花朵和野生动物也重回乐土。该组织正在开发这片森林。他们建造了一个窑炉来制作木炭，并制作了堆肥来养殖日本男孩喜欢收集的甲虫。那里有果树和蔬菜园，可以用之前从森林移除出来的腐殖质土壤施肥，他们还计划进行更多的项目。

许多志愿者都是退休人员，也有学生、家庭主妇和职员愿意放弃周末的空闲时间加入其中。有些人拥有私人林地，也在学习如何管理自家的松树。其中一人向我展示了一幅他拍摄的里山森林的照片，因其风光秀丽甚至获得了几项大奖。春天来临时，漫山遍野盛开着野樱花和杜鹃花。他说，即使没有松茸，他也很高兴能参与重建林地。十字军的目的不在于建出花园；而是在为成形中的森林努力，所以他们只会进行符合传统规模的干扰。里山成为了社会关系的滋养之地，不仅是人类之间，非人类生物的社会关系也有机会蓬勃发展。

午餐时间，志愿者们聚在一起，相互介绍，开着玩笑吃饭庆祝。他们准备的午餐是流水素面，即"溪流中的面条"。搭起一节竹槽，我也加入队伍捞起一段随流水经过的面条。每个人都在拯救森林的过程中享受乐趣，有所收获。

拯救一座荒废的森林？正如之前提到的，在美国人的情感中，"荒废的森林"是一种矛盾修饰法。森林会在没有人类干预的情况下自行繁荣。新英格兰地区的绿化在当地农民向西迁移后，成为该区的一个骄傲，荒废的田园变成了森林；废弃让森林重新获得了生长空间。但是在日本，是什么让人们把遗弃看作是造成森林损失活力和多样性的原因呢？许多历史因素交织在一起：森林交替、忽视森林、森林疾病以及人类的不满，我会一一讨论。

二战后的日本，美国的占领势力减少了土地持有，进一步将明治维新以来就在缩减的公共林地私有化。到了1951年，国家森林规划开始了，这意味着木材加工业的标准化，以利于木材原料的规模化。新道路的修建，促成更大幅度的木材开采，而随着日本经济的加速发展，建筑行业需要更多如今已规模化的木材。我们在第15章中已经讨论了这个影响。皆伐作业被引进日本，砍伐殆尽的土地上林木无法重生。到20世纪60年代初，一度横跨日本中部的农耕森林变成了柳杉和扁柏的种植园。里山组织的工作，正是针对种植园统治下人类对森林的疏离感所做出的应对。

在繁华的都市周边，开发商们看上了那里仅存的农业景观，试图夺取过来改建成郊区的复式建筑和高尔夫球场。一些里山保护组织是在与开发商的斗争中成长起来的。讽刺的是，这些热心的志愿者中有些是来自已经放弃了乡村生活的农村移民的后代。这些是里山的捍卫者，他们将其祖父母生活过的村庄作为应当重建的乡村景观的典范。

即使是在乡村，情况也在发生变化，这是森林发生的第二个故事。在20世纪五六十年代，日本经历了一段快速城市化的时期。农民们离开了乡村；曾经是农民生计所在的乡村地区遭到忽视和遗弃。那些留在乡村的人越来越缺乏理由去维护里山森林。日本突然兴起的"燃料革命"意味着，即使是地处偏远的乡村居民，也能在五十年代末就使用化石燃料来取暖、做饭和驾驶拖拉机。木柴和木炭遭到弃用（但木炭被保留用作一些传统的用途，比如茶道）。因此，农耕森林失去了最重要的用途。由于木柴和木炭的使用急剧减少，矮林作业中断了。随着以化石燃料为主要成分的肥料的出现，促进土壤与绿肥接触的耙地作业也消失了。因茅屋的屋顶被取代，用来覆盖屋顶需要维护和修剪的草地再也无人问津。被忽视的森林发生了变化，因灌木和新形成的常绿阔叶林而变得茂密。像孟宗竹这样的外来物种趁机入侵，喜光的下层植被枯死，松树也在阴影中窒息。

积极提倡里山复育的农夫五藤克己，在他的回忆录中对这种情况做了解释。[2]

　　石筵村村民经常使用的林地，也就是我们所说的"里山"，离我们非常近，近到每天可以步行四次往返，上午下午各两次，还背负着 60 公斤的木材。如果我们走得太远，这些带不回去的木材就太累赘了，所以我们必须把它们做成木炭……在石筵村，我们有大约 1000 公顷的公共森林（Iriai），覆盖了大部分的里山林地。公共森林由"石筵公共森林协会"的 90 户家庭共同使用……

　　在过去，几乎没有什么可以赚取现金收入的方法，村民们为了能住在这里，必须拥有公共森林使用权。我们必须依靠小村庄周围的林地来满足生活的大部分需求。那些没有权利收集木柴和灌木枝作燃料，或在公共森林中收获饲料的人，在村子里是不可能生存的……

　　对于像我们这样拥有一小片林地的家庭，在收集木柴、灌木枝和其他生活必需品的时候，必须要获得村庄的公共森林使用权。在五十年代的某段时间，石筵村受到现代化浪潮的冲击，以越来越快的速度改变了村庄的生活方式。村民们开始使用煤油和电，用镀锌铁皮取替了原先的茅草屋顶，而且开上了拖拉机，这些使烧柴、灌木、饲料，以及茅草屋顶的用途变得越来越没有必要。因此，许多人除了在极少数情况下，不再进入里山……如今，采摘蘑菇是唯一可行的经济活动。从前公共森林的贡献对社群意义重大，现在已是时过境迁。

　　五藤在故事中，还谈到了他和其他人为振兴乡村景观所做的努力，包括大家在清理水道和开放森林方面的付出。"当人们说'还是以前好啊'的时候，我相信，他们怀念的是大家齐心协力的乐趣。我们失去了那种快乐。"[3]

　　松树和农民一样都不再繁荣。正如第11章所描述的，松材线虫已经造成日本中部大部分赤松的死亡。这在一定程度上是因为对里山的忽视和遗弃，让松树承受了压力。行走于未经照料的里山森林，人们只看到枯死的或濒死的松树。

　　这些垂死的松树致使松茸受损；没有了宿主树，松茸就无法生存。的确，正是松茸减少的记录让日本松林的颓败景况一目了然。20世纪上半叶，里山森林产出了大量的松茸。农村人就将松茸的出现视为理所当然；它们构成了一套秋季采摘的食物元素，和野生的春季食物共同成为季节更替的标志。直到七十年代，蘑菇变得稀缺和昂贵时，才引起了恐慌。松茸数量的下降是骤然的，因为松树正濒临死亡。八十年代，随着日本经济持续繁荣，日本的松茸变得稀少而珍贵。

　　那时进口松茸大量涌入市场，但就算是进口货，在八十年代也是贵得教人咋舌。在七十年代到九十年代之间，人们还记得，在一碗汤里，薄薄一片芬芳四溢、价格昂贵的松茸——然后在向往"富足"的美梦中体会到惊喜之情。

　　松茸帮助农耕森林在正常运作的景观中留存了下来。由于价格不菲，松茸销售本身就能负担得起土地税金与维持养护的费用。在仍然执行公共森林使用权的地方，通过拍卖采收（和出售）蘑菇的公共权利，就能造福村庄。拍卖会是在夏天举行的，那个时节还没有人知道松茸能否丰收；村民们举行一场宴会，在酒精的作用下，互相督促对方报出更高的竞价。获胜者会支付给这个村庄一大笔钱，后面根据采摘的实际情况多退少补。[4] 然而，尽管对社群和经济有好处，维护森林的工作还是做不完，尤其是当村民们年事已高。在缺乏精心打理的森林中，随着松树的枯死，松茸也逐渐消失。

里山运动试图恢复的，是流失的群体生活的社会性。他们设计了各种活动，将老人、年轻人和儿童聚在一起，把教育和社群建设融于工作和娱乐中。这不只是帮助农民和松树而已，志愿者们还有更多的事情要做。里山工作，目标在于重塑人文精神。

从二战中复苏的日本，经济起飞了，大家迁离乡村前往城市，转而追求现代化的商品和生活方式。然而，当九十年代经济增长放缓时，教育和就业似乎已不是带人走上标榜着进步及幸福的康庄大道。奇观和欲望刺激下的经济呈现繁荣发展之势，却与人们对生活的期望脱节了。人们很难想象生活将通往何方，除了物质商品，还能有什么值得追求呢？"蛰居族"（hikikomori）的出现促使公众开始关注这个问题。他们是一群年轻人，通常是十几岁的少年，把自己关在房间里，拒绝与他人面对面的接触。蛰居族生活在电子媒体中。他们通过影像世界来隔离自己，使自己脱离具代表性的社会形象，陷入了自我制造的牢笼。对许多人来说，他们捕捉到了城市失序带来的噩梦：我们每个人内心中都藏有一点点蛰居族的影子。这是第 13 章中，K 教授从学生呆滞的眼神中看到的噩梦。那是他选择乡村去重塑学生和自己的原因；同样的原因，也吸引了众多倡导者、教育工作者和志愿者纷纷前往。

里山复育运动处理了价值混乱的问题，因为另与其他生命建立起社会关系。人类只是让环境更为宜居的众多参与者之一。参与者们无不等待着树木和真菌再次联结。它们创建景观需要获得人类行动的帮助，却又不止这些要求。到了世纪之交，数千个里山复育组织在日本各地涌现，当中有些着重关注水资源管理、自然教育、奇花异卉或松茸的产地。所有工作都致力于重塑人文和景观。

为了重建自我，公民组织将科学知识和农民知识结合在一起。科学家经常在里山复育运动中担任领导角色，但是他们的目的是吸收民俗知识；在这里，来自城市的专业人士和科学家们向年长的农民们请教咨询。一些志愿者协助农民劳作，或者采访一些老者，记录正在逐渐消失的生活方式。既然他们的目标是恢复正常运作的景观，为此他们便需要鲜活的经验知识。

相互学习也是一个重要的目标。这些组织会坦然承认工作中的失误，从中吸取教训。一份由里山工作小组志愿者记录的报告，总结了他们努力工作中遇到的所有问题和错误。比如，缺乏协调，导致砍伐过多。在他们清除过的一些区域，反倒生长出茂密的不受欢迎的物种。最后，报告的作者们认为，组织应发展一种"行动、思考、观察、再行动"的原则，将集体错误尝试的过程提升为一门学问。既然大家的目标之一就是参与式学习，那么允许自己失误并观察错误亦是这一过程中的重要环节。该作者总结道："要想取得成功，志愿者必须参与项目各

层次和各阶段的工作。"⁵

诸多像京都"松茸十字军"这样的组织，正利用蘑菇的魅力，使之成为一种对大众承诺的象征，象征着重新复兴人类与森林之间的伙伴关系。如果松茸真的能够重生——就像十字军组织在 2008 年秋天成功改造过的山坡那样，就会为志愿者带来极大的鼓舞。在打造森林的过程中，能与其他参与者共谱意想不到的羁绊，对志愿者而言就是最振奋人心的事了。松树、人类和真菌在物种共生形成的瞬间得到了复兴。

大家都很清楚，松茸无法让日本重返经济泡沫前的辉煌时代。复育松茸森林不是救赎，而是在成堆的异化里捡拾可用之物。在这个过程中，志愿者需要耐心，才能在这个不知未来为何物的世界里，融合多元物种的其他成员。

发现盟友，云南。

市集聊天。

私有化不能消除潜在公有地，

因为私有化依附于它。

19

平民资产

    有时，共同的缠绕尽管不在人类计划内，但还是照样出现。这甚至不是计划造成的失败，而是他们行动中的不确定因素，为难以捉摸的共同生存时刻提供了可能性。这就是私人资产的诞生。在聚集资产的过程中，我们常忽略寻常事物，即使它在聚合中无处不在。但就算是在不显眼的地方，也可能找得到潜在的盟友。

    当代云南是一个适合考虑这个问题的地方，在公社实验之后，国内外的精英们正疯狂地四处创收私人资产。然而，大量的资产制造仍然疏远而原始；私有化和人、事相关的其他方式之间的并置出现在人们的视野中。[1] 松茸森林和松茸贸易就是最贴切的例子。是谁的森林、谁的贸易呢？

拥有无限空间和多样化生态系统的森林，对私有化者来说无处不是挑战。在过去的六十年里，云南已经有多处在森林土地使用权的安排上发生了反弹，林业专家迈克尔·海瑟微和我表示过忧虑，他们担心农民们对这种管理方案感到沮丧和困惑。[2] 尽管如此，他们仍然对最近的一个使用权方案还抱有希望：将森林承包给个体农户。

虽然不像美国私有财产拥有自由权，但专家们希望这样的契约可以使农业景观合理化。有影响力的国际监督机构将个人的土地使用权视为一种保育形式，因为它为明智的土地使用方式提供了激励机制。[3] 在云南，它也开启了平民主义者的希望：在经历了一段紧张的自上而下强征的历史之后，这里终于有机会让当地农民在管理自己的森林方面有了发言权。云南的研究人员通过与政治生态学领域的国际发展对话，展示了通过家庭承包制履行地方对森林的控制后实现社会公正目标的可能。[4] 因此，研究者也需要对那些学习如何利用契约特权来解决当地问题的农民所表现出的创造力和洞察力进行留意。一名研究人员的研究报告，描述了村民如何重新分配森林面积，以平衡每个人的潜在收益的方法。她记录了一个家庭中成年兄弟的工作方式，例如，他们依次交换自己森林自留地，以确保每个人都有机会获益。[5]

但是这些想象中的好处是什么呢？多年来，云南一直受限于伐木禁令，而且，至少官方规定，伐木必须获得许可证，且仅在国内范围使用。然而森林中还有其他的潜在资源。在云南中部楚雄山区，松茸是最有价值的林产品。有鉴于此，专家们对家庭承包制很感兴趣；他们说，如果没有迈向私有化这一步，资源有可能被采摘者破坏。林务人员向我们讲述了云南其他地区的可怕情况，在那里，村里的采摘者在黎明前大举散开，带着手电筒在公有地中进行地毯式搜寻。他们说，这就是一片混乱。此外，就连那些未达市场最高利润的幼菇也会被采走。相反，私有化契约保障了森林的秩序规范，阻止了这种野蛮低效的采摘方式。楚雄森林为私有资产提供了一种参考模式，一种可供云南和全中国的森林改革参考的先例。[6]

乡村拍卖是一项广受赞誉的松茸经营方案。拍卖的是在松茸季进入村民承包的森林中的采摘权，这种做法让人想起了日本里山的森林拍卖，竞拍获胜者将获得在村民土地上采摘和出售松茸的权利。在我们走访的云南地区，从拍卖中获得的资金被分配给每个家庭，构成他们现金收入的重要组成部分。如果没有其他采摘者的竞争压力，竞拍获胜者应该能够在每种蘑菇的市场价格最高的时候进行挑选，从而最大化他（她）的收入，同时对村民进行补偿。家庭承包制的支持者还认为，少了过度采摘带来的压力和混乱，松茸资源将会变得更好。但是松茸真的能够在私有化森林中茁壮成长吗？让我来逐步分析这个问题。

在农村经济中，竞拍获胜者是收集私人资产的典范。李老板是其中一员；在他的家乡，他已经从 11 户农家中赢得松茸采摘契约，因此他也成为当地的最大买手。他与政府林务人员和研究人员的关系都很好。大约 15 年前，林务人员邀请他创建一个松茸示范林。他隔离出几公顷的森林，并修建了一条蜿蜒的木板路，这样来访的林务人员和研究人员就可以在不造成干扰的情况下观察一个示范林。没有农民的干扰，示范林里的树木长得颀长秀丽。没有了农民耙地干扰，地表已经形成了一层厚厚的腐叶，即由一层树叶和松针覆盖的，比以往任何时候都更丰富的腐殖质。穿过这片森林，优雅的拱形树木和丰富的泥土气息令人心旷神怡。每当有人发现一朵蘑菇，大家总是惊喜；因为没有人会在这里采摘松茸，所以蘑菇会从落叶层中撑起一把干净的小伞。四方的游客云集这里欣赏这座松茸森林，不过林务人员也顾虑这里的落叶层太厚，腐殖质过于肥沃，松茸虽然还会生长出来，但也许无法持久。松茸喜欢更复杂多变的环境。

当然，其他地方要复杂得多。除了这座示范林，其他松茸森林无不广被使用、甚至滥用。在迈克尔·海瑟微和我走访的每处阔叶林，都显示出大量修剪用作木柴的迹象，甚至许多被过度砍伐变成了灌木丛。松树依种类不同，也一再受到切割砍伐，为了满足农民们收集花粉或松子的不同需求，还得去除松树枝桠。耙整过的松针被用来布置猪圈，然后再变成田里的肥料。山羊无处不在，啃食所有的东西，包括幼松，这些松树似乎已经进化出了一种类似于"生草阶段"（grass-stage）的适应性，可以在大量的放牧中生存下来。人类同样无处不在，收集药用植物、猪饲料和可用于商业销售的蘑菇，不仅是松茸，还有很多其他种类的蘑菇——从辛辣的必须晒干或煮沸的乳属菌，到不可食用的鹅膏菌属。森林是一个繁忙的交通枢纽，远非宁静与优雅之地，纷闹为的是满足人类的需求，并提供有利于人类驯养动植物的生长环境。

然而，这些森林却是备受赞誉的个人圈地模式！怎么这里也变成了人流接踵而至进行交易的场所？我对交易和圈地间的不协调感到困惑，直到我和小 L 一起度过了一天，他是另一个松茸森林拍卖的获胜者，经营着比李老板规模小的森林生意。他带领我们的团队来到他的森林，介绍了那里的植物和蘑菇。就像我在该地区看到的其他松茸森林一样，这是一片伤痕累累的幼龄森林，充斥着放牧和砍伐的痕迹。小 L 并不介怀；他向我们展示了熙熙攘攘的交易中蘑菇的丰收情况，解释了交易和圈地之间的相互作用，消除了我的困惑。松茸季来临前，他会在自己森林的边界道路和小径接壤处漆上标志。人们知道这表示此地禁止入内，而且一般来说，他们也不会想进入，虽然偷采、盗猎仍时有耳闻。但在这一年余下的时间里，大家可以自由地进出，收集木柴，放牧山羊，寻找其他林产品。理当如此！小 L 对松茸季节的圈地做法感到自豪，但他不认为这是一种诡计。他解释说，如果人们不能进入森林，他们还能怎么得到木柴呢？

这并非官方的规划。省里的林务人员和专家们并不谈论季节性圈地的问题；如果他们了解了情况，也会置之不理，因为这势必会受到某些国际权威的谴责。季节性圈地肯定会打乱"私有化保育"规划的宗旨，因为当地居民广泛获取资源的手段都与专家意见相左。此外，那些专家也不会喜欢这样的森林面貌：幼龄稚嫩、伤痕累累、人潮涌动。这不在规划之内。然而，这种实施私有化的方式对松茸来说不是一种利好吗？交易促使了森林的开放，也利于松树的生长；它使腐殖质变得稀薄，土壤贫瘠，从而使松茸能够更好地发挥滋养松树的功效。在这个地区，松茸与橡树、橡树家族的树木建立起同松树一样的关系；整座年轻而伤痕累累的森林与松茸一起在矿物土壤中合作生存。没有这些交易，腐叶就会堆积起来，土壤变得肥沃，其他的真菌和细菌会开始排挤松茸。是交易令松茸获益，使该地区盛产松茸。然而必须低调地规避开契约制才能进行这些交易，因为契约制被引入到这个地区的明确目的就是**拯救**松茸。松茸在这个充满变数的公有地中繁荣生长。只有松茸的收益能通过这种私人途径获得提高。[7]

松茸的收入问题间接帮我概括出一点，私人资产常常是从不被承认的公有地中产生的。这不只和世故的云南农民有关。私有化不是绝对的；它需要共享空间来创建各种价值。这就是持续盗用财产的秘密，但也是其脆弱性的一面。再想一下松茸作为一种随时可以从云南运往日本的商品。我们所拥有的是蘑菇，也就是地下真菌的子实体。真菌需要公有地交易才能繁荣生长；没有森林干扰作业，就没有松茸。这种私营的蘑菇是地下组织共同生存的衍生物，是潜在公有地通过人类和非人类的可能性创造出的果实。当你停下来思考，可以只将蘑菇视为一种资产，而不考虑它隐蔽的公共性，这既是私有化的一种寻常方式，也是一种不寻常的暴行。私有蘑菇和真菌森林交易之间的对比，可能是商品化更普遍的象征：一种持续的、永远无法厘清的缠绕。

这让我想起了之前对非人类和人类的异化属性的关注。为了成为一种完全私有的资产，松茸不仅要从原生世界中剥离出来，还要从采购关系中分割出来。采摘蘑菇并将之运送到森林外可以解决第一个问题。但云南中部和俄勒冈州一样，第二次分割需要更长的时间。

在我和迈克尔·海瑟微进行云南农村研究的小镇上，有三名男子被公认为关键的松茸老板，也就是那些购买了大部分地区松茸，并把松茸销往更大城镇的商人。也有一些蘑菇买手定期来镇上的集市，但他们只收购小部分的松茸。正如老板们解释的那样，这些流动的买手没有足够的地方关系。

在观察老板们和他们的代理商工作时，尤其令我感到惊讶的是，他们在价格和等级方面居然没有谈判，而这是我在俄勒冈州的田野工作中一向期待的环节。一个老板派他的司机到山里向村民购买松茸；交易中，采摘者一言不发地把松茸交给他们，也一言不发地收回一捆现金。[8] 其他交易里虽然传出一些交谈声，但采摘者从来没有询问过松茸的报价，只管收下自己受付的任何金额。我看到其中一个老板收到了一箱由公交车司机顺路稍来的蘑菇；老板解释说，他晚点会付给采摘者钱的。我也看到，采摘者自己筛选蘑菇，摘除那些有虫害的，而不是试图趁买手不注意时以次充好。

基于我在俄勒冈州的经历，眼前这一切显得异常奇特；在俄勒冈州，从采摘者进入买方市场的那一刻，竞争激烈的价格谈判就成为了焦点。这与云南商品链下游的情况大不相同。在大城镇和城市的松茸专营市场，价格和等级的谈判是持续而激烈的。[9] 许多批发商相互竞争，对最佳价格和最合适等级选择的竞拍，会吸引所有人的注意。相形之下，上游的买卖则是安静的。

我们在农村地区采访过的每个人都说，不加讨价的买卖行为是由于长期的合作关系建立起的信任。人们说，老板们会给采摘者最好的价格。在老板和采摘者之间，有社群、家庭、族群和语言的联系。[10] 他们也是当地人，属于小镇的一部分。采摘者们信任他们。

这种"信任"不是对每个人都有同等优势。我不相信有人会把"信任"与一致或平等混为一谈。人人都知道老板们从松茸中获取了高额利润；每个人都想模仿他们成功致富。不过，这是一种与互惠义务缠绕在一起的形式；只要松茸被嵌入其中，它们就不是完全被异化的商品。小镇上的松茸交易需要确认适当的社会角色。只有在大城镇的松茸市场中，松茸才能获得自由，成为彻底异化的交易品。

从小城镇老板和采摘者之间的关系中，我们再次看到，私人资产如何依赖于共同的生存空间。老板们可以根据自己的情况购买当地的松茸，因为他们与采摘者缠绕在一起；然后，他们可以把松茸运往更大的城镇，在那里可以将其转化为私人财富。同样，从这一点看，发行森林契约权可以被理解为重新分配财富而非拯救森林的规划。[11] 在家庭森林契约中，承包商可以榨取松茸的价值，而松茸的价值则来自于未被承认的、变化的公有地。不过，财富如何被重新分配，仍存在一些有待争取的机会。在这里，具有社会意识的云南研究人员的工作正在紧张进行。他们的任务是，将财富留在农村和小城镇这种颇有前景的地方实践，转化为有益于社会和保育的模式。

然而，这个等式中的保育部分是最棘手的环节，因为对私人财富的欲望只会偶尔有益于森林。有时，它会带来意想不到的破坏。一位竞拍赢家自豪地声称自己生财有道，懂得如何从赢到手的松茸采摘权中汲取更多的财富。他让手下从松茸合同规定范围内的乡村森林中挖掘出罕见的开花植物。他说，这些都是稀有的、鲜为人知的物种，因而更有价值。自从时任昆明市的城市管理者们突发奇想，希望在缺乏植物点缀的街道上用姿态优美的树木加以装饰后，他和其他企业家就一同将林中树木运往那里。大部分的树木死于移动和运输过程，但是那些撑到成功交易的树木则为企业家们换取了丰厚的利润。至于森林本身，它终究失去了自身的多样性，陪葬的还有那些美丽的开花植物。

这种创业噱头是当今中国争相致富的部分表现。在这些案例中，我们可以看到在拯救和破坏景观中，有人类重建的现象。松茸老板们在云南乡间是备受尊敬的人。他们是新兴的追求私人资产大军中的先锋；我采访的很多人都想成为老板——如果不是从事松茸贸易，就是投资从农村获取的其他产品。某位松茸老板在客厅里挂了一块由当地政府颁发的牌匾，题赞他为“致富领袖”。[12] 农村老板成为梦想的复兴者；他们是人们羡慕的模范，是企业家精神的化身。虽然整个社区希望他们带动起来，共同致富，但现实并非如此。他们想象自己白手起家。但他们的自主能力却与松茸异曲同工：在未被承认的、难以捉摸的、转瞬即逝的公有地上开出了明显的果实。

老板们把靠着松茸生长与采集共同制造的财富私有化了。这种将共同财富的私有化可能是所有企业家的特征。在这个历史时刻中的云南乡村，因为将自然资源管理合理化的利益延伸到物权法和会计的范围内，而成为一个适合研究的案例。私有化仅仅是通过搜寻果实，而不通过重组劳动力或景观来实现——我并不是试图论证这种合理化方式会更好；这显然对松茸没有益处。然而，在这一致力于攫取式打捞积累的过程中出现了奇怪而恐怖的现象，好像每个人都要抓住世界终结前的机会，好在最后一点碎片被摧毁之前聚敛财富。从这一特点上看，云南乡村既不是特别的，也不是地方性的。我们很难不认为所有的企业都处于同样的预警之中。从云南乡村老板的身上，我们近距离地看到了如何从废墟中积累攫取财富的模式。

大多数对中国新财富的评论，无论是来自中国人自己还是其他国家，都在报道城市的百万富翁；但在乡村，对私人资产的争夺也同样激烈。农民、没有土地的移民、小镇老板和各个公司都参与了一件事——"大甩卖"。处在这种社会氛围中，很难去思考保育问题的何去何从。无论如何开始，我认为我们都不能遗忘价值和潜在公有地之间的联系。没有这种转瞬即逝的相互关联，就没有松茸。没有松茸，就没有资产。即使企业家们通过异化商品来集中私人财富，他们也仍然会从未被承认的缠绕中汲取价值。私有制的繁荣正是这些隐秘公有地的成果。

发现盟友，云南。

小梅在欣赏一朵硕大的蘑菇（并非松茸）。

20

拒绝结束：我沿途遇到的人

2007 年我去拜访"松茸侠"（Matsiman）时，他和女朋友及一大群猫就生活在山顶小屋里（"Matsi"是松茸的美国俚语称呼）。我想看看俄勒冈州沿海柯树森林中的松茸长势，所以他带我参观了他的地盘，那里因为伐木而失去昔日繁茂的花旗杉的残桩，恰好提供了合适的栖息处。柯树叶像地毯一样覆盖了整个地面；在那层覆盖之下似乎无法生长出蘑菇。但他教我如何趴在地面上用手感触树叶，直到我发现一块质地貌似有希望的鼓包。我们仅凭着触感寻找蘑菇——对我来说，这是一种了解森林的新方法。

这种方法只有在你知道松茸可能出现的地点才起作用。你需要了解特定的植物和真菌，而不仅仅是一般类型。这种紧密结合知识和感觉研究腐叶层的方法，让我的注意力回到了此地此刻，关注事件过程本身。我们过于相信自己的眼睛。我看着地面心想："这里什么也没有。"但其实松茸就在那里，采摘者用手来发现它们。在缺乏进步的生活里谋生，需要我们的双手对四周有更多的感觉。

本着这种精神，我让本章再次停驻于我的研究现场，也许就是潜在的公有地——回到各种边界消融时，我所瞥见的异化边缘。与其他事物混合时，它总是发生在事件过程中；并没有正确的结论。虽然我不断重申要点，却也希望整个过程中能有一丝冒险的气息。

松茸侠出于对松茸的一腔热情给自己取了这个别名。他从事商业采摘，并且作为科学爱好者，他还对研究抱有兴趣。为了追踪自己的区块，他对松茸产量与温度、降水量等因素间的关联做了长期大量的记录。松茸侠也是他的网站名称，网站发布了很多从多种渠道收集来的蘑菇资讯；它也成为了一个讨论区，尤其是在白人采摘者和买手之间搭建了沟通桥梁。[1]松茸侠的热情也让他与林务局有了对话的机会，后者通过他的服务来进行松茸研究。

虽然松茸侠致力于自己的蘑菇事业，但他并不认为这些蘑菇足够满足他的需求。他还有很多其他的梦想和事业。我去拜访时，他给我看了一些他从河里淘来的金子和一种烟熏松粉——他想把它作为一种香料出售。他正在试验种植药用真菌，以及收集商用木柴。松茸侠很清楚，他选择了处于资本主义边缘的生活方式。他希望永远不要再为工资而工作，只要在森林找到一处既不需购买也不用租赁的住所足以（他居住在自己负责看护的一座私人山区里；后来，又作为露营地的主人，获得了一份无报酬的职位）。像许多蘑菇采摘者一样，他探索了资本主义的极限空间，既非完全深入内部，也非徘徊于外部，那里显然是资本主义形式纪律无法完全占领的世界。

　　松茸侠在不稳定的机会以及问题之间穿梭。不稳定性意味着无法事先规划，但也能激发人们的关注，因为你可以利用现有的东西。为了与他人相处融洽，我们需要运用我们所有的感官，即使这意味着要触摸感知腐叶层的周围。松茸侠网站上有段关于关注的文字似乎特别恰当。"松茸侠是谁？"他问，"任何喜欢打猎、学习、理解、保护、教育、尊重松茸及其栖息地的人都是松茸侠。我们这些无法获得足够理解的人，不断地试图确定是什么导致了事情发生，或不发生。我们不限于国籍、性别、教育或年龄，任何人都可以成为一个松茸侠。"松茸侠成为了号召松茸爱好者的一处潜在公有地。将他想象中热爱松茸的人聚在一起的，正是一种关注的乐趣。

　　虽然我将本书大部分内容都献给了有生命之物，但记住死去的生命同样重要。逝者，也是社会世界的一部分。当傅禄敏（Lu-Min Vaario）向我展示聚集在木炭碎片周围的松茸菌丝的幻灯片（真菌体的丝状细胞）时，给我提供了这个新的思路。她的研究表明，尽管松茸以其与有生命之树之间的关系而闻名，但它也能从枯死之树上获得一些营养。[2] 这一发现启发她开始了一项关于松茸"睦邻关系"的研究项目，研究对象包括活着的和已死的树。在这个研究中，木炭也加入了活着的树、真菌和土壤微生物的行列。她研究睦邻关系——跨越了不同生命和物种差异之间的社会关系——对于良好生存条件的重要性。[3]

傅博士从跨越差异的相互关联意义上思考了很多邻里关系的问题——这对人类亦产生影响。尽管她在中国出生并最初在中国接受教育，但她的研究已经横跨了松茸科学的许多重要场所；为了建立良好的松茸研究，她也不得不与或隐蔽、或公开的国家公约协调合作。她曾在著名的东京大学铃木一雄实验室从事博士后科研。正是在那里，她第一次测试了松茸作为腐生生物的能力，即以已死之物为食而存活的生物，希望能够研发出松茸培植技术（虽然菌丝确实能够在无生命的物质上生长，但尚无人看到在没有活体宿主的菌丝体上长出松茸）。当她在中国担任科研职位时，原本很高兴有机会研究不同的松茸景观，却因自己的研究在国内缺乏理解而沮丧不已。几年之后，她遇到来自芬兰的丈夫，随他返乡定居，在那里获得了芬兰林业研究所赞助的一笔经费，继续从事"睦邻关系"的科研项目。睦邻关系的研究将差异转化为合作资源。想象一下发生在树根、菌丝、木炭和细菌之间，以及中国、日本和芬兰科学家之间的互动，这对重塑我们关于合作生存项目的理解大有裨益。

傅博士很幸运，能够获得研究经费，因为作为一名四海为家的科学家，她并没有机构职位的保障。对于那些没有高学历的人来说，没有固定工作的生活问题更加迫切。以蒂亚为例，她住在北极圈以北的芬兰乡下。在前往她住所的路上，她为我指出哪个角落是失业者们闲逛、喝酒和等待政府救助的地方。她抱怨说，自从欧盟提供廉价食品以来，芬兰北部已经停止了农业耕作，没有了其他工作机会。但她自己很有生意头脑，与人合开了一个当地产品的专营店，销售用当地浆果制作的果酱、木制工艺品、针织围巾，还有松茸。她从一个旅行研讨会上学到了松茸的知识，那个研讨会教人们如何识别和采摘松茸。现在，她在等待一个丰收年，有个好收成。同时，她也对未来开发松茸旅游业感兴趣。

她所在的地区已经有人当起了自然向导，带领城市游客们在森林里进行包括采摘松茸在内的休闲娱乐活动。[4] 我刚好有机会和一个精力充沛的年轻人一起采摘，他对自己成为明年的"松茸之王"很有信心。他是在课堂上学到了松茸知识；这并非芬兰的传统风俗，但对他来说，这代表了一份希望，一个开始，一腔只要潮起时就能趁势激流勇进的热情。他说，如果松茸季到来，他一定挑灯夜战。松茸是他的梦想，不仅仅是为了生活，还为了过一种活力充沛的生活。

这再一次展现出资本主义内外的边缘。当一个新的商品链到来时，抓住机会的这个人不是靠工业化训练，而是靠个人天赋——诸多不稳定的可能性之一。一方面，这是资本主义，每个人都想成为创业者。另一方面，创业精神由芬兰乡村的节奏所塑造，无声的匮乏和热情相互交织，指望着进一步的改善。

任何沿着这条商品链顺流而下的商品，都必须在混乱的转译过程中，从这些关联中脱离出来。这里有空间去想象其他的世界。[5]

至于想象其他世界，我最先联想到的就是我在日本遇到的里山倡议者，尤其是田中先生。他和蒂亚一样，也创建了陈列中心展示当地的天然产品和工艺品特产，不同的是，他并不操心谋生的事。他已经在安享退休之后的生活了，而且还拥有那片土地。他个人创立自然中心，是为里山的景观建立一种文化关怀的尝试，并惠赠给邻里和游客纪念物。他说，在他的家乡，孩子们都开始乘公交车上学；既然不用走路上学了，孩子们也就很少到访户外。他把孩子们带到自己的林地里，教他们如何观察森林，自由自在地玩耍。当我们在森林中经过特别之处时，他希望孩子们自己也能发现：这里有两棵树（而且是两个品种！）生长在一起，扭缠成同一个树干；有几尊他在清理灌木丛时冒出来的残破的佛像；还有一块裂成两半的天然石，样子让他联想起一个女子。他带着我们去参观他打理的松树，那些树本来会死于松材线虫病，现在却生机勃勃。这些培养费用不低，他的妻子并不赞成这种开销。但这是他对森林的承诺。

田中先生在山坡上盖了一个小茅屋，我们坐在那里俯瞰树林时，他用茶招待我和佐塚志保。茅屋里堆满了他在森林里发现的稀奇古怪的东西，从色彩斑斓的真菌到奇花异果。过了一会儿，田中先生的妹夫路过这里；作为林业工，他告诉我们森林如何因不得高过电线的规定而遭到砍伐的事。这事发生在整座山被再生的灌木丛覆盖之前。田中先生的家族在这里生活了有五代人之久，世代在山里谋生，不过他后来成了公务员，在邮局工作。他用退休金购买了这块林地，尽管花费不菲，但他觉得在森林里工作对他有益。虽然赚不了钱，但森林启发了游客这一点已是意义重大。田中先生说，森林能够重振人们对大自然的感觉，使世界变得更加宜居。如果在森林里冒出一些松茸，这将是一份意外的礼物。

如果不特别留意，我们大多数人都会忽视周遭世界的多元物种。重建好奇心的计划，就像田中先生的事业，是与他者共处的必要工作。当然，如果有足够的资金和时间将大有裨益。但这并非拥有好奇心的唯一方式。

我第一次遇到小梅的时候她只有九岁，那时我和迈克尔·海瑟微在云南中部调研，曾住在她妈妈打工的乡村旅店。小梅很勇敢、可爱、机灵，喜欢带着我们看各种新奇东西。她的父母与一位松茸老板——正是旅店老板——保持着良好的关系，她的家人有时会上山，在那里寻找蘑菇和野餐。有一次迈克尔和我一起跟去，小梅和我被一种小小的野草莓吸引了，当我把它们丢进嘴里的时候，味道强烈到让人忍不住闭上眼睛。之后小梅四处采摘顶着红帽子的红菇（Russula），那是一些不值钱但外表美丽的小玩意儿。小梅的热情极富感染力，我也随之爱上了它们。

我再次来到这里已是两年后，很高兴地看到她没有失去对生活的美感。她拉着迈克尔和我，沿路去看蔬菜园，又走到未开垦的边缘地带，去看受干扰地区里野生植物的生长。这是潜在公地里的野草，是进步叙事中的"闲置之地"（vacant places），通常被人认为毫无价值，但这里对我们来说却充满了乐趣。我们一边尽情享用着从荆棘丛采来的浆果，一边寻找着小小的蘑菇。我们循着山羊的足迹去检阅各种花朵。她解说着眼前的一切事物，告诉我们大家是如何利用这些东西的。这正是田中先生希望自己家乡的孩子能培养出的好奇品格。多元物种共存的生活就需要依赖于它。

缺少进步的故事，世界变成了一个可怕的地方。废墟带着被遗弃的恐惧向我们怒目而视。知道如何创造生命并不容易，更不用说避免星球毁灭了。幸运的是，我们身边仍然有同伴，不管是人类还是非人类。我们仍然可以探索这片断井残垣上枝蔓丛生的边缘——这些资本主义的准则、规模化和废弃种植园的边缘地带。我们仍然可以捕捉到潜在的公有地气息，还有那若隐若现的秋之芳香。

难以捕捉的生命，俄勒冈州。

致敬中岛村。

他鼓励老老少少一起跟他去森林寻找蘑菇，

让人们记忆中的松茸保持活力。

孢子之路：

一朵蘑菇即将踏上的探险之旅

21世纪初，私有化和商品化最奇怪的计划之一，就是将学术商品化的运动。两种具体施行的做法都意外地强大。在欧洲，行政管理者们要求对学术进行评估，将学者们的工作归纳成一个数字，作为其一生智识交流的总和。在美国，学者们被要求成为企业家，从我们开始研究的第一天、还一无所知的时候，就要将自己打造成品牌并营造出明星效应。这两种做法在我看来都很匪夷所思，且令人无语。将必要的协同工作私有化，这些计划其实是在扼杀学术研究的生命。

因此，任何有新想法的人都被迫创造出能够超越或逃避

"专业化"的场景，即私有化的监督技术。这意味着设计研究要考虑到团体和协作集群的因素：不是个人计算成本和收益的集合，而是通过合作生产学术。再次联系蘑菇的情形，有助于我们思考这个现象。

如果我们把智识生涯想象成一个农业林地，而许多有用的产品皆来源于无心插柳的设计呢？这个意象使人联想到它的对立面：在评估工作中，智识生涯是一个种植园；在学术企业化中，智识生产是纯粹的偷窃，将公共产品挪为私用。这些都没有吸引力。但反过来想象一下林地的乐趣。那里有许多有用的产品，从浆果、蘑菇到木柴、野菜、草药，甚至木材。采摘者可以选择要采些什么，还可以利用那些来自林地区块的意想不到的馈赠。但是林地需要持续的打理，不是要把它变成一座花园，而是让它能够对一系列的物种保持开放。人类的矮林作业、放牧和火耕可以维持这种架构；其他物种聚集在那里使它成为自己的乐园。对学术研究来说，这似乎合乎其道。共同协作创造了个人学术成就的可能性。为了鼓励学术进步的未知潜力——就像获得一窝意料之外的蘑菇丰收那样——需要持续维护智识林地的共同协作。

本着这种精神，帮助我完成松茸研究的"松茸世界研究小组"，一直致力于将有趣的合作融入我们个人和集体的研究工作中。这并非易事：私有化的压力缓慢侵蚀着每位学者的生涯。合作的节奏必然是发散性的，但经历过矮林作业和火耕作业后，我们共同的智识林地正透出勃勃生机。

这意味着，作为采摘者，我们每个人都能够获得等同于林产品般的知识。本书即是这些产品的收获之一。它并非最后的惠赠：林地一次次地用它丰厚的宝藏吸引着我们。如果出现了一朵蘑菇，或许前面还会有更多的惊喜？这本书开启了我们一系列探索松茸林地的旅程。未来还会更加精彩纷呈，到中国去追踪商业活动，到日本去追随世界主义科学。不妨再阅读下列同系列书籍，思考进一步的冒险：

在中国，全球贸易的繁荣甚至改变了最偏远的村庄，创造了一个以跨国贸易为核心的"中国农村"。松茸是追寻这一发展的理想载体。迈克尔·海瑟微的《新兴的松茸世界》（*Emerging Matsutake Worlds*）便追溯了云南在全球商业中发展出的独特路径。该书探讨了环保和商业之间矛盾的跨国压力，比如，中国产的蘑菇上出现了难以解释的杀虫剂——揭示出包括松茸森林在内的特定区域，在全球联系中的发展情况。当中一个令人惊讶的发现是少数民族企业的重要性：在藏族和彝族地区，采摘者和村里的经销商都是在族群网络内进行活动的。海瑟微调查的是在松茸的推动下，族群中新出现的商业抱负有怎样的世界主义特征和传统主义成见。

将科学与知识更广泛地开放给世界历史，是学者们的当务之急。日本的松茸科学是一个理想的研究现场，一方面可以让人们了解科学与民俗知识之间的交集，另一方面也可以了解国际和本土的专业知识。佐塚志保的《一朵野生松茸的魅力》（*The Charisma of a Wild Mushroom*）一书深入研究了这种交集，揭示出日本科学总是既具备世界性融合，又能体现地方性经验特点的原因。她提出一种转译的概念，认为所有知识都以转译为基础。松茸科学并非作为东方主义与民族主义想象的完美的"日本"知识，而是经过长期转译形成的学问。她的作品超越了我们熟悉的西方认识论和本体论，在松茸所展示的、人类与非人类的界限模糊的世界里，探讨人与物之间意想不到的存在形式。

这是本什么样的书，居然不想结尾？像松茸森林一样，每一起偶然事件聚集在一起，以一种意想不到的馈赠方式回馈于其他事物。如果不违背学术商品化的风气，这一切都不可能发生。林地也同样冒犯了种植园和露天矿工，但要让林地完全消失是很困难的。智识的林地也同样：在共同活动中诞生的理念总在召唤着我们。

厄休拉·勒古恩在《小说的背袋理论》（*The Carrier Bag Theory of Fiction*）一书中认为，狩猎和杀戮的故事，会让读者认为个人英雄主义就是故事的重点，但她建议，说故事时或许能选出具有多元意义和价值的事物，像采摘者那样将之汇集在一起，而不是像准备大开杀戒的猎人。如此一来，故事永远不会结束，反而会引发出更丰富的篇章。我一直努力推广的智识林地也是如此：冒险会引出更多的冒险，而宝藏会通向更多的宝藏。采蘑菇时，只有一朵是不够的；一旦找到第一朵，就会激励你继续往前寻找更多。勒古恩的表达是如此幽默灵动，因此最后我想引用她的文字作为结语：

继续去吧，我说，在野麦地里流浪，与吊索上的乌乌（OoOo），还有携着竹篮的小奥姆（Oom）一起。你只管继续讲述猛

犸象如何扑倒布布（Boob），该隐如何袭击亚伯，原子弹如何投
在长崎，燃烧弹如何灼烧村民，导弹如何指向邪恶帝国，以及
人类崛起中所有的步骤。

　　如果人类所做的事，就是把你想要的某个东西，某种因为
它实用、能吃或美丽而想要的东西放进袋子或篮子，或者以一
小片树皮或树叶卷起，或者放入用你自己的头发织成的网里，
然后把它带回家；而家是另一个更宽大的袋子，一个装人的容
器，然后你再将之取出，开始吃，分享，或为过冬而存储在更
牢固的容器中，或者把它放在医药包、神社、博物馆等庄严神
圣的地方；然后第二天，你可能会再次做同样的事情——如果
这么做就是人类，如果这就是做人的条件，那么我终究是个人。
完全地，自由地，愉快地，第一次生而为人。[1]

注　释

致谢：允许缠绕

1. William Cronon, *Nature's Metropolis*（New York: W. W. Norton, 1992）.

2. See Matsutake Worlds Research Group, "A new form of collaboration in cultural anthropology: Matsutake worlds," *American Ethnologist* 36, no. 2（2009）:380–403;Matsutake Worlds Research Group, "Strong collaboration as a method for multi-sited ethnography: On mycorrhizal relations," in *Multi-sited ethnography:Theory, praxis, and locality in contemporary research,* ed. Mark-Anthony Falzon, 197–214（Farnham, UK: Ashgate, 2009）; Anna Tsing and Shiho Satsuka, "Diverging understandings of forest management in matsutake science," *Economic Botany* 62,no. 3（2008）: 244–256. 该组织针对此话题正在编写一系列特刊文章。

3. Elaine Gan and Anna Tsing, "Some experiments in the representation oftime: Fungal clock," 论文发表于 American Anthropological Association, San Francisco, 2012; Gan and Tsing, "Fungal time in the satoyama forest," 动画和影像装置由 Natalie McKeeve 制作, University of Sydney, 2013。

4. Sara Dosa, *The last season*（Filament Productions, 2014）. 该片讲述了两个在俄勒冈州松茸采摘者——一位越战的美国白人退伍军人和一位柬埔寨难民之间的故事。

5. Hjorleifur Jonsson's book *Slow anthropology: Negotiating difference with the Iu Mien*（Ithaca, NY: Cornell University Southeast Asia Program Publications, 2014）该书的灵感来自我们的合作，以及琼森对瑶族的持续研究。

序言：秋之芳香

题词：井上美弥子和我一起完成了这段翻译工作；我们旨在译出令人回味又忠于原文的版本。其他版本参见 Matsutake Research Association, ed., *Matsutake* [in Japanese]（Kyoto: Matsutake Research Association, 1964），front matter: "The aroma of pine mushrooms. The path to the hilltop of Takamatsu, Tall Pine Tree Village, has just been barred by the rings and lines of rapidly rising caps（of pine mushrooms）. They emit an attractive autumnal aroma that refreshes me a great deal ..."

1. Sveta Yamin- Pasternak, "How the devils went deaf: Ethnomycology, cuisine,and perception of landscape in the Russian far north"（PhD diss., University of Alaska, Fairbanks, 2007）.

2. *Desert*（Stac an Armin Press, 2011），6, 78.

3. 当我第一次听到中国的松茸贸易商讲述这个故事时，我曾以为这是一个都市传奇；然而，一位在日本接受培训的科学家在 20 世纪 90 年代的日本报纸上证实了这个故事的存在。我还未能找到这篇文章。但原子弹轰炸时间正值八月，与松茸开朵的季节吻合。这些蘑菇携带的放射性程度一直是个谜。一位日本科学家告诉我他曾计划展开广岛松茸的放射性含量研究，但有关当局劝他放弃这个课题。原子弹是在城市上空五百多米处爆炸的；官方看法，这些放射性物质被带到全球风力系统中，几乎没有造成当地污染。

4. 本书中，我用"人文主义者"一词来指代那些受过人文和社会科学教育的人。用这个词与自然科学家做对比时，我想起了 C. P. Snow 所说的"两种文化"。Charles Percy Snow, *The Two Cultures*（1959; London: Cambridge University Press, 2001）。在人文主义者中，我也将那些自称为"后人文主义者"的人纳入了进来。

5. 马克思用"异化"一词来特别表示工人与生产过程、产品以及其他工人的分离状态。Karl Marx, *Economic and philosophical manuscripts of 1844*（Mineola, NY: Dover Books, 2007）。我将这个术语从原先的意义延伸，思考将非人类、人类与其生计过程分离的状态。

6. 异化也是 20 世纪国家主导的工业社会主义所固有的特质。因为它已逐步被历史淘汰，我在此也不作赘述。

7. 本节参考了 Okamura Toshihisa, *Matsutake no bunkashi* [*The cultural history of*

matsutake](Tokyo: Yama to Keikokusha, 2005). Fusako Shimura 友情帮我翻译了该书。有关松茸在日本文化中的其他讨论，参见 Gordon Wasson, "Mushrooms and Japanese culture," *Transactions of the Asiatic Society of Japan* 11 (1973): 5–25; Neda Hitoshi, *Kinoko hakubutsukan* [*Mushroom museum*] (Tokyo: Yasaka Shob., 2003)。

8. 引自 Okamura, *Matsutake*, 55 (翻译: Fusako Shimura and Miyako Inoue)。

9. Haruo Shirane 称之为 "第二自然" (second nature); 参见 *Japan and the culture of the four seasons: Nature, literature, and the arts* (New York: Columbia University Press, 2012)。

10. 引自 Okamura, *Matsutake*, 98 (翻译: Fusako Shimura and MiyakoInoue)。

11. 南欧与北非的欧洲松茸 (T. caligatum，也被当作松茸出售) 是否属于同一物种的问题还亟待解决。主张分属独立物种的论点，参见 I. Kytovuori, "The *Tricholoma caligatum* group in Europe and North Africa," *Karstenia* 28, no. 2 (1988): 65–77。美国西北部的松口蘑 (T. caligatum) 完全是另一种物种，但也被作为松茸来售卖。参见 Ra Lim, Alison Fischer, Mary Berbee, and Shannon M. Berch, "Is thebooted tricholoma in British Columbia really Japanese matsutake?" *BC Journal of Ecosystems and Management* 3, no. 1 (2003): 61–67。

12. 美洲松茸的标本来自美国东部，还尚未被证实属于松茸分类 (David Arora, personal communication, 2007)。美国西北部的松茸还需另外科学命名。

13. 有关分类的最新研究，参见 Hitoshi Murata, Yuko Ota, Muneyoshi Yamaguchi, Akiyoshi Yamada, Shinichiro Katahata, Yuichiro Otsuka, Katsuhiko Babasaki, and Hitoshi Neda, "Mobile DNA distributions refine the phylogeny of 'matsutake' mushrooms, *Tricholoma* sect. Caligata," *Mycorrhiza* 23, no. 6 (2013): 447 461。更多科学家对松茸多样性的看法，请参阅第 17 章。

14. 引自 Okamura, *Matsutake*, 54 (Fusako Shimura and Miyako Inoue)。

第一部分　留下什么

1. 献给松茸爱好者: 这是豹斑口蘑 (Tricholoma focale)。

1 关注的艺术

题词：Ursula K. Le Guin, "A non- Euclidean view of California as a cold place tobe," in *Dancing at the edge of the world*, 80–100 (New York: Grove Press, 1989), on 85.

1. Philip Cogswell, "Deschutes Country Pine Logging," in *High and mighty*, ed.Thomas Vaughan, 235–260 (Portland: Oregon Historical Society, 1981) ; Ward Tonsfeldtand Paul Claeyssens, "Railroads up the Deschutes canyon" (Portland: Oregon Historical Society, 2014), http://www.ohs.org/education/ oregonhistory/narratives/subtopic.cfm?subtopic_ID=395.

2. "Spotted owl hung in effigy," *Eugene Register- Guard*, May 3, 1989: 13.

3. Ivan Maluski, Oregon Sierra Club, quoted in Taylor Clark, "The owl and the chainsaw," *Willamette Week*, March 9, 2005, http://www.wweek.com/portland/ article-4188–1989.html.

4. 1979 年，俄勒冈州的木材价格下跌；随之而来的是工厂倒闭和企业合并。 Gail Wells, "Restructuring the timber economy" (Portland: Oregon Historical Society, 2006), http://www.ohs.org/education/oregonhistory/narratives/sub topic. cfm?subtopic_ID=579.

5. See, for example, Michael McRae, "Mushrooms, guns, and money," *Outside* 18,no. 10 (1993): 64–69, 151–154 ; Peter Gillins, "Violence clouds Oregon gold rush for wild mushrooms," *Chicago Tribune*, July 8, 1993, 2 ; Eric Gorski, "Guns part of fungi season," *Oregonian*, September 24, 1996, 1, 9.

6. Donna Haraway, "Anthropocene, Capitalocene, Chthulucene: Staying withthe Trouble," presentation for "Arts of Living on a Damaged Planet," Santa Cruz, CA,May 9, 2014, http://anthropocene.au.dk/arts-of-living-on-a-damaged-planet, 哈拉维认为 "人类世" 是向天神致意；然而，她建议应该将我们的时代称 为 "克苏鲁纪"（Chthulucene），借此向 "有触须的生物" 以及多元物种的 缠绕致敬。事实上，人类世包含多重涵义，正如发生在 2014 年有关如何实 现 "好的" 的人类世计划的辩论所阐明的观点。参见，如 Keith Kloor, who embracesthe Anthropocene through a "green modernism" in "Facing up to the Anthropocene," http://blogs.discovermagazine.com/collideascape/2014/06/20/

facing-anthropocene/#.U6h8XBbgvpA。

7. 通过对一些学者称之为"本体论",即存在的哲学的讨论,有助于我们理解世界创造的本质。像那些学者一样,我倾向于打破常识,包括有关帝国征服的不自觉的假设。(e.g., Eduardo Viveiros de Castro, "Cosmological deixisand Amerindian perspectivism," *Journal of the Royal Anthropological Institute* 4, no. 3(1998):469–488)世界创造计划和选择性本体论一样,揭示出其他世界存在的可能。然而,世界创造把我们的注意力集中在实践活动而不是宇宙论上。因此,更容易讨论非人类存在是如何发挥它们自身作用的。大多数学者使用本体论来理解人类对非人类的看法;据我所知,只有 Eduardo Kohn 的 *Howforests think*(Berkeley: University of California Press, 2013),结合皮尔士的符号学理论,激进地认为其他生命存在亦有自己的本体论。相比之下,每个有机体都可以创造世界;人类并没有特殊的地位。最后,世界创造计划是相互重叠的。当多数学者使用本体论,每次将不同视角一个个的区隔开,通过思考世界制造,我们可以看到事物的分层以及历史后续的磨擦问题。世界创造方法将本体论问题纳入詹姆斯·克利福德的 *Return* 中被称为"现实主义"的多标量分析中(Cambridge, MA: Harvard University Press, 2013)。

8. 一些社会学家使用这一术语指涉类似于福柯式的话语构成(discursive formation)(e.g., Aihwa Ong and Stephen Collier, eds., *Global assemblages* [Hoboken, NJ: Wiley- Blackwell, 2005])。这样的"集合体"扩张跨越了空间,征服了地方;它们不是由不确定性构成的。因为构成性遭遇对我来说是关键问题,所以我的集合体是在一个地方收集的一切,无论规模范围。其他"集合体"就像行动者网络理论(Actor- Network Theory)中的网络(Bruno Latour, *Reassembling the social* [Oxford: Oxford University Press2007])。 网络是构成进一步关联的一系列关联;我的集合体是在不假设互动结构的情况下存在方式的聚合。集合体转译了哲学家吉尔·德勒兹的"布置"(agencement)概念,并鼓励多样化的尝试开创"社会化"(social);我采用的意义也属于这一构型。

9. Nellie Chu, "Global supply chains of risks and desires: The crafting of migrantentrepreneurship in Guangzhou, China"(PhD diss., University of California,Santa Cruz, 2014)。

10. 人们可能会认为这种方法结合了唐娜·哈拉维和玛丽琳·斯特拉森

（Marilyn Strathern）的观点。斯特拉森向我们展示了意外如何打破常识，让我们关注到集合体内不同的世界制造计划。哈拉维遵循线索，引起我们对不同项目之间相互作用的关注。结合这些方法，我追踪了因意外中断的项目产生的集合体。应当特别指出的是，这些学者分别是本体论（Strathern）和世界制造（Haraway）的人类学思想的源头。参见 Marilyn Strathern, "The ethnographic effect," in *Property, substance, andeffect*（London: Athlone Press, 1999），1–28；Donna Haraway, *Companion species manifesto*（Chicago: Prickly Paradigm Press, 2003）。

2　交染即合作

题词：Mai Neng Moua, "Along the way to the Mekong," in *Bamboo among theoaks: Contemporary writing by Hmong Americans*, ed. Mai Neng Moua, 57–61（St. Paul,MN: Borealis Books, 2002），on 60.

1. 多细胞生物是通过多重相互交染的细菌而产生的。Lynn Margulis and Dorion Sagan, *What is life?*（Berkeley: University of California Press, 2000）.

2. Richard Dawkins, *The selfish gene*（Oxford: Oxford University Press, 1976）.

3. 许多评论家都否认这种假设中的"自私"，并将利他主义加入到构想中。然而，问题不在于自私，而是自足性。

4. 物种的名称在介绍一种有机物时应能有效地让人有所领悟，但名称既无法捕捉有机物的特质，或在有时有机物快速地集体转型中对它定位。一个族群名称，也会有同样的问题。但若没有这些名称也会面临更糟的问题：我们对所有的树木或亚洲人的想象都会显得一致。我需要名称来体现关注的实质，也需要它们处于动态之中。

5. Harold Steen, *The U.S. Forest Service: A history*（1976；Seattle: University of Washington Press, centennial ed., 2004）；William Robbins, *American forestry*（Lincoln:University of Nebraska Press, 1985）.

6. 有关俄勒冈州蓝岭的生态研究资料，参见 Nancy Langston,*Forest dreams, forest nightmares*（Seattle: University of Washington Press, 1996）。更多有关东部喀斯科特山脉的生态研究，参见第 14 章。

7. Interview, forester Phil Cruz, October 2004.

8. Jeffery MacDonald, *Transnational aspects of Iu- Mien refugee identity*（NewYork: Routledge, 1997）.

9. Hjorleifur Jonsson, *Mien relations: Mountain people and state control in Thailand*（Ithaca, NY: Cornell University Press, 2005）.

10. William Smalley, Chia Koua Vang, and Gnia Yee Vang, *Mother of writing: The origin and development of a Hmong messianic script*（Chicago: University of Chicago Press, 1990）.

11. William Geddes, *Migrants of the mountains: The cultural ecology of the Blue Miao (Hmong Nyua) of Thailand*（Oxford: Oxford University Press, 1976）.

12. 引自 Douglas Martin, "Gen. Vang Pao, Laotian who aided U.S., dies at 81," *New York Times*, January 8, 2011, http://www.nytimes.com/2011/01/08/world/asia/08vangpao.html。

13. 这段历史资料来源包括 Alfred McCoy, *The politics of heroin: CIA complicity in the global drug trade*（Chicago: Chicago Review Press, 2003）; Jane Hamilton-Merritt, *Tragic mountains: The Hmong, the Americans, and the secret war in Laos, 1942–1992*（Indianapolis: Indiana University Press, 1999）; Gary Yia Lee, ed., *The impact of globalization and transnationalism on the Hmong*（St. Paul, MN: Center for Hmong Studies, 2006）。

14. Personal communication, 2007。

15. Hjorleifur Jonsson, "War's ontogeny: Militias and ethnic boundaries in Laosand exile," *Southeast Asian Studies* 47, no. 2（2009）: 125–149.

3　规模问题

题词: Niels Bohr quoted in Otto Robert Frisch, *What little I remember*（Cambridge:Cambridge University Press, 1980）, 95.

1. 有关甘蔗种植园研究的文献资料丰富，且具有跨学科性——涉及人类学、地理、艺术史、历史农学，及其他领域。特别参见 Sidney Mintz, *Sweetness and power: The place of sugar in modern history*（Harmondsworth, UK: Penguin, 1986）; and Mintz, *Worker inthe cane*（New Haven, CT: Yale University Press, 1960）; J. H. Galloway, *The sugar cane industry*（Cambridge: Cambridge

University Press, 1991）；Jill Casid, *Sowing empire*（Minneapolis: University of Minnesota Press, 2005）; and Jonathan Sauer, *A historical geography of crop plants*（Boca Raton, FL: CRC Press, 1993）.

2. 甘蔗种植园从未像种植者希望的那样完全实现可规模化。被奴役的劳工们逃进了无人问津的社区里。进口的真菌腐烂后传染给了甘蔗。可规模化从来不是稳定的；甚至需要消耗巨大的工作量。

3. Mintz, *Sweetness and power*, 47.

4. 有关松茸生物学和生态学研究的介绍，参见 Ogawa Makoto,*Matsutake no Seibutsugaku [Matsutake biology]*（1978；Tokyo: Tsukiji Shokan, 1991）；David Hosford, David Pilz, Randy Molina, and Michael Amaranthus, *Ecology and management of the commercially harvested American matsutake mushroom*（USDA Forest Service General Technical Report PNW- 412, 1997）。

5. 重要参考文献包括 Paul Hirt, *A conspiracy of optimism: Management of the national forests since World War Two*（Lincoln: University of Nebraska Press, 1994）；William Robbins, *Landscapes of conflict: The Oregon story, 1940–2000*（Seattle: University of Washington Press, 2004）；Richard Rajala, *Clearcutting the Pacific rainforest:Production, science, and regulation*（Vancouver: UBC Press, 1998）。

6. 有关出现的问题，参见 Langston, *Forest dreams*（cited in chap. 2, n. 6）。有关东部喀斯科特山脉，参见 Mike Znerold, "A new integrated forest resource plan for ponderosa pine forests on the Deschutes National Forest," 论文宣读于安大略省自然资源部研讨会, "Tools for Site Specific Silviculturein Northwestern Ontario," Thunder Bay, Ontario, April 18–20, 1989。

7. Susan Alexander, David Pilz, Nancy Weber, Ed Brown, and Victoria Rockwell, "Mushrooms, trees, and money: Value estimates of commercial mushrooms and timber in the Pacific Northwest," *Environmental Management* 30, no. 1（2002）: 129–141.

插曲　嗅觉

题词: John Cage, "Mushroom haiku," http://www.youtube.com/watch?v=XNz

VQ8wRCB0.

1. 参见 http://www.lcdf.org/indeterminacy/. For a live performance, see http://www. youtube.com/watch?v=AJMekwS6b9U。

2. 译文来自 p. 97 of R. H. Blyth, "Mushrooms in Japaneseverse," *Transactions of the Asiatic Society of Japan*, 3rd ser., 11（1973）: 93–106。

3. 有关凯奇对译文的讨论，参见 https://www.youtube.com/watch?v=XNzVQ8wRCB0。

4. Alan Rayner, *Degrees of freedom: Living in dynamic boundaries*（London: ImperialCollege Press, 1997）.

5. 由 Kyorai Mukai 改编并翻译，详见 Blyth, "Mushrooms," 98。

6. Walter Benjamin, "On the concept of history," *Gesammelten Schriften*, trans. Dennis Redmond,（Frankfurt: Suhrkamp Verlag, 1974）, sec. 6, 1:2.

7. Ibid., sec. 14. 他在这里将流行和革命进行对比；曾经的每一个收获，都用来满足当下。

8. Verran, personal communication, 2010. 韦尔兰在她诸多有关雍朗族研究的著作中发展出此地此刻的概念。比如：雍朗族的知识是照进世俗的梦想。梦想通过特定的事物，在特定时间由特定的人带入到此时此地……知识只能是梦想的展演，将其他领域中的元素带入此地此刻的生命之中。（韦尔兰引自 Caroline Josephs, "Silence as a way of knowing in Yolngu indigenous Australian storytelling," in *Negotiating the Sacred II*, ed. Elizabeth Coleman and Maria Fernandez- Dias, 173–190 [Canberra: ANU Press, 2008], on 181。）

9. David Arora, *Mushrooms demystified*（Berkeley: Ten Speed Press, 1986）, 191.

10. William F. Wood and Charles K. Lefevre, "Changing volatile compounds from mycelium and sporocarp of American matsutake mushroom, *Tricholoma magnivelare*," *Biochemical Systematics and Ecology* 35（2007）: 634–636. 我还没有发到日本的研究，只是从小川博士处听闻过。我不知道是否从这种气味中分离出了同样的化学物质。

第二部分　进步之后：攫取积累

4　边缘运作

1. 商品链是连接商品生产者和消费者之间的布置安排。供应链是由龙头企业公司组织的商品链。龙头企业公司可能是生产者、贸易商或零售商。参见 Anna Tsing, "Supply chains and the human condition," *Rethinking Marxism* 21, no. 2（2009）：148–176。

2. Shiho Satsuka, *Nature in translation*（Durham, NC: Duke University Press, 2015）。佐塚借鉴了后殖民理论和科学研究中"转译"的意义并进行了延伸；更多讨论参见第 16 章。

3. 该术语源自马克思的"原始积累"（primitive accumulation），被暴力剥夺权利的农村人，注定要从事工业劳作。正如马克思的分析一样，我跳脱出工业形态的范畴，探讨资本主义是如何产生的。与原始积累相比，攫取从来不是完成状态；积累需要依靠它。劳动力生产也需要攫取积累。工厂工人在生命过程中的生产与再生产不会被资本家完全控制。在工厂里，资本家利用工人的能力生产商品，但他们不能生产所有这些能力。将工人的能力转化为资本主义价值，就是攫取积累。

4. 我为资本主义逻辑之外的价值制造形式，保留了"非资本主义"（noncapitalist）一词。"边缘资本主义"是我为那些兼具内部外部特征的现场（sites）而创建的术语。这并非一种分类等级，而是一种探索歧异的方式。

5. Joseph Conrad, *Heart of darkness*（1899; Mineola, NY: Dover Books, 1990）。

6. Herman Melville, *Moby-Dick*（1851; New York: Signet Classics, 1998）。

7. Misha Petrovic and Gary Hamilton, "Making global markets: Wal-Mart and its suppliers," in *Wal-Mart: The face of twenty-first-century capitalism*, ed. Nelson Lichtenstein, 107–142（New York: W. W. Norton 2006）。

8. "有一堵高墙试图阻拦我的去路，上面涂了标志：'私有财产'。但在它的背后却什么都没写——这片土地为你我而生。" Woody Guthrie, "This land," 1940, http://www.woodyguthrie.org/Lyrics/This_Land.htm.

9. 文献来源包括 Barbara Ehrenreich, *Nickled and dimed: On (not) getting by in America*（New York: Metropolitan Books, 2001）; Lichtenstein, ed., *Wal-Mart;*

AnthonyBianco, *The bully of Bentonville: The high cost of Wal- Mart's everyday low prices* (New York: Doubleday, 2006)。

10. J. K. Gibson- Graham, *A post- capitalist politics* (Minneapolis: University of Minnesota Press, 2006).

11. Susanne Freidberg, *French beans and food scares: Culture and commerce in an anxious age* (Oxford: Oxford University Press, 2004).

12. Susanne Freidberg, "Supermarkets and imperial knowledge," *Cultural Geographies* 14, no. 3 (2007): 321–342.

13. Michael Hardt and Antonio Negri, *Empire* (Cambridge, MA: Harvard University Press, 2000)。

14. 哈特和奈格里的 *Commonwealth* (Cambridge, MA: Harvard University Press, 2009) 一书和吉布森 – 格雷厄姆的 *Post- capitalist politics* 之间的相互关联性提供了很好的思考角度。参见 J. K. Gibson-Graham, *The end of capitalism (as we knew it): A feminist critique of political economy* (London: Blackwell, 1996)。

15. Jane Collins, *Threads: Gender, labor, and power in the global apparel industry* (Chicago: University of Chicago Press, 2003).

16. 列巴·法耶尔提供了有关日本松茸商品链的一些观点："Fungi, trees, people, nematodes, beetles, and weather: Ecologies of vulnerability and ecologies of negotiation in matsutake commodity exchange," *Environment and Planning A* 43 (2011): 1079–1097。

5 保值票市场，俄勒冈州

1. 当采摘者购买林务局的采摘许可证时，会得到标示出采摘和非采摘区域的地图。然而，这些区域只被标示在地图上抽象的空间里。地图上只显示了主要道路，没有地形、铁路、小路或植被的信息。即使是最有决心的读者也几乎无法充分地当场理解这样的地图。何况，一些采摘者根本不看地图。一位老挝采摘者指着地图上一面湖区，告诉我那是非采摘区域。一些采摘者在资源稀缺的露营地则把地图当作手纸使用。

2. 规定要求买手记录下采摘松茸的地方；但我从未见过这样的记录。在其他购买松茸的地区，这种规定是通过采摘者的主动申报执行的。

3. 这条消防措施在促进行业发展的《2003 年健康森林复育法》（Healthy Forests Restoration Act of 2003）中是强制性的规定。Jacqueline Vaughn and Hanna Cortner, *George W. Bush'shealthy forests*（Boulder: University Press of Colorado, 2005）.

4. 在我观察过的四个交易季的时间里，有两个买手因为与他们的现场代理争吵而中途退出；还有人潜逃了。没有人因竞争而被迫出局。

5. Jerry Guin's *Matsutake mushroom: "White" goldrush of the 1990s*（Happy Camp,CA: Naturegraph Publishers, 1997）提供了一位采摘者从 1993 年起的日记。

6. 例如，参见 Richard Barnet,*Global dreams: Imperial corporations and the new world order*（New York: Touchstone,1995）中有关万宝路香烟历史的记述。

7. 其他有关美国太平洋西北地区森林中非正规劳工的精彩报道包括 Rebecca McLain, "Controlling the forest understory: Wild mushroom politics in central Oregon"（PhD diss., University of Washington, 2000）;Beverly Brown and Agueda Marin- Hernández, eds., *Voices from the woods: Lives and experiences of non- timber forest workers*（Wolf Creek, OR: Jefferson Center for Educationand Research, 2000）; Beverly Brown, Diana Leal- Mari.o, Kirsten McIlveen,Ananda Lee Tan, *Contract forest laborers in Canada, the U.S., and Mexico*（Portland, OR: Jefferson Center for Education and Research, 2004）; Richard Hansis, "A political ecology of picking: Non- timber forest products in the Pacific Northwest," *Human Ecology* 26, no. 1（1998）: 67–86; Rebecca Richards and Susan Alexander, *Asocial history of wild huckleberry harvesting in the Pacific Northwest*（USDA Forest Service PNW- GTR- 657, 2006）。

6　战争故事

1. 对一位王宝将军支持者的详尽记述，参见 Hamilton- Merritt, *Tragic mountains*（cited in chap. 2, n. 13）。

2. CBS News, "Deer hunter charged with murder," November 29, 2004, http://www.cbsnews.com/stories/2004/11/30/national/main658296.shtml.

3. "The Refugee Population," *A country study: Laos*, Library of Congress, Country Studies, http://lcweb2.loc.gov/frd/cs/latoc.html#la0065.

4. Susan Star and James Griesemer, "Institutional ecology, 'translations' and boundary objects," *Social Studies of Science* 19, no. 3 (1989): 387–420.

7　美国发生了什么？两种亚裔美国人

1. 诗吟（Shigin）是一种日本古典诗歌朗诵。2005 年 9 月 18 日在俄勒冈日经遗产中心（Oregon Nikkei Legacy Center）举行的松茸遗产庆祝活动上，这首诗的日本版和由 Kokkan Nomura 翻译的英文版同时发布。井上美弥子帮助润饰了这首诗的英译版文辞。

2. 该协议迫使日本停止向潜在移民发放新护照；但已在美国定居的男子的配偶和家庭成员则不在协议规定范围内。这种例外鼓励了寻找"图片新娘"的做法，这种行为因 1920 年的"女士协议"而终止。

3. 佩格写道（personal communication, 2014）："于 1942 年 2 月 19 日签署了编号 9066 行政命令，大部分搬迁和拘禁／监禁都在 3 月至 6 月之间执行。8 月，西方国防指挥官宣布对日裔美国人的遣返和拘禁工作已经完成。另一方面，墨西哥于 6 月 1 日向轴心国宣战，美国于 1942 年 7 月根据行政命令制定了手臂计划。"

4. 该术语来自 Lauren Kessler, *Stubborn twig: Three generations in the life of a Japanese American family*（Corvallis: Oregon State University Press, 2008），chap. 13。

5. "保值票市场"中的许多东南亚采摘者都在接受政府提供的残疾检查以及／或贫困儿童补助计划的援助；然而，这些并不够抵消日常开支。

6. 18 世纪的第一次基督教大觉醒运动（Christian Great Awakening）是美国革命的先驱。第二次是在 19 世纪早期，它被认为是创造了美国边界的政治文化和内战。第三次是在 19 世纪末，点燃了美国民族主义的社会福音运动，并在全球范围内掀起了传教运动。有人称 20 世纪后期的"重生"（Born-Again）运动为第四大觉醒。在美国，这些基督教复兴活动并不是唯一的公民动员活动形式，但把它们视为一种可以成功塑造大众文化的动员模式，或许大有助益。

7. Susan Harding, "Regulating religion in mid- 20th century America: The 'Man: A

Course of Study' curriculum," paper presented at "Religion and Politics in Anxious States," University of Kentucky, 2014.

8. Thomas Pearson, *Missions and conversions: Creating the Montagnard- Dega refugee community*（New York: Palgrave Macmillan, 2009）.

8 美元和日元之间

1. 美国捕鲸利益推动了这项倡议，该倡议要求对美国捕鲸船提供援助（Alan Christy, personal communication, 2014）。《白鲸》（*Moby- Dick*）的故事还萦绕在我的心头。

2. 1858 年《日美友好通货条约》（Harris Treaty）开放了更多港口，使外国公民免于日本法律约束，并让外国人负责进出口税。欧洲纷纷跟着签订了类似的条约。

3. Kunio Yoshihara, *Japanese economic development*（Oxford: Oxford University Press, 1994）; Tessa Morris- Suzuki, *A history of Japanese economic thought*（London: Routledge, 1989）.

4. Satsuka, *Nature in translation*（cited in chap. 4, n. 2）.

5. Hidemasa Morikawa, *Zaibatsu: The rise and fall of family enterprise groups in Japan*（Tokyo: University of Tokyo Press, 1992）.

6. E. Herbert Norman, *Japan's emergence as a modern state*（1940; Vancouver: UBC Press, 2000）, 49.

7. 约三百财阀被列入破产名单，但在占领政府改变路线前，只有十家按规定被执行解体。规则仍然得以落实到位，使战前纵向整合难以维持（Alan Christy, personal communication, 2014）。

8. Kenichi Miyashita and David Russell, *Keiretsu: Inside the hidden Japanese conglomerates*（New York: McGraw- Hill, 1994）; Michael Gerlach, *Alliance capitalism: The social organization of Japanese business*（Berkeley: University of California Press, 1992）. In *The fable of the keiretsu*（Chicago: University of Chicago Press, 2006）, Yoshiro Miwa 和 J. Mark Ramseyer 重申了新古典主义正统，并称企业集团是日本马克思主义与西方对东方主义想象的臆造物。

9. Alexander Young, *The sogo shosha: Japan's multinational trading companies*

（Boulder, CO: Westview, 1979）; Michael Yoshiro and Thomas Lifson, *The invisible link: Japan's sogo shosha and the organization of trade*（Cambridge, MA: MIT Press, 1986）; Yoshihara, *Japanese economic development*, 49–50, 154–155.

10. 20 世纪 80 年代，当美国的社会学家开始关注全球商品链时（Gary Gerrefi and Miguel Korzeniewicz, eds., *Commoditychains and global capitalism* [Westport, CT: Greenwood Publishing Group, 1994]），他们对新兴 "买方驱动链"（buyer- driven chains）（衣服、鞋子）印象深刻，并将它们与早期的 "生产商驱动链"（producer- driven chains）（电脑，汽车）进行了对比。日本经济史则建议应对 "贸易商驱动链"（trader- driven chains）给予同等关注。

11. Anna Tsing, *Friction*（Princeton, NJ: Princeton University Press, 2005）; Peter Dauvergne, *Shadows in the forest: Japan and the politics of timber in Southeast Asia*（Cambridge, MA: MIT Press, 1997）; Michael Ross, *Timber booms and institutionalbreakdown in Southeast Asia*（Cambridge: Cambridge University Press, 2001）.

12. 关于智利的鲑鱼，参见 Heather Swanson, "Caught in comparisons: Japanesesalmon in an uneven world"（PhD diss., University of California, Santa Cruz, 2013）。

13. Robert Castley, *Korea's economic miracle: The crucial role of Japan*（New York: Palgrave Macmillan, 1997）.

14. 同上，326。

15. 同上，69。

16. Kaname Akamatsu, "A historical pattern of economic growth in developing countries," *Journal of Developing Economies* 1, no. 1（1962）: 3–25.

17. "质量管控"（Quality control）是这次跨国对话的一部分：二战后以美国为主导的日本工业合理化的美式理念在日本兴起，在 20 世纪七八十年代被重新引入美国。William M.Tsutsui, "W. Edwards Deming and the origins of quality control in Japan," *Journal of Japanese Studies* 22, no. 2（1996）: 295–325.

18. 以这段时间内美国的反日经济新闻为例，参见 Robert Kearns, *Zaibatsu America: How Japanese firms are colonizing vital U.S. industries*（New York: Free Press, 1992）。

19. 我的分析受到 Karen Ho, *Liquidated*（Durham, NC: Duke University Press, 2009）的启发。

20. 以日本经济学家推动的美式改革为例，参见 Hiroshi Yoshikawa, *Japan's lost decade*, trans. Charles Stewart, Long- Term Credit Bank of Japan Intl. Trust Library Selection 11（Tokyo: International House of Japan, 2002）。该书认为，中小企业对经济是一种消耗。

21. Robert Brenner, *The boom and the bubble: The U.S. in the world economy*（London: Verso, 2003）.

22. Shintaro Ishihara, *The Japan that can say no*, trans. Frank Baldwin（1989, with Akio Morita; New York: Touchstone Books, 1992）.

23. Petrovic and Hamilton, "Making global markets"（cited in chap. 4, n. 7）, 121.

24. 根据 Robert Brenner（*The boom*）中的观点，世界列强通过 1995 年的《反广场协议》（Reverse Plaza Accord），阻止了日元的升值空间，引发了世界经济格局的转变，既扼杀了美国制造业，还导致了亚洲金融危机。

25. 转引自 Miguel Korzeniewicz, "Commodity chains and marketing strategies: Nike and the global athletic footwear industry," in *Commodity chains*, ed. Gerrefiand Korzeniewicz, 247–266, on 252。

9 从礼物到商品——再回归礼物

1. Bronislaw Malinowski, *Argonauts of the Western Pacific*（London: Routledge, 1922）.

2. 我对异化的物品和其他事物的思考，借鉴了 Marilyn Strathern, *The gender of the gift*（Berkeley: University of California Press, 1990）; AmiriaHenare, Martin Holbraad, and Sari Wastell, eds., *Thinking through things*（London:Routledge, 2006）; and David Graeber, *Toward an anthropological theory of value*（London: Palgrave Macmillan, 2001）。

3. 资本主义商品不同于库拉物品，无法承载历史和义务的缠绕之重。定义资本主义商品不仅仅只有交换因素；异化是必须考量的。

4. 斯特拉森转述 Christopher Gregory 的观点："如果在商品经济中，事物和人都假设具有事物的社会形式，那么在礼物经济中，它们也具有人的社会形式。"

（Strathern, *Gender*, 134, citing Christopher Gregory, *Gifts and commodities* [Waltham, MA: Academic Press, 1982], 41）

5. 许多在美国太平洋西北地区采摘的松茸都被标识为加拿大产，因为出口商是从不列颠哥伦比亚省发货。出口商会根据出口机场的位置贴上标签。日本法律禁止外国食品被标注出生产地区，这是为日本产品保留的特权。只允许标出出产国。

6. 松茸并非唯一采用这种方式的精美食品。瓜果特产和鲑鱼也属于礼物经济的商品种类之一。就像松茸一样，代表着季节性。这些礼物通常被认为是"日本人"生活方式的证明；它们作为礼物的地位决定了排名和价格。

7. 如果在孢子成熟前就采摘了所有的蘑菇，就真菌的繁殖成功率而言，就没有理由给予幼菇特权。

8. 按照惯例，幼菇被归为"3级"（从5级中选出来的），尽管蘑菇采摘者有时会以次充好，把一些幼菇混入价格更高的"1级"板条箱。

9. 中部喀斯科特山脉的买手将松茸按成熟度分为5个等级。散货商再按大小重新分类；出口的蘑菇按大小和成熟度进行包装。

10 攫取节奏：动荡的商业

1. Daisuke Naito, personal communication, 2010.

2. 资本的积累依赖于将边缘资本主义现场（pericapitalist sites）带入资本主义供应线的转译。以下是我的一些主要观点：（1）攫取积累是将非资本主义价值形式创造的价值转译为资本主义资产，并允许积累的过程；（2）资本主义周边空间是资本主义和非资本主义价值形式皆可同时欣欣向荣的场地——因此，转译得以存在；（3）供应链是通过这样的转译组织起来的，这种转译将龙头企业的库存制造与资本主义边缘现场联系起来，使各种各样的实践，资本主义和其他形式都能蓬勃发展；（4）经济多样性使资本主义成为可能，并提供了不稳定的，和拒绝资本主义统治的场所。

3. 案例如：在她对马来西亚电子工业的工人的权威研究中，Aihwa Ong（*Spirits of resistance and capitalist discipline* [Albany: State University of New York Press, 1987]）发现殖民地和后殖民统治下的偶然轨迹，产生了工厂雇用马来农村妇女的做法。Sylvia Yanagisako（*Producing culture and capital* [Princeton,

NJ: Princeton University Press, 2002]）一书中展示了工厂主和管理者是如何基于文化理念做出决定的。她认为，资本主义企业不是一个效率的中立系统，而是在文化历史中发展起来的。企业主和工人都通过文化议程发展阶级利益。

4. Jane Guyer 对西非经济交易的研究表明，货币交易不需要成为已有的等价关系的标志；金钱可以用来重新调整文化经济，并将其逻辑从一个区块转译到另一个区块（*Marginal gains* [Chicago: University of Chicago Press, 2004]）。即使在货币交换的时候，交易也可能包含非市场逻辑。Guyer 的研究显示了经济系统是如何融合差异的。跨国商品链是一个可以看到这一点的特别场所：丽莎·罗费尔和西尔维亚·亚纳基萨科将探讨意大利丝绸公司如何跨越理解和实践的差距，与中国的丝绸生产商谈判如何创造价值的（"Managing the new silk road: Italian-Chinese collaborations," Lewis Henry Morgan Lecture, University of Rochester, October 20, 2010）。参见 Aihwa Ong, *Neoliberalism as Exception*（Durham, NC: Duke University Press, 2006）; Neferti Tadiar, *Things fall away*（Durham, NC: Duke University Press, 2009）; Laura Bear, *Navigating austerity*（Stanford, CA: Stanford University Press, 2015）。

5. Jeffrey Mantz, "Improvisational economies: Coltan production in the eastern Congo," *Social Anthropology* 16, no. 1（2008）: 34–50 ; James Smith, "Tantalus in the digital age: Coltan ore, temporal dispossession, and 'movement' in the eastern Democratic Republic of the Congo," *American Ethnologist* 38, no. 1（2011）: 17–35.

6. Peter Hugo, "A global graveyard for dead computers in Ghana," *New York Times Magazine*, August 4, 2010. http://www.nytimes.com/slideshow/2010/08/04/magazine/20100815-dump.html?_r=1&.

插曲　追踪

1. 达尔文在 *On the origin of species*（[London: John Murray, 1st ed.,1859], 490）一书中以一幅缠绕的河岸的景象作为结尾："从如此简单、无尽的形式开始，形成了最美丽奇妙的生命，生生不息地进化着。"

2. 案例介绍，参见 Nicholas Money, *Mr. Bloomfield's orchard*（Oxford: Oxford University Press, 2004）[general exposition]; G. C. Ainsworth, *Introduction*

to the history of mycology（Cambridge: Cambridge University Press, 2009）
[history]; J. André Fortin, Christian Plenchette, and Yves Poché, *Mycorrhizas: The newgreen revolution*（Quebec: Editions Multimondes, 2009）[agronomy]; Jens Pedersen, *The kingdom of fungi*（Princeton, NJ: Princeton University Press, 2013）[photography]。

3. Lisa Curran, "The ecology and evolution of mast- fruiting in Bornean Dipterocarpaceae: A general ectomycorrhizal theory"（PhD diss., Princeton University, 1994）.

4. Paul Stamets's *Mycelium running*（Berkeley: Ten Speed Press, 2005）提供了这则和其他真菌的故事。

5. S. Kohlmeier, T.H.M. Smits, R. M. Ford, C. Keel, H. Harms, and L. Y. Wick, "Taking the fungal highway: Mobilization of pollutant- degrading bacteria by fungi," *Environmental Science and Technology* 39（2005）: 4640–4646.

6. Scott Gilbert and David Epel's *Ecological developmental biology*（Sunderland, MA: Sinauer, 2008）, chap. 10, 详细介绍了一些最重要的机制。

7. Margaret McFall- Ngai, "The development of cooperative associations between animals and bacteria: Establishing détente among domains," *American Zoologist* 38, no. 4（1998）: 593–608.

8. Gilbert and Epel, *Ecological developmental biology*, 18. 沃尔巴克氏体病的交染也通过影响繁殖而给许多昆虫带来问题。John Thompson, *Relentless evolution*（Chicago: University of Chicago Press, 2013）, 104–106, 192.

9. J. A. Thomas, D. J. Simcox, and R. T. Clarke, "Successful conservation of a threatened *Maculinea* butterfly," *Science* 203（2009）: 458–461. 有关缠绕关系的材料，参见 Thompson, *Relentless evolution*, 182–183; Gilbert and Epel, *Ecological developmentalbiology*, chap. 3。

10. Gilbert and Epel, *Ecological developmental biology*, 20–27.

11. Scott F. Gilbert, Emily McDonald, Nicole Boyle, Nicholas Buttino, Lin Gyi, Mark Mai, Neelakantan Prakash, and James Robinson, "Symbiosis as a source of selectable epigenetic variation: Taking the heat for the big guy," *Philosophical Transactions of the Royal Society B* 365（2010）: 671–678, on 673.

12. Ilana Zilber- Rosenberg and Eugene Rosenberg, "Role of microorganisms in the evolution of animals and plants: The hologenome theory of evolution," *FEMS Microbiology Reviews* 32（2008）: 723–735.

13. Gil Sharon, Daniel Segal, John Ringo, Abraham Hefetz, Ilana Zilber-Rosenberg,and Eugene Rosenberg, "Commensal bacteria play a role in mating preferences of *Drosophila melanogaster*," *Proceedings of the National Academy of Science*（November1, 2010）:http://www.pnas.org/cgi/doi/10.1073/pnas.1009906107.

14. Gilbert et al., "Symbiosis," 672, 673.

15. Thomas et al., "Successful conservation."

16. 种群遗传学家在研究包括外生菌根真菌和树木在内的共生问题。但这门学科的结构促使大多数研究将每一种有机体视为在分析上都是独立的，而不是在历史互动作用中出现。正如最近一篇评论所解读："互助共生是一种互惠性的利用，然而却能增加双方的适合度。"（Teresa Pawlowska, "Population genetics of fungal mutualists of plants," in *Microbial population genetics*, ed.Jianping Xu, 125–138 [Norfolk, UK: Horizon Scientific Press, 2010], 125）共生主义研究的目标是测量每个自给自足的物种的成本和收益，并特别注意"作弊"的问题。研究人员可能会问，一个物种是如何多多少少地出现互惠互利的变种，但他们看不出其中变革性的协同效应。

17. Margulis and Sagan, *What is life?*（cited in chap. 2, n. 1）.

18. Masayuki Horie, Tomoyuki Honda, Yoshiyuki Suzuki, Yuki Kobayashi,Takuji Daito, Tatsuo Oshida, Kazuyoshi Ikuta, Patric Jern, Takashi Gojobori, JohnM. Coffin, and Keizo Tomonaga, "Endogenous non- retroviral RNA virus elements in mammalian genomes," *Nature* 463（2010）: 84–87.

19. 种群遗传学的一个显著优势是利用 DNA 测序技术区分单个种群中的变异等位基因。不同于研究物种，研究等位基因的差异需要一套不同的 DNA 标记。规模的特质很重要。与等位基因差异有关的故事在非扩展性理论中很适用，并注意到它们在研究方法和结果中不易转译成其他尺度。

20. Daniel Winkler, interview, 2007.

21. R. Peabody, D. C. Peabody, M. Tyrell, E. Edenburn- MacQueen, R. Howdy, and K. Semelrath, "Haploid vegetative mycelia of *Amillaria gallica* show among-

cell- line variation for growth and phenotypic plasticity," *Mycologia* 97, no. 4（2005）: 777–787.

22. Scott Turner, "Termite mounds as organs of extended physiology," State University of New York College of Environmental Science and Forestry, http://www.esf.edu/efb/turner/termite/termhome.htm.

第三部分 受干扰的开始：无心的设计

11 林中生命

1. 科学研究已经开始对该问题进行反思（e.g., Bruno Latour, "Where are the missing masses?" in *Technology and society*, ed. Deborah Johnsonand Jameson Wetmore, 151–180 [Cambridge, MA: MIT Press, 2008]）；原住民研究（e.g., Marisol de la Cadena, "Indigenous cosmopolitics in the Andes: Conceptualreflections beyond 'politics'" *Cultural Anthropology* 25, no. 2 [2010]: 334–370）；后殖民理论（e.g., Dipesh Chakrabarty, *Provincializing Europe* [Princeton,NJ: Princeton University Press, 2000]）；新唯物主义（e.g., Jane Bennett,*Vibrant matter* [Durham, NC: Duke University Press, 2010]）；以及民间文学和小说（e.g., Ursula Le Guin, *Buffalo gals and other animal presences* [Santa Barbara, CA: Capra Press, 1987]）。

2. Richard Nelson, *Make prayers to the raven: A Koyukon view of the northern forest*（Chicago: University of Chicago Press, 1983）; Rane Willerslev, *Soul hunters: Hunting, animism, and personhood among the Siberian Yukaghirs*（Berkeley: University of California Press, 2007）; Viveiros de Castro, "Cosmological deixis"（cited inchap. 1, n. 7）.

3. 一些人文主义者担心"景观"一词中的政治含义，因为它其中的一个系谱导致了风景画的产生，意味着在观看者与景象之间产生了距离。正如 Kenneth Olwig 提醒我们，另外的系谱亦导致了可以集会的政治单位。（"Recovering the substantive nature of landscape," *Annals of the Association of American Geographers* 86, no. 4（1996）: 630–653）我的景观概念是拼凑的集合体，也就是说，包括人类和非人类参与者在内的发声场所。

4. Jakob von Uexküll, *A foray into the world of animals and humans*, trans. Joseph D. O'Neil（1934; Minneapolis: University of Minnesota Press, 2010）.

5. 乌克斯库尔的泡沫世界启发了海德格尔（Martin Heidegger）的非人类动物"贫乏于世"（poor in world）的理念。Martin Heidegger, *The fundamental concepts of meta-physics: World, finitude, solitude*, trans. W. McNeill and N. Walker（1938; Indianapolis: Indiana University Press, 2001）.

6. Lilin Zhao, Shuai Zhang, Wei Wei, Haijun Hao, Bin Zhang, Rebecca A.Butcher, Jianghua Sun, "Chemical signals synchronize the life cycles of a plantparasiticnematode and its vector beetle," *Current biology*（October 10, 2013）: http://dx.doi.org/10.1016/j.cub.2013.08.041.

7. Kazuo Suzuki, interview, 2005; Kazuo Suzuki, "Pine Wilt and the Pine WoodNematode," in *Encyclopedia of forest sciences*," ed. Julian Evans and John Youngquist, 773–777（Waltham, MA: Elsevier Academic Press, 2004）.

8. Yu Wang, Toshihiro Yamada, Daisuke Sakaue, and Kazuo Suzuki, "Influence of fungi on multiplication and distribution of the pinewood nematode," in *Pinewilt disease: A worldwide threat to forest ecosystems*, ed. Manuel Mota and Paolo Viera, 115–128（Berlin: Springer, 2008）.

9. T. A. Rutherford and J. M. Webster, "Distribution of pine wilt disease with respect to temperature in North America, Japan, and Europe," *Canadian Journal of Forest Research* 17, no. 9（1987）: 1050–1059.

10. Stephen Pyne, *Vestal fire*（Seattle: University of Washington Press, 2000）.

11. Pauline Peters, *Dividing the commons*（Charlottesville: University of Virginia Press, 1994）; Kate Showers, *Imperial gullies*（Athens: Ohio University Press, 2005）.

12. 虽然布鲁诺·拉图尔致力于将科学的真理主张与科学实践分开，但另一方面，他将法国结构主义的传统用于比照结构逻辑，使科学与土著思想之间产生了尖锐的二元对立。参见 Bruno Latour, *We have never been modern*（Cambridge, MA: Harvard University Press, 1993）。

13. 在此，我想到了 Ilya Prigogine 和 Isabelle Stengers 所著的 *Lanouvelle alliance* 一书中体现的"新联盟"（new alliance）一词，然而却在英文版中时不幸被译成"拨乱反正"（*Order out of chaos*）（NewYork: Bantam Books, 1984）。

Prigogine 和 Stengers 都认为，对不确定性和不可逆转的时间的认知可能会促发自然科学和人文科学之间的新联盟。他们的研究珠玉在前，使我倍受鼓舞。

14. 关于里山研究最有价值的英文文献资料是 K. Takeuchi, R. D.Brown, I. Washitani, A. Tsunekawa, and M. Yokohari, *Satoyama: The traditional rural landscape of Japan*（Tokyo: Springer, 2008）。更多的拓展文献，参见 Arioka Toshiyuki, *Satoyama* [in Japanese]（Tokyo: Hosei University Press,2004）; T. Nakashizuka and Y. Matsumoto, eds., *Diversity and interaction in a temperate forest community: Ogawa Forest Reserve of Japan*（Tokyo: Springer, 2002）; Katsue Fukamachiand Yukihuro Morimoto, "Satoyama management in the twenty- first century:The challenge of sustainable use and continued biocultural diversity in rural cultural landscapes," *Landscape and Ecological Engineering* 7, no. 2（2011）: 161–162; Asako Miyamoto, Makoto Sano, Hiroshi Tanaka, and Kaoru Niiyama, "Changes inforest resource utilization and forest landscapes in the southern Abukuma Mountains, Japan during the twentieth century," *Journal of Forestry Research* 16（2011）: 87–97; Björn E. Berglund, "Satoyama, traditional farming landscape in Japan, comparedto Scandinavia," *Japan Review* 20（2008）: 53–68; Katsue Fukamachi, Hirokazu Oku, and Tohru Nakashizuka, "The change of a satoyama landscape and its causality in Kamiseya, Kyoto Prefecture, Japan between 1970 and 1995," *Landscape Ecology* 16（2001）: 703–717。

15. 有关干扰的介绍，参见 For an introduction to disturbance, see Seth Reice, *The silver lining: The benefits of natural disasters*（Princeton, NJ: Princeton University Press, 2001）。有关将干扰历史介入社会学理论的研究（精神分析），参见 Laura Cameron, "Histories of disturbance," *Radical History Review* 74（1999）: 4–24。

16. 生态学思想史包括 Frank Golley, *A history of the ecosystem concept in ecology*（New Haven, CT: Yale University Press, 1993）; Stephen Bocking,*Ecologists and environmental politics*（New Haven, CT: Yale University Press, 1997）; Donald Worster, *Nature's economy: A history of ecological ideas*（Cambridge: Cambridge University Press, 1994）。

17. Rosalind Shaw, "'Nature,' 'culture,' and disasters: Floods in Bangladesh," in *Bush base: Forest farm*, ed. Elisabeth Croll and David Parkin, 200–217 (London: Routledge, 1992).

18. Clive Jones, John Lawton, and Moshe Shachak, "Organisms as ecosystems engineers," *Oikos* 69, no. 3 (1994): 373–386; Clive Jones, John Lawton, and Moshe Shachak, "Positive and negative effects of organisms as physical ecosystems engineers," *Ecology* 78, no. 7 (1997): 1946–1957.

19. 试想有一个多元人种混血繁殖的世界；我们可以想象在那个世界中存在更易超越物种界限的相似性。没有近亲的孤独感，促使我们产生让每个物种独立存在于圣经画面中的意愿。

20. 这一过程就是唐娜·哈拉维经常所言的"共同生成"（*When species meet* [Minneapolis: University of Minnesota Press, 2007]）。

21. 更多对比：我在美国和芬兰看到的松茸都是生长在工业木材上的；在中国和日本，则都是生长在农业林地中。在云南和俄勒冈州，松茸生长在森林里，被当作是杂乱的过错；在拉普兰和日本，松茸森林在美学上被理想化了。可以做一个表格，但我不想把每个位置都设置为一种类型。我在寻找集合体聚集的方式。

12 历史

1. 只要不局限于自身的刻板印象，"神化"和"历史"便有可能融合在一起。历史不仅仅是国家目的论；神话也不仅仅是永恒的回归。要在历史中缠绕，并不需要共享同一种宇宙论。Renato Rosaldo（*Ilongot headhunting* [Stanford, CA: Stanford University Press, 1980]）和 Richard Price（*Alabi's World* [Baltimore, MD: Johns Hopkins University Press, 1990]）的作品中提供了历史制造中，交织着各种宇宙论和世界制造实践的案例。Morten Pedersen（*Not quite shamans* [Ithaca, NY: Cornell University Press, 2011]）呈现了宇宙学的形成。然而，还有很多人强调神话和历史的对比。然而，通过这种对比限制"历史"的含义，他们失去了在任何历史创造过程中观察到杂糅的、分层的和受交换的宇宙论的能力——反之亦然。

2. Thom van Dooren（*Flight ways* [New York: Columbia University Press, 2014]）

一书中提出鸟类通过把一些地方变成家园的方式来讲述故事。"故事"从这个意义说，是许多有机体在讲述。这些都是我视为历史的痕迹。这些都被我视为"历史"的痕迹。

3. Chris Maser, *The redesigned forest* (San Pedro, CA: R. & E. Miles, 1988).

4. David Richardson, ed., *Ecology and biogeography of* Pinus (Cambridge: Cambridge University Press, 1998).

5. David Richardson and Steven Higgins, "Pines as invaders in the southern hemisphere," in *Ecology*, ed. Richardson, 450–474.

6. Peter Becker, "Competition in the regeneration niche between conifers and angiosperms: Bond's slow seedling hypothesis," *Functional Ecology* 14, no. 4 (2000): 401–412.

7. James Agee, "Fire and pine ecosystems," in *Ecology*, ed. Richardson, 193–218.

8. David Read, "The mycorrhizal status of *Pinus*," in *Ecology*, ed. Richardson, 324–340, on 324.

9. Ronald Lanner, *Made for each other: A symbiosis of birds and pines* (Oxford:Oxford University Press, 1996).

10. Ronald Lanner, "Seed dispersal in pines," in *Ecology*, ed. Richardson, 281–295.

11. Charles Lefevre, interview, 2006; Charles Lefevre, "Host associations of *Tricholoma magnivelare*, the American matsutake" (PhD diss., Oregon State University, 2002).

12. Ogawa, *Matsutake* (cited in chap. 3, n. 4).

13. Lefevre, "Host associations."

14. 松树出现在芬兰，已有9000多年的历史了（Katherine Willis, Keith Bennett, and John Birks, "The late Quaternary dynamics of pines in Europe," in *Ecology*, ed. Richardson, 107–121, on 113）。证明人类出现的第一个人工制品是公元前8300年的一张卡累利阿人的渔网（Vaclav Smil, *Making the modern world: Materials and dematerialization* [Hoboken, NJ: John Wiley and Sons, 2013], 13）。

15. Simo Hannelius and Kullervo Kuusela, *Finland: The country of evergreen forest* (Tampere, FI: Forssan Kirkapiano Oy, 1995). 和林务人员的田野调查使我受益匪浅。

16. 中世纪芬兰的农民将松木和云杉圈住，将景观引入阔叶农林轮作中（Timo

Myllyntaus, Mina Hares, and Jan Kunnas, "Sustainability in danger? Slash-and- burn cultivation in nineteenth- century Finland and twentieth- century Southeast Asia," *Environmental History* 7, no. 2 [2002]:267–302）。对于芬兰的临时性农田的生动描述，参见 Stephen Pyne, *Vestal fire*（cited in chap. 11, n. 10），228–234。

17. Timo Myllyntaus, "Writing about the past with green ink: The emergence of Finnish environmental history," H- Environment, http://www.h-net. org/~environ/historiography/finland.htm.

18. 到 19 世纪中期，木材的出口量超过了焦油。Sven- Erik Astrom, F, *From tar to timber: Studies in northeast European forest exploitation and foreign trade, 1660–1860*, CommentationesHumanarum Litterarum, no. 85（Helsinki: Finnish Society of Sciences and Letters, 1988）.

19. Edmund von Berg, *Kertomus Suomenmaan metsisista*（1859; Helsinki: Mets. lehti Kustannus, 1995）. 译文引自 Pyne, *Vestal fire*, 259。

20. 同上。译文引自 Martti Ahtisaari, "Sustainable forest managementin Finland: Its development and possibilities," *Unasylva* 200（2000）: 56–59, on 57。

21. 到 1913 年，原木和加工木材占芬兰出口总值的四分之三。David Kirby, *A concise history of Finland*（Cambridge: Cambridge University Press, 2006）. 20 世纪时，森林中分散着一些工人聚居点，这种模式一直持续到七十年代，因热带木材的竞争迫使工厂就业率下降。Jarmo Kortelainen, "Mill closure—options for a restart: A case study of local response in a Finnish mill community," in*Local economic development*, ed. Cecily Neil and Markku Tykkl.inen, 205–225（Tokyo: United Nations University Press, 1998）.

22. 三分之一的赔款直接用于支付林业和纸制品；其他三分之二涉及农产品和机械。后者支持了芬兰战后工业的建设。Max Jacobson, *Finland in the newEurope*（Westport, CT: Greenwood Publishing, 1998），90.

23. Hannelius and Kuusela, *Finland*, 139.

24. Timo Kuuluvainen, "Forest management and biodiversity conservation based on natural ecosystem dynamics in northern Europe: The complexity challenge," *Ambio* 38（2009）: 309–315.

25. 比如, Hannelius and Kuusela, *Finland*, 175。

26. Curran, *Ecology and evolution*（cited in "Tracking" interlude, n. 3）.

27. 天气和下层丛林的条件也会对种子能否发芽和幼苗能否健康生长产生影响。关于瑞典北部的苏格兰松在没有火耕的情况下此起彼伏再生的文献，参见 Olle Zackrisson, Marie-Charlotte Nilsson, Ingeborg Steijlen, and Greger Hornberg, "Regeneration pulses and climate- vegetation interactions in nonpyrogenic boreal Scots pine stands," *Journal of Ecology* 83, no. 3（1995）: 469–483; Jon Agren and Olle Zackrisson, "Age and size structure of *Pinus sylvestris* populations on mires in central and northern Sweden," *Journal of Ecology* 78, no. 4（1990）: 1049–1062。作者们并未考虑到大量结实的情况。其他研究报告提出："大量结实的年份相对频繁，但在北方森林的季候条件限制下，种子成熟因生长季节的短暂而受到阻碍；大量结实的年份可能在 100 年内仅发生一到两次。" Csaba Matyas, Lennart Ackzell, and C.J.A. Samuel, *EUFORGEN technical guidelines for genetic conservation and use of Scots pine*（Pinus sylvestris）（Rome: International Genetic Resources Institute, 2004）, 1.

28. Hiromi Fujita, "Succession of higher fungi in a forest of *Pinus densiflora*" [in Japanese], *Transactions of the Mycological Society of Japan* 30（1989）: 125–147.

29. 北欧松茸生态学研究还处于起步阶段。相关介绍，参见 Niclas Bergius and Eric Darnell, "The Swedish matsutake（*Tricholoma nauseosum* syn. *T. matsutake*）: Distribution, abundance, and ecology," *Scandinavian Journal of Forest Research* 15（2000）: 318–325。

13　复苏

1. 有关农民阶级消失的研究，是从近代历史的形成开始的（e.g., Eugen Weber, *Peasants into Frenchmen* [Stanford, CA: Stanford University Press, 1976]）。在讨论当代生活时，这个比喻被用来暗示我们进入了一个后现代时代（e.g., Michael Kearney, *Reconceptualizing the peasantry* [Boulder, CO: Westview Press, 1996]；Michael Hardtand Antonio Negri, *Multitude* [New York: Penguin, 2004]）。

2. 正如在第 11 章中所论，我用"橡树"（oak）一词来泛指栎属（Quercus），石柯属（Lithocarpus），以及锥栎属（Castanopsis）。

3. Oliver Rackham, *Woodlands*（London: Collins, 2006）。一些生物学家推测，北半球一度遍布着大象，橡树可能通过与这些大象的长期联系发展出适应矮林作业的能力（George Monbiot, *Feral* [London:Penguin, 2013]）。即使是推测，也说明了在"追踪"插曲中讨论过的跨物种进化思想的重要性。

4. 关于日本：Hideo Tabata, "The future role of *satoyama* woodlands in Japanese society," in *Forest and civilisations*, ed. Y. Yasuda, 155–162（New Delhi: Roli Books, 2001）。有关历山树种的和谐共存，参见 Nakashizuka, andMatsumoto, *Diversity*（cited in chap. 11, n. 14）。

5. Atsuki Azuma, "Birds of prey living in yatsuda and satoyama," in *Satoyama*, ed. Takeuchi et al.,（cited in chap. 11, n. 14），102–109.

6. 同上，103–104。

7. 这种蝴蝶的幼虫形态以朴树（Celtis sinensis）为食，属萌生林物种之一。成年虫则吸食另一种农业萌生林橡树——麻栎的汁液为生（Izumi Washitani, "Species diversity in satoyama landscapes," in *Satoyama*, ed.Takeuchi et al., 89–93 [cited in chap. 11 n. 14], on 90）。萌生林支持着高度多样化的植物和昆虫环境；相比之下，放弃一个区域可能会让一些有攻击性的物种占据主导。参见 Wajirou Suzuki, "Forest vegetation in andaround Ogawa Forest Reserve in relation to human impact," in *Diversity*, ed. Nakashizukaand Matsumoto, 27–42。

8. Conrad Totman 跟随着早期日本历史学家的脚步，在 *Thegreen archipelago: Forestry in preindustrial Japan*（Berkeley: University of California Press, 1989）一书中提出这一焦点问题。

9. 这段话借鉴了 Totman, *Green archipelago*; Margaret McKean, "Defining and dividing property rights in the commons: Today's lessons from theJapanese past," International Political Economy Working Paper no. 150, Duke University, 1991; Utako Yamashita, Kulbhushan Balooni, and Makoto Inoue, "Effect ofinstituting 'authorized neighborhood associations' on communal（iriai）forest ownershipin Japan," *Society and Natural Resources* 22（2009）: 464–473; Gaku Mitsumataand Takeshi Murata, "Overview and current status of the *irai*（commons）system inthe three regions of Japan, from the Edo era to the beginning of the 21st century," Discussion Paper No. 07–04（Kyoto: Multilevel Environmental Governance for SustainableDevelopment Project, 2007）中的内容。

10. Oliver Rackham 指出，欧洲贵族使用橡木建造精美的建筑；因此橡树是一种属于领主的树。在日本，领主们偏爱柳杉和扁柏。Rackham, "Trees, woodland, and archaeology," paper presented at Yale Agrarian Studies Colloquium, October 19, 2013, http://www.yale.edu/agrarianstudies/colloqpapers/07rackham.pdf.

11. Tabata, "The future role of satoyama."

12. Matsuo Tsukada, "Japan," in *Vegetation history*, ed., B. Huntley and T. Webb III, 459–518 (Dordrecht, NL: Kluwer Academic Publishers, 1988).

13. Interview, 2008. 森林砍伐与伐木、轮作、集约化农业的推广和居住都有关联。参见 Yamada Asako, Harada Hiroshi, and Okuda Shigetoshi, "Vegetation mapping in the earlyMeiji era and changes in vegetation in southern Miura peninsula" [in Japanese], *Eco- Habitat* 4, no. 1 (1997): 33–40;Ogura Junichi, "Forests of the Kanto region in the1880s" [in Japanese], *Journal of the Japanese Institute of Landscape Architects* 57, no. 5 (1994): 79–84; Kaoru Ichikawa, Tomoo Okayasu, and Kazuhiko Takeuchi, "Characteristics in the distribution of woodland vegetation in the southern Kanto regionsince the early 20th century," *Journal of Environmental Information Science* 36, no. 5 (2008): 103–108。

14. Interview, 2008. Wajirou Suzuki 提到一个记录良好的关东森林中，出现加速伐木的现象："随着一战后国内产业的发展，对木炭的需求急剧增加，且在二战期间，燃烧木炭和制造军用马匹设备成为该地区的主要实业。"(Suzuki, "Forest vegetation," 30)

15. 和日本中部一样，没有人为干扰的云南森林也没有松树，而是恢复了阔叶林的地貌。Stanley Richardson, *Forestry in communist China* (Baltimore, MD: Johns Hopkins University Press, 1966), 31. 村庄对林地使用的历史状态也显示出相似之处。Nicholas Menzies 虽然没有写关于云南的文章，描述中国帝国时期的农村森林使用情况时，却让人想起了里山文献："山西的社区森林被统称为'社山'（村山）……这些山坡不适宜农业种植，但它们对村民们来说最重要的用途在于仪式需求（比如作为宗族成员的墓地）并作为村里林产品的来源保障。Ren Chengtong 指出，这些村庄利用森林中的木材为社区内的公共工程提供资金和材料，村民们也有权在那里采集坚果、水果、野生动物（用作肉类）、蘑菇和草药供私人使用。"(Menzies, *Forest and land*

management in imperial China [London: St. Martin's Press, 1994], 80–81）。

16. 林业改革于 1981 年开始，制定出包括家庭契约在内的多种类型的林权。有关林权变迁的分析，参见 Liu Dachang, "Tenure and management of non-state forests in China since 1950," *Environmental History* 6, no. 2（2001）: 239–263。

17. Yin Shaoting 在云南进行轮作的开创性工作，将农业景观的可持续性理念介绍给那些通常将农民想象为落后群体的学者。Yin, *People and forests*, trans. Magnus Fiskesjo（Kunming: Yunnan Education Publishing House, 2001）.

18. Liu（"Tenure," 244）描述了这一时期"灾难性的森林砍伐"。

14 惊喜

1. 一项关于工厂工作的实用的描述，参见 P. Cogswell, Jr., "Deschutes country pine logging," in *High and mighty: Selected sketches about the Deschutes country*, ed. T. Vaughn, 235–259（Portland, OR: Oregon Historical Society, 1981）。"其中一座奇特的工业小镇叫 Hixon，在 Deschutes，Lake 和 Klamath 郡四处迁徙，每隔几年就会靠近 Shelvin-Hixon 的伐木业务。"（251）随着伐木道路的出现，小镇也安定下来了。

2. 当公司撤销其药检政策时，很多人都报了名。

3. 2003 年的《健康森林复育法》——要求伐木，疏伐和火后攫取作为恢复森林健康的途径——促使林务局与环保主义者进行了一系列持续的战斗（Vaughn and Cortner, *George W. Bush's healthy forests* [cited in chap. 5, n. 3]）。

4. William Robbins, *Landscapes of promise: The Oregon story, 1800–1940*（Seattle: University of Washington Press, 1997），224.

5. Quoted in ibid., 223.

6. Quoted in ibid., 225.

7. Quoted in ibid., 231.

8. 这部分故事由当地历史学家详细记录。在所有记录中都体现出两个要点。第一，从一开始，私营者就侵占了原本应该属于公有的土地，形成了公私合营的森林持有情况（e.g., Cogswell, "Deschutes"）。第二，在德舒特河上修建铁路的竞赛鼓励了土地投机，并为争夺森林的企图增添了兴奋感和紧迫感（e.g., W. Carlson, "The great railroad building race up the Deschutes River," in *Little-*

known tales from Oregon history, 4: 74–77 [Bend, OR: Sun Publishing, 2001])。

9. 1916 年，Shelvin-Hixon 和 Brooks-Scanlon 两个大型工厂沿着德舒特河开业。（Robbins, *Landscapes of promise*, 233）Shelvin-Hixon 在 1950 年被卖出，而 Brooks-Scanlon 仍在继续扩张（Robbins, *Landscapes of conflict* [cited in chap. 3, n. 5], 162）。Brooks-Scanlon 于 1980 年与 Diamond International Corporation 合并（Cogswell, "Deschutes," 259）。

10. 罗宾斯（*Landscapes of conflict*, 152）引用了 1948 年的《纽约时报》（*New York Times*）："越来越多的木材运营商正在寻求国家和国有森林的帮助来填补他们的业务。"在喀斯科特山脉东部，有价值的木材主要保留在国家森林的这一事实刺激了 1950 年的木材工厂合并。Phil Brogan,*East of the Cascades*（Hillsboro, OR: Binford and Mort, 1964），256。

11. Hirt, *Conspiracy*（cited in chap. 3, n. 5）。

12. Robbins, *Landscapes of conflict*, 14.

13. Fiske 和 Tappeiner 在有关描述俄勒冈州和北加利福尼亚西黄松的文章中写道："除草剂的使用始于 20 世纪 50 年代，当时采用苯氧基除草剂的农业空中施用技术。后来，确立了更广泛范围合理使用除草剂的规定。"John Fiske and John Tappeiner,*An overview of key silvicultural information for Ponderosa pine*（USDA Forest Service General Technical Report PSW- GTR- 198, 2005）。

14. Znerold, "New integrated forest resource plan for ponderosa pine"（cited inchap. 3, n. 6），3。

15. 本节中楷体的引语来自克拉马斯部落的网站，http://www.klamathtribes.org/background/termination.html.

16. Donald Fixico 的 *The invasion of Indian country in the twentieth century*（Niwot: University Press of Colorado, 1998）一书中，讲述了在其他一系列终止禁令和波折的背景下，克拉马斯的故事。

17. Crown- Zellerbach 这家纸浆造纸公司买下了九万英亩的林地作为木材储备（http://www.klamathtribes.org/background/termination.html）。1953 年，Crown- Zellerbach 成为拥有西部的第二大木材储备商，仅次于 Weyerhaeuser（Harvard Business School, Baker Library,Lehman Brothers Collection, http://www.library.hbs.edu/hc/lehman/industry.html ?company=crown_zellerbach_corp）。

18. Edward Wolf, *Klamath heartlands: A guide to the Klamath Reservation forest*

plan（Portland, OR: Ecotrust, 2004）。克拉马斯部落雇用林业专家来监督预定用于保留土地的项目。1997 年，部落就拟议的国家森林木材销售提出上诉取得成功，这导致了 1999 年关于森林管理协议备忘录的出台（Vaughn and Cortner, *George W. Bush's healthy forests*, 98–100）。

19. 罗宾斯（*Landscapes of conflict*, 163）指出，Brooks-Scanlon 在 1950 年已经开始砍伐一些扭叶松，以增加日益减少的西黄松的生长数量。

20. Znerold, "New integrated forest resource plan for ponderosa pine," 4.

21. Jerry Franklin and C. T. Dyrness, *Natural vegetation of Oregon and Washington*（Portland, OR: Pacific Northwest Forest and Range Experiment Station, U.S.D.A. Forest Service, 1988）, 185.

22. 这种迅速开拓空旷土地的能力给新入林务员 Thornton Munger 留下了深刻印象，他于 1908 年被林务局派去研究扭叶松对西黄松林地的侵占问题。Munger 认为扭叶松是一种"毫无实用价值的杂草"；他还认为，对西黄松来说，问题在于太多的火干扰，大火烧死了西黄松却有利于扭叶松的生长。他提倡防止森林火灾以保护西黄松。这几乎与今天的森林保护人士的观点相反。甚至 Munger 后来也改变了主意："自从华盛顿办事处指派一位没有经验的，甚至从未见过这两个物种的森林助理，这让我感到这种做法过于大胆幼稚。"（Munger quoted in Les Joslin, *Ponderosa promise: A history of U.S. Forest Service research in central Oregon* [General Technical Report PNW-GTR- 711, Portland, OR: U.S.D.A. Forest Service, Pacific Northwest Research Station, 2007], 7）

23. Fujita, "Succession of higher fungi"（cited in chap. 12, n. 28）.

24. Fumihiko Yoshimura, interview, 2008. 吉村博士（Dr. Yoshimura）见到过只有 30 年树龄的年轻的松茸宿主树。

25. 真菌在地下的存在时间比子实体更加持久。在北欧地区，火灾后菌根真菌留在土壤中，重新交染松树幼苗。（Lena Jonsson, Anders Dahlberg, Marie-Charlotte Nilsson, Olle Zackrisson, and Ola Karen, "Ectomycorrhizal fungal communities in late successional Swedish boreal forests, and their composition following wildfire," *Molecular Ecology* 8 [1999]: 205–215）.

26. 早在 1934 年，远在扭叶松被认为是一个商业物种之前，东部喀斯科特山脉的林务员们就已经开始尝试疏伐扭叶松以加速木材生产。然而，直到二战后，当扭叶松成为纸浆和纸张、木杆、木箱配件甚至木材的来源时，它的造林学才成为东部喀斯科特林务局的重点关注所在。1957 年，奇洛昆市（Chiloquin）附近开了一家扭叶松纸浆加工厂。Joslin, *Ponderosa promise*, 21, 51, 36.

15 废墟

1. 有关通过借鉴热带雨林砍伐情况观察日本环境的研究，我参考了 Dauvergne, *Shadows*（cited in chap. 8, n. 11）。（有关监管和保护方面的回应，参见 Anny Wong, "Deforestation in the tropics," in *The roots of Japan's international environmental policies*, 145–200 [New York: Garland, 2001]。）相比之下，大多数研究日本环境问题的学术研究关注的是工业污染。（Brett Walker, *Toxic archipelago: A history of industrial disease in Japan* [Seattle: University of Washington Press, 2010]; Shigeto Tsuru, *The political economy of the environment: The case of Japan* [Cambridge: Cambridge University Press,1999]. ）

2. 对 Mayumi 和 Noboru Ishikawa 提供的深刻见解不胜感激。作为沙捞越（Sarawak）的研究人员，他们目睹了森林的破坏，并怀疑日本是否尽到责任。回到日本，他们将此事与国内森林工业的破坏联系在一起。相比之下，早期的环境历史学家只看到了日本的"绿色群岛"（Totman, *Green archipelago* [cited in chap. 13, n. 8]）。

3. 有关日本的林业政策，我特别参考了 Yoshiya Iwai, ed., *Forestry and the forest industry in Japan*（Vancouver: UBC Press, 2002）。

4. Michael Hathaway, *Environmental winds: Making the global in southwest China*（Berkelcy: University of California Press, 2013）。

5. Miyamato et al., "Changes in forest resource utilization"（cited in chap. 11, note 14），90. 火耕一直是维护草原和开辟森林的传统方式——例如保证轮作的进行（Mitsuo Fujiwara, "Silviculturein Japan," in *Forestry*, ed. Iwai, 10–23, on 12）。但现在一些当地的森林协会也禁止焚烧措施了（Koji Matsushita and Kunihiro Hirata, "Forest owners' associations," in *Forestry*, ed. Iwai, 41–66, on 42）。

6. Stephen Pyne, *Fire in America*（Seattle: University of Washington Press, 1997），

328–334. Pyne 认为，Tillamook 火灾通过制定重新种植标准的做法开启了美国工业林种植园经营模式。

7. Steen, *U.S. Forest Service*; Robbins, *American forestry*（both cited in chap. 2, n. 5）。

8. Iwai, *Forestry*.

9. 许多森林所有者持有土地面积不到五公顷。所有人都必须参与协调森林管理，包括木材管控、重新造林和防火培训。Matsushita and Hirata, "Forest owners' associations," 43.

10. 这一事件被称为"守望空袭"（Lookout air raids）；在 1944 年和 1945 年，日本试图向急流中投放燃烧弹（http://en.wikipedia.org/wiki/Fire_balloon）。Frida Knoblock 所著 The culture of wilderness（Raleigh:University of North Carolina Press, 1996）描述了此次事件之后美国林务局的军事化管理。参见 Jake Kosek, *Under stories*（Durham, NC:Duke University Press, 2006）。

11. Robbins, *Landscapes of conflict*（cited in chap. 3, n. 5），176.

12. 同上，163。

13. Matsushita and Hirata, "Forest owners' associations," 45.

14. Scott Prudham 分析了 20 世 纪 50 年代俄勒冈州花旗松林业的工业化（"Taming trees: Capital, science, and nature in Pacific slope tree improvement," *Annals of the Association of American Geographers* 93, no. 3 [2003]: 636–656）。欲了解这一工业化转变的历史背景，参见 Emily Brock, *Money trees:Douglas fir and American forestry, 1900–1940*（Corvallis: Oregon State University Press, 2015）。

15. Mayumi 和石川登对林务人员进行了访谈，和歌山县（Wakayama prefecture），2009。

16. Fujiwara, "Silviculture in Japan," 14.

17. Ken- ichi Akao, "Private forestry," in *Forestry*, ed. Iwai, 24–40, on 35. Akao 进一步解释说，1957 年后，政府将供给天然林转型为种植园的补贴减少到 48%。

18. 引自 Robbins, *Landscapes of conflict*, 147。当时，俄勒冈州的木材工业正扩大业务范畴，经营胶合板、刨花板、纸浆和纸张项目。因提倡皆伐措施，长势略差的木材也能物尽其用。Gail Wells, "The Oregon coast in modern times: Postwar prosperity," Oregon History Project, 2006, http://www.ohs.org/

education/oregonhistory/narratives/subtopic.cfm?subtopic_id=575.

19. 日本帝国军在 1939 年没收了这些森林，但仍然承认传统的使用权有效。美国占领武装力量从日本人手中夺取了该地区；日本自卫队又将之从美国手中夺回。Margaret McKean, "Management of traditional common lands in Japan," in *Proceedings of the conference on common property resource management April 21–26, 1985*, ed.Daniel Bromley, 533–592（Washington, DC: National Academy Press, 1986），574.

20. Akao, "Private forestry," 32; Yoshiya Iwai and Kiyoshi Yukutake, "Japan'swood trade," in *Forestry*, ed. Iwai, 244–256, on 247, 249.

21. Akao, "Private forestry," 32.

22. 同上，33。

23. Robbins, *Landscapes of conflict*, xviii.

24. 20 世纪 80 年代，印尼限制原木出口，并创建了胶合板加工业。日本贸易公司开始从沙捞越（Sarawak）和巴布亚新几内亚（Papua New Guinea）进口更多的木材。在任何地方，唾手可得的利益都不会持续太久，但贸易公司不断调整转向新的供应领域。我在中国云南参观的松茸森林，在 20 世纪 80 年代因换取外汇而遭到砍伐，正是七十年代日本进口热潮的一部分写照。由于我在 Iwai 和 Yukutake 的进口原木表上找不到中国的资料，所以我认为这些原木进入日本时没有办理完整的文件。Iwai and Yukutake, "Japan's wood trade," 248.

25. 参见 Totman, *Green archipelago*（cited in chap. 13, n. 8）。

26. Fujiwara, "Silviculture in Japan," 20. John Knight 讲述了依赖森林为生的村庄如何请求帮助以继续维护他们的森林。Knight, "The forest grant movement in Japan," in *Environmental movements in Asia*, ed. Arne Kalland andGerard Persoon, 110–130（Oslo: Nordic Institute of Asian Studies, 1998）。

16 作为转译的科学

1. "转译"是由布鲁诺·拉图尔和约翰·劳提出的行动者网络理论（ANT）中的关键术语，指人类与那些同人类合作的非人类之间的联结，如技术；通过翻译，在这种用法中，出现了包括人类和非人类平等存在的行动网络。早期亦持有同一立场的、有影响力的阐述，参见 Michel Callon, "Some elements of a sociology of translation: Domestication of the scallops and the fisher men of St. Bruic Bay," in *Power, action and belief*, ed. John Law, 196–223（London: Routledge, 1986）。

2. 这里的转译问题是关于"现代性"更广泛的学术讨论的一部分。科学研究常常认为理所当然的欧洲常识，向我们展示了由西方思想构成的现代性，已经变成普世性的理念。相反，20世纪晚期从亚洲出现的后殖民理论表明，现代性形成于全球南北之间的权力交互中。现代性作为一个项目的出现，首先在西方以外的地方得到了最好的理解，例如在暹罗王国或殖民时期的印度。在这些地方，人们可以看到形成组织和观念复合体的权力、事件和思想所发挥的作用（Thongchai Winichatkul,*Siam mapped: A history of the geo- body of a nation* [Honolulu: University of Hawaii Press, 1994]; Dipesh Chakrabarty, *Provincializing Europe* [Princeton, NJ: Princeton University Press, 2000]）。这并不意味着在欧洲和北美不加区别的采用现代性。但是为了参透唯西方梦独尊的烟幕，我们必须学会将西方版本视为衍生的和具有异国情调的。从他者的视角看，我们很容易将现代性项目理解为片面的和偶然的，而不是被单一的文化逻辑所过度决定的。这是科学研究所需要的洞察力。（然而，拉丁美洲出现的一种新后殖民理论需要对西方与他者宇宙论的区别进行深刻的分析，使情况更加复杂，例如，Eduardo Viveiros de Castro, "Economic development and cosmopolitical reinvolvement," in *Contested ecologies*, ed. Lesley Green, 28–41 [Cape Town, SA: HSRC Press, 2013]。）

3. Satsuka, *Nature in translation*（cited in chap. 4, n. 2）.

4. Itty Abraham's *Making of the Indian atomic bomb*（London: Zed Books, 1998）展示了战后的印度物理学如何出现在创造"印度"的政治事件中。

5. 有关韩国的研究案例，参见 Chang- Duck Koo, Dong- Hee Lee,Young- Woo Park, Young- Nam Lee, Kang- Hyun Ka, Hyun Park, Won- Chull Bak, "Ergosterol and water changes in *Tricholoma matsutake* soil colony during the mushroom fruiting season," *Mycobiology* 37, no. 1（2009）: 10–16。

6. 有关这类合作的案例，参见 Ohga, F. J Yao, N. S. Cho, Y. Kitamoto,and Y. Li, "Effect of RNA- related compounds on fructification of *Tricholoma matsutake*," *Mycosystema* 23（2004）: 555–562。

7. Nicholas Menzies 和 Chun Li（"One eye on the forest, one eye on the market: Multi- tiered regulation of matsutake harvesting, conservation, and trade innorth-western Yunnan Province," in *Wild product governance*, ed. Sarah Laird, Rebecca McLain, and Rachel Wynberg, 243–263 [London: Earthscan, 2008]）回顾了法规，展示了执法在不同规模情况下的灵活性。

8. Ohara Hiroyuki, "A history of trial and error in artificial production of matsutake fruitings" [in Japanese], *Doshisha Home Economics* 27（1993）: 20–30.

9. 菌丝体垫是非日本研究人员用来计算"个体"真菌有机体的"基株"（genet）的替代单位。密实的菌丝体垫，其命名来自于形态学的观察。基株，即基因个体，有时被描述为菌丝体垫的同义词（e.g., Jianping Xu, Tao Sha, Yanchun Li, Zhi- wei Zhao, and Zhu Yang, "Recombination and genetic differentiation among natural populations of the ectomycorrhizal mushroom *Tricholoma matsutake* from southwestern China," *Molecular Ecology* 17, no. 5 [2008]: 1238–1247, on 1245）。但这个术语意味着基因的同质性，这一假设与日本的研究结果相矛盾（Hitoshi Murata, Akira Ohta, Akiyoshi Yamada, Maki Narimatsu, and Norihiro Futamura, "Genetic mosaics in the massive persisting rhizosphere colony 'shiro' of the ectomycorrhizal basidiomycete *Tricholoma matsutake*," *Mycorrhiza* 15[2005]: 505–512）。复杂的专业术语有时不如饱含农民智慧的语言更有成效。

10. 提摩西·乔伊和佐塚志保共同以 Mogu- Mogu 为笔名，曾在滨田博士的研究中写过关于这一转向的文章。"Mycorrhizal relations: A manifesto," in "A new form of collaboration in cultural anthropology: Matsutake worlds," ed. Matsutake Worlds Research Group, *American Ethnologist* 36, no. 2（2009）: 380–403.

11. Interviews, 2005, 2006, 2008. 参见 Ogawa, *Matsutake*（cited in chap. 3, n. 4）。

12. 案例参见，Ito Takeshi and Iwase Koji, *Matsutake: Kajuen Kankaku deFuyasu Sodateru* [Matsutake: Increase and nurture as in an orchard]（Tokyo: Nosangyoson Bunka Kyokai, 1997）。

13. 案例参见，Hiroyuki Ohara and Minoru Hamada, "Disappearance of bacteria from the zone of active mycorrhizas in *Tricholoma matsutake*（S. Ito et Imai）Singer," *Nature* 213, no. 5075（1967）: 528–529。

14. Ito and Iwase, *Matsutake*.

15. 2004 年，研究团队在成熟的松树根中激活了一个菌根（Alexis Guerin-Laguette, Norihisa Matsushita, Frédéric Lapeyrie, Katsumi Shindo, and KazuoSuzuki, "Successful inoculation of mature pine with *Tricholoma matsutake*," *Mycorrhiza*15 [2005]: 301–305）。不久之后，铃木博士退休了，团队也解散了。随后，他成为林业和林产品研究中心（Forestry and Forest Products Institute）的会长。

16. 有关更早期的日本 - 美国合作，参见 S. M. Zeller and K. Togashi, "The American and Japanese Matsu- takes," *Mycologia* 26（1934）: 544–558。

17. Hosford et al., *Ecology and management*（cited in chap. 3, n. 4）.

18. 同上，p. 50。

19. 但也有例外，如果美国太平洋西北地区的松茸研究被许可发展，这个传统可能会向新的方向扩展。研究只在 20 世纪 60 年代到 2006 年之间有长足发展；在那之后，经费削减最终导致了资助停供，研究人只能转向其他领域。一个木材可规模化方法的例外，是 Charles Lefevre 关于探讨太平洋西北地区松茸宿主关联的论文（cited in chap. 12, n. 11）。这是关联性分析，在没有事先征得日本意见的情况下，触及到共同关注点。Lefevre 甚至为松茸菌丝做了一项"气味测试"（smell test）；在日本研究时，他在工作中征用了非专业人士，并赋予了他们权利。Lefevre 后来从事了接种松露树的销售。

20. David Pilz and Randy Molina, "Commercial harvests of edible mushrooms from the forests of the Pacific Northwest United States: Issues, management, and monitoring for sustainability," *Forest Ecology and Management* 5593（2001）: 1–14.

21. David Pilz and Randy Molina, eds., *Managing forest ecosystems to conserve fungus diversity and sustain wild mushroom harvests*（USDA Forest Service PNW- GTR- 371,1999）.

22. James Weigand, "Forest management for the North American pine mushroom（*Tricholoma magnivelare*（Peck）Redhead）in the southern Cascade range"（PhD diss., Oregon State University, 1998）.

23. Daniel Luoma, Joyce Eberhart, Richard Abbott, Andrew Moore, Michael Amaranthus, and David Pilz, "Effects of mushroom harvest technique on

subsequent American matsutake production," *Forest Ecology and Management* 236, no. 1（2006）: 65–75.

24. Anthony Amend, Zhendong Fang, Cui Yi, and Will McClatchey, "Local perceptions of matsutake mushroom management in NW Yunnan, China," *BiologicalConservation* 143（2010）: 165–172. 中美学者的这番合作从美国的角度批评了日本的研究。作者们针对日本研究者选择的特殊田野地点缺乏可规模化提出批判，比如，"依赖地点，而非时间复制……'因为'林分水平的生产力很难根据经验进行测试"（167）。

25. 关注社会问题的中国科学家从另一个角度进行松茸研究，他们追问土地所有制可能会产生什么影响。在此讨论范围中，松茸仍然是一种可规模化的商品和收入来源，但这种收入可以以不同的方式分配（参见第 19 章）。一些美国人，如，David Arora（"The houses that matsutake built," *Economic Botany* 62, no. 3（2008）: 278–290）也是批评者。

26. Jicun Wenyan [Yoshimura Fumihiko], *Songrong cufan jishu* [The technique ofpromoting flourishing matsutake], trans. Yang Huiling（Kunming: Yunnan kejichubanshe [Yunnan Science and Technology Press], 2008）.

17 飞扬的孢子

1. Interview, 2005.

2. Interview, 2008.

3. 参见 Henning Knudsen's and Jan Vesterholt's taxonomy, *Funga nordica*（Copenhagen: Nordsvamp, 2012）。

4. Interview, 2009.

5. *Tricholoma caligatum*（亦称 *T. caligata*）用于指称几种完全不同的真菌，当中有些也被当作松茸。参见 prologue, n. 11。

6. Interview, 2005.

7. 亦可参见 Norihisa Matsushita, Kensuke Kikuchi, Yasumasa Sasaki, AlexisGuerin- Laguette, Frédéric Lapeyrie, Lu- Min Vaario, Marcello Intini, and Kazuo Suzuki, "Genetic relationship of *Tricholoma matsutake* and *T. nauseosum* from the northern hemisphere based on analyses of ribosomal DNA spacer

regions," *Mycoscience*46（2005）：90–96。

8. Peabody et al., "Haploid vegetative mycelia"（cited in "Tracking" interlude, n. 21）．

9. Interview, 2009.

10. Ignacio Chapela and Matteo Garbelotto, "Phylogeography and evolution in matsutake and close allies as inferred by analysis of ITS sequences and AFLPs," *Mycologia* 96, no. 4（2004）：730–741.

11. Interview, 2006; Katsuji Yamanaka, "The origin and speciation of the matsutake complex" [in Japanese with English summary], *Newsletter of the Japan Mycology Association, Western Japan Branch* 14（2005）：1–9.

12. Manos 等人，担心美洲石栎属（Lithocarpus）如何可能存在的问题，将柯树（tanoak）划分到一个新的物种——分类石栎属（Notholithocarpus）中。Paul S. Manos, Charles H. Cannon,and Sang- Hun Oh, "Phylogenetic relations and taxonomic status of the paleoendemicFagaceae of western North America: Recognition of a new genus *Notholitho-carpus*," *Madrono* 55, no. 3（2008）：181–190.

13. Interview, 2009.

14. Jianping Xu, Hong Guo, and Zhu- Liang Yang, "Single nucleotide polymorphisms in the ectomycorrhizal mushroom *Tricholoma matsutake*," *Microbiology* 153（2007）：2002–2012.

15. Anthony Amend, Sterling Keeley, and Matteo Garbelotto, "Forest age correlates with fine- scale spatial structure of matsutake mycorrhizas," *Mycological Research* 113（2009）：541–551.

16. Anthony Amend, Matteo Garbelotto, Zhengdong Fang, and Sterling Keeley, "Isolation by landscape in populations of a prized edible mushroom *Tricholoma matsutake*," *Conservation Genetics* 11（2010）：795–802.

17. Interview, 2006.

18. 根据村田博士（Dr. Murata）的观点，松茸并没有体细胞的非亲和性系统限制交配。参见 Murata et al., "Genetic mosaics"（cited in chap. 16, n. 9）。

19. 真菌体细胞中的单倍体核在产生子实体之前不能结合，同时产生两个（或更多）的细胞核，每个核都有一个染色体副本。"双 -"（di-）指有两个单倍体细胞核的真菌体细胞。

20. 关于相反观点，参见 Chunlan Lian, Maki Narimatsu, Kazuhide Nara,and Taizo Hogetsu, "*Tricholoma matsutake* in a natural *Pinus densiflora* forest: Correspondencebetween above- and below- ground genets, association with multiplehost trees and alteration of existing ectomycorrhizal communities," *New Phytologist*171, no. 4（2006）: 825–836。

插曲　起舞

1. 参见 Timothy Ingold, *Lines*（London: Routledge, 2007）。
2. Lefevre, "Host associations"（cited in chap. 12, n. 11）。
3. 这段民族志中的事发生在 2008 年。之后，广便去世了。

第四部分　事物之间

1. 布朗于 1994 年创建了"杰弗逊教育和研究中心"（Jefferson Center for Education and Research）；该中心在她去世后于 2005 年关闭。在布朗的公开工作后，其他组织接管了蘑菇采摘者组织，包括文化与生态研究所、塞拉社区与环境研究所以及林务人员与采摘者联盟。该项目从采摘者中雇用"蘑菇监察员"。他们的工作是确定采摘者的需求，运用他们的各种知识，帮助设计授权项目。即使当监察员的工作合同到期后，一些人仍然继续做着志愿者。这个项目中汇聚了许多人和组织的努力。
2. Peter Kardas and Sarah Loose, eds., *The making of a popular educator: The journey of Beverly A. Brown*（Portland, OR: Bridgetown Printing, 2010）。
3. Beverly Brown, *In timber country: Working people's stories of environmental conflict and urban flight*（Philadelphia: Temple University Press, 1995）。

18　松茸十字军：等待真菌战斗

1. 吉村博士关注保护斜坡免受侵蚀，因此与第三部分开头中提到的，加藤

（Kato）先生试图通过侵蚀暴露矿物土壤的主张截然不同。

2. Kokki Goto（edited, annotated, and with an introduction by Motoko Shimagami），"'*Iriai* forests have sustained the livelihood and autonomy of villagers'：Experience of commons in Ishimushiro hamlet in northeastern Japan," working paper no. 30, Afrasian Center for Peace and Development Studies, Ryukoku University, 2007, 2–4.

3. 同上，16。

4. Haruo Saito, interview, 2005; Haruo Saito and Gaku Mitsumata, "Biddingcustoms and habitat improvement for matsutake（*Tricholoma matsutake*）in Japan," *Economic Botany* 62, no. 3（2008）：257–268.

5. Noboru Kuramoto and Yoshimi Asou, "Coppice woodland maintenance byvolunteers," in *Satoyama*, ed. Takeuchi et al., 119–129（cited in chap. 11, n. 14），on 129.

19　平民资产

1. 正如迈克尔·海瑟微提醒我的（personal communication, 2014）那样，云南的私有化有时会恢复共产主义前的使用权关系。变化突然而并非绝对新颖，使人们注意到财产的构成关系。

2. 有关使用权关系，参见 Liu, "Tenure"（cited in chap. 13, n. 16）；Nicholas Menzies, *Our forest, your ecosystem, their timber: Communities, conservation, and the state in community- based forest management*（New York: Columbia University Press,2007）。1981 年政策生效后，大多数森林被分为三个种类：国有森林、集体森林和个体家庭承包的森林。在第二类中，森林也被划分由个体家庭签订合同承包。获取树木和进入森林的权利逐渐被区分开；1998 年，云南颁布了禁伐令。云南各地的工作方式各不相同。迈克尔·海瑟微和我在楚雄进行田野调查，因采用个体访谈的形式而变得出名。然而，我们发现我们访谈过的农民对这些类别的细微差异表现出或困惑或不屑一顾。

3. 国际货币基金组织和世界银行认为，私有化避免了破坏共同资源的"公有地悲剧"（tragedy of the commons）。Garrett Hardin, "The tragedy of the commons," *Science* 162, no. 3859（1986）：1243–1248.

4. 关于一些英文记录，参见 Jianchu Xu and Jesse Ribot, "Decentralisation and accountability in forest management: A case from Yunnan, southwest China," *European Journal of Development Research* 16, no. 1（2004）: 153–173; X. Yang, A. Wilkes, Y. Yang, J. Xu, C. S. Geslani, X. Yang, F. Gao, J. Yang, and B. Robinson, "Common and privatized: Conditions for wise management of matsutake mushrooms in northwest Yunnan province, China," *Ecology and Society* 14, no. 2（2009）: 30 ; Xuefei Yang, Jun He, Chun Li, Jianzhong Ma, Yongping Yang, and Jianchu Xu, "Management of matsutake in NW- Yunnan and key issues for its sustainableutilization," in *Sino- German symposium on the sustainable harvest of non- timber forest products in China*, ed. Christoph Kleinn, Yongping Yang, Horst Weyerhaeuser,and Marco Stark, 48–57 （G.ttingen: World Agroforestry Centre, 2006）; Jun He, "Globalised forest-products: Commodification of the matsutake mushroom in Tibetan villages, Yunnan, southwest China," *International Forestry Review* 12, no. 1（2010）: 27–37; Jianchu Xu and David R. Melick, "Rethinking the effectiveness of public protected areas in southwestern China," *Conservation Biology* 21, no. 2（2007）: 318–328。

5. Su Kai- mei, Yunnan Academy of Agricultural Sciences, interview, 2009. 亦可参见 Yang Yu- hua, Shi Ting- you, Bai Yong- shun, Su Kai- mei, Bai Hong- fen, Mu Liqiong,Yu Yan, Duan Xing- zhou, Liu Zheng- jun, Zhang Chun- de, "Discussion on management model of contracting mountain and forest about bio- resource utilization under natural forest in Chuxiong Prefecture" [in Chinese], *Forest Inventory and Planning* 3（2007）: 87–89 ; Li Shu- hong, Chai Hong- mei, Su Kai- mei, Zhing Minghui,and Zhao Yong- chang, "Resources investigation and sustainable suggestions onthe wild mushrooms in Jianchuan" [in Chinese], *Edible Fungi of China* 5（2010）。

6. 参见 X. Yang et al., "Common and privatized," and Y. Yang et al., "Discussion on management model"。在云南迪庆藏族自治区，对松茸采摘的治理方式非常不同——更多地集体管控是这里的特色，因此吸引了大多数外国研究人员的到来。Menzies, *Our forest* ; Emily Yeh, "Forest claims, conflicts, and commodification: The political ecology of Tibetan mushroom- harvesting villages

in Yunnan province, China," *China Quarterly* 161 (2000) : 212–226.

7. 该地区的其他研究人员通常将管理政策和当地实践之间的脱节，描述为治理规模不同的问题。Liu, "Tenure" ; Menzies and Li, "One eye on the forest" (cited in chap. 16, n. 7) ; Nicholas K. Menzies and Nancy Lee Peluso, "Rights of access to upland forest resources in southwest China," *Journal of World Forest Resource Management* 6 (1991) : 1–20.

8. 我没能亲赴这次旅行；迈克尔·海瑟微好心地描述了当时的情形。

9. David Arora ("Houses" [cited in chap. 16, n. 25]) 在云南的一个蘑菇市场，两个小时内就看到进行了八次松茸交易。我在蘑菇专营市场上观察松茸的经历与此类似；交易是常态。

10. 这种买卖场景，与迈克尔·海瑟微在云南藏区研究的更具竞争力的当地松茸市场之间形成的鲜明对比，非常具有启发性。在那里，藏族采摘者将货物卖给汉族商人；从一开始，买卖场景就竞争激烈。在我所描述的区域，老板和采摘者都是彝族。亲属关系和居住地理位置也将采摘者和买手联系起来。

11. Brian Robinson 在对云南松茸的"公有地悲剧"的记述承认，在公有地采摘蘑菇可能对真菌不会造成伤害。相反，他关注的是收入减少的问题。Brian Robinson, "Mushrooms and economic returns under different management regimes," in *Mushrooms in forests and woodlands*, ed. Anthony Cunningham and Xuefei Yang, 194–195 (NewYork: Routledge, 2011).

12. 我要感谢迈克尔·海瑟微敏锐的洞察力，因为他注意到了这块圞。

20　拒绝结束：我沿途遇到的人

1. http://www.matsiman.com/matsiman.htm.

2. Lu- Min Vaario, Alexis Guerin- Laguette, Norihisha Matsushita, Kazuo Suzuki,and Frédéric Lapeyrie, "Saprobic potential of *Tricholoma matsutake*: Growth over pine bark treated with surfactants," *Mycorrhiza* 12 (2002) : 1–5.

3. 有关研究，参见 Lu- Min Vaario, Taina Pennanen, Tytti Sarjala, Eira-Maija Savonen, and Jussi Heinonsalo, "Ectomycorrhization of *Tricholoma matsutake* and two major conifers in Finland— an assessment of in vitro mycorrhiza formation," *Mycorrhiza* 20, no. 7 (2010) : 511–518。

4. Heikki Jussila 和 Jari Jarviluoma 讨论了当今萧条的拉普兰的旅游业: "Extracting local resources: The tourism route to development inKolari, Lapland, Finland," in *Local economic development*, ed. Cecily Neil and MarkkuTykkl.inen, 269–289 (Tokyo: United Nations University Press, 1998)。
5. 事实上，另一个世界正在形成。通过招募嫁到芬兰农村贫困地区的泰国妇女的活动，一个泰国采摘者行动网络已经进入了森林采摘浆果，最近，他们也开始采摘蘑菇。采摘者是独立的，有自己的经费来源。像俄勒冈州的采摘者一样，他们出售自己采摘的商品，并支付自己的开支。他们挤进芬兰乡下衰败村庄里废弃的校舍；维持着自己的生活方式，有时还带着自己的厨师，甚至一些自己的食物。与他们的招聘人员不同的是，这些采摘者不是来自曼谷，而是来自泰国东北部说着老挝语的贫困地区。也许他们是在美国的老挝采摘者的远亲。这种相似之处令人好奇：芬兰的林务人员和社区建设者将如何与这些新采摘者交流？他们在对话中会加入经验和专业知识吗？

孢子之路: 一朵蘑菇即将踏上的探险之旅

1. Ursula Le Guin, "The carrier bag theory of fiction," in *Dancing at the edge of the world*, 165–170 (New York: Grove Press, 1989), on 167–168.